2025

COLABORADORES

Alessandra **Carneiro** Alessandra **Sanchez** Ana Beatriz **Galvão** Ana Claudia **Iervolino** Ana **Ferraz** Ana **Sabbag** Andre de Lira **Alexandre** Anita **Menezes** Anna **Paixão** Beatriz **Almada** Bruno **Camacho** Bruno **Gelio** Christian **Zammit** Clarissa **Dias** Claudia **Heck** Daniella **Recioppo** Danielle **Caminha** Eduardo **D'Amato** Erika **Ueda** Fabio **Barreto** Felipe **Smith** Fernanda **Cabrini** Fernanda **Viggiano** Flavia Piccolo **Brandão** Francini **Mayumi** Greicilane Ruas Martins de **Queiroz** João Batista Mendes **Angelo** João **Carvalho** José Nascentes **C. Neto** Julia **Silva** Juliana **Alves** Juliana **Gonçalves** Karen **Ueda** Keila **Farias** Ketlyn Parolin Bertholdi **Stefanovic** Lais **Vieira** Lucia **Castro** Luiz Antonio **Pivato** Luiz **Moura** Magda **Truvilhano** Marcelo **Geribola** Marcos **Siqueira** Mariana **Mendonça** Marta Maria R. A. de **Castro** Mauro Wassilewsky **Caetano** Milena **Apostolico** Natalie Guimarães **Soares** Nathalia **Gallinari** Nilton **Haiter** Orival **Grahl** Paloma **Mendes** Patricia **Rocco** Patricia **Soeiro** Paulo **Alves** Piter **Costa** Priscilla **Arruda** Regina **Hoinatski** Renato **Barcellos** Renato **Venna** Roberta **Reis** Roberta **Tapioca** Rodrigo **Bossi** Rogerio Luiz de Oliveira **Eng** Roque de Holanda **Melo** Sheila **Panica** Simone Pereira **Negrão** Sofia **Luiz** Taisa **Dupont** Tamara Barbato dos Santos **Meyer** Tatiana **Franzoe** Valdir Dias de **Souza Junior** Viviane Bertoldi Correa **Pimentel** Washington Luís Bezerra da **Silva**

COORDENADORAS

Angelica
Carlini

Glauce
Carvalhal

LEI DE SEGUROS INTERPRETADA

LEI 15.040/2024 · ARTIGO POR ARTIGO

Dados Internacionais de Catalogação na Publicação (CIP) de acordo com ISBD

L525

Lei de Seguros Interpretada: Lei 15.040/2024 Artigo por Artigo / Alessandra Carneiro...[et al.] ; coordenado por Angelica Carlini, Glauce Carvalhal. - Indaiatuba, SP : Editora Foco, 2025.

196 p. ; 17cm x 24cm.

Inclui bibliografia e índice.

ISBN: 978-65-6120-421-7

1. Direito. 2. Lei de Seguros. I. Carneiro, Alessandra. II. Sanchez, Alessandra. III. Galvão, Ana Beatriz. IV. Lervolino, Ana Claudia. V. Ferraz, Ana. VI. Sabbag, Ana. VII. Alexandre, Andre de Lira. VIII. Menezes, Anita. IX. Paixão, Anna. X. Almada, Beatriz. XI. Camacho, Bruno. XII. Gelio, Bruno. XIII. Zammit, Christian. XIV. Dias, Clarissa. XV. Heck, Claudia. XVI. Recioppo, Daniella. XVII. Caminha, Danielle. XVIII. D'Amato, Eduardo. XIX. Ueda, Erika. XX. Barreto, Fabio. XXI. Smith, Felipe. XXII. Cabrini, Fernanda. XXIII. Viggiano, Fernanda. XXIV. Brandão, Flavia Piccolo. XXV. Mayumi, Francini. XXVI. Queiroz, Greicilane Ruas Martins de. XXVII. Angelo, João Batista Mendes. XXVIII. Carvalho, João. XXIX. Neto, José Nascentes C. XXX. Silva, Julia. XXXI. Alves, Juliana. XXXII. Gonçalves, Juliana. XXXIII. Ueda, Karen. XXXIV. Farias, Keila. XXXV. Stefanovic, Ketlyn Parolin Bertholdi. XXXVI. Vieira, Lais. XXXVII. Castro, Lucia. XXXVIII. Pivato, Luiz Antonio. XXXIX. Moura, Luiz. XL. Truvilhano, Magda. XLI. Geribola, Marcelo. XLII. Siqueira, Marcos. XLIII. Mendonça, Mariana. XLIV. Castro, Marta Maria R. A. de. XLV. Caetano, Mauro Wassilewsky. XLVI. Apostolico, Milena. XLVII. Soares, Natalie Guimarães. XLVIII. Gallinari, Nathalia. XLIX. Haiter, Nilton. L. Grahl, Orival. LI. Mendes, Paloma. LII. Rocco, Patricia. LIII. Soeiro, Patricia. LIV. Alves, Paulo. LV. Costa, Piter. LVI. Arruda, Priscilla. LVII. Hoinatski, Regina. LVIII. Barcellos, Renato. LIX. Venna, Renato. LX. Reis, Roberta. LXI. Tapioca, Roberta. LXII. Bossi, Rodrigo. LXIII. Eng, Rogerio Luiz de Oliveira. LXIV. Melo, Roque de Holanda. LXV. Panica, Sheila. LXVI. Negrão, Simone Pereira. LXVII. Luiz, Sofia. LXVIII. Dupont, Taisa. LXIX. Meyer, Tamara Barbato dos Santos. LXX. Franzoe, Tatiana. LXXI. Souza Junior, Valdir Dias de. LXXII. Pimentel, Viviane Bertoldi Correa. LXXIII. Silva, Washington Luís Bezerra da. LXXIV. Carlini, Angelica. LXXV. Carvalhal, Glauce. LXXVI. Título.

2025-1108

CDD 340   CDU 34

Elaborado por Vagner Rodolfo da Silva - CRB-8/9410

Índices para Catálogo Sistemático:

1. Direito 340

2. Direito 34

COLABORADORES

Alessandra **Carneiro** Alessandra **Sanchez** Ana Beatriz **Galvão** Ana Claudia **Lervolino** Ana **Ferraz** Ana **Sabbag** Andre de Lira **Alexandre** Anita **Menezes** Anna **Paixão** Beatriz **Almada** Bruno **Camacho** Bruno **Gelio** Christian **Zammit** Clarissa **Dias** Claudia **Heck** Daniella **Recioppo** Danielle **Caminha** Eduardo **D'Amato** Erika **Ueda** Fabio **Barreto** Felipe **Smith** Fernanda **Cabrini** Fernanda **Viggiano** Flavia Piccolo **Brandão** Francini **Mayumi** Greicilane Ruas Martins de **Queiroz** João Batista Mendes **Angelo** João **Carvalho** José Nascentes **C. Neto** Julia **Silva** Juliana **Alves** Juliana **Gonçalves** Karen **Ueda** Keila **Farias** Ketlyn Parolin Bertholdi **Stefanovic** Lais **Vieira** Lucia **Castro** Luiz Antonio **Pivato** Luiz **Moura** Magda **Truvilhano** Marcelo **Geribola** Marcos **Siqueira** Mariana **Mendonça** Marta Maria R. A. de **Castro** Mauro Wassilewsky **Caetano** Milena **Apostolico** Natalie Guimarães **Soares** Nathalia **Gallinari** Nilton **Haiter** Orival **Grahl** Paloma **Mendes** Patricia **Rocco** Patricia **Soeiro** Paulo **Alves** Piter **Costa** Priscilla **Arruda** Regina **Hoinatski** Renato **Barcellos** Renato **Venna** Roberta **Reis** Roberta **Tapioca** Rodrigo **Bossi** Rogerio Luiz de Oliveira **Eng** Roque de Holanda **Melo** Sheila **Panica** Simone Pereira **Negrão** Sofia **Luiz** Taisa **Dupont** Tamara Barbato dos Santos **Meyer** Tatiana **Franzoe** Valdir Dias de **Souza Junior** Viviane Bertoldi Correa **Pimentel** Washington Luís Bezerra da **Silva**

COORDENADORAS

Angelica
Carlini

Glauce
Carvalhal

LEI DE SEGUROS INTERPRETADA

LEI **15.040/2024** · **ARTIGO** POR **ARTIGO**

2025 © Editora Foco

Coordenadora Acadêmica: Angélica Carlini
Coordenadora Geral: Glauce Carvalhal
Colaboradores: Alessandra Carneiro, Alessandra Sanchez, Ana Beatriz Galvão, Ana Claudia Lervolino, Ana Ferraz, Ana Sabbag, Andre de Lira Alexandre, Anita Menezes, Anna Paixão, Beatriz Almada, Bruno Camacho, Bruno Gelio, Christian Zammit, Clarissa Dias, Claudia Heck, Daniella Recioppo, Danielle Caminha, Eduardo D'Amato, Erika Ueda, Fabio Barreto, Felipe Smith, Fernanda Cabrini, Fernanda Viggiano, Flavia Piccolo Brandão, Francini Mayumi, Greicilane Ruas Martins de Queiroz, João Batista Mendes Angelo, João Carvalho, José Nascentes C. Neto, Julia Silva, Juliana Alves, Juliana Gonçalves, Karen Ueda, Keila Farias, Ketlyn Parolin Bertholdi Stefanovic, Lais Vieira, Lucia Castro, Luiz Antonio Pivato, Luiz Moura, Magda Truvilhano, Marcelo Geribola, Marcos Siqueira, Mariana Mendonça, Marta Maria R. A. de Castro, Mauro Wassilewsky Caetano, Milena Apostolico, Natalie Guimarães Soares, Nathalia Gallinari, Nilton Haiter, Orival Grahl, Paloma Mendes, Patricia Rocco, Patricia Soeiro, Paulo Alves, Piter Costa, Priscilla Arruda, Regina Hoinatski, Renato Barcellos, Renato Venna, Roberta Reis, Roberta Tapioca, Rodrigo Bossi, Rogerio Luiz de Oliveira Eng, Roque de Holanda Melo, Sheila Panica, Simone Pereira Negrão, Sofia Luiz, Taisa Dupont, Tamara Barbato dos Santos Meyer, Tatiana Franzoe, Valdir Dias de Souza Junior, Viviane Bertoldi Correa Pimentel e Washington Luís Bezerra da Silva

Diretor Acadêmico: Leonardo Pereira
Editor: Roberta Densa
Coordenadora Editorial: Paula Morishita
Revisora Sênior: Georgia Renata Dias
Revisora Júnior: Adriana Souza Lima
Capa Criação: Leonardo Hermano
Diagramação: Ladislau Lima e Aparecida Lima
Impressão miolo e capa: FORMA CERTA

DIREITOS AUTORAIS: É proibida a reprodução parcial ou total desta publicação, por qualquer forma ou meio, sem a prévia autorização da Editora FOCO, com exceção do teor das questões de concursos públicos que, por serem atos oficiais, não são protegidas como Direitos Autorais, na forma do Artigo 8º, IV, da Lei 9.610/1998. Referida vedação se estende às características gráficas da obra e sua editoração. A punição para a violação dos Direitos Autorais é crime previsto no Artigo 184 do Código Penal e as sanções civis às violações dos Direitos Autorais estão previstas nos Artigos 101 a 110 da Lei 9.610/1998. Os comentários das questões são de responsabilidade dos autores.

NOTAS DA EDITORA:

Atualizações e erratas: A presente obra é vendida como está, atualizada até a data do seu fechamento, informação que consta na página II do livro. Havendo a publicação de legislação de suma relevância, a editora, de forma discricionária, se empenhará em disponibilizar atualização futura.

Erratas: A Editora se compromete a disponibilizar no site www.editorafoco.com.br, na seção Atualizações, eventuais erratas por razões de erros técnicos ou de conteúdo. Solicitamos, outrossim, que o leitor faça a gentileza de colaborar com a perfeição da obra, comunicando eventual erro encontrado por meio de mensagem para contato@editorafoco.com.br. O acesso será disponibilizado durante a vigência da edição da obra.

Impresso no Brasil (3.2025) – Data de Fechamento (3.2025)

2025
Todos os direitos reservados à
Editora Foco Jurídico Ltda.
Rua Antonio Brunetti, 593 – Jd. Morada do Sol
CEP 13348-533 – Indaiatuba – SP

E-mail: contato@editorafoco.com.br
www.editorafoco.com.br

APRESENTAÇÃO

Após 20 anos de debates, o Brasil passa a ter uma lei específica para tratar dos contratos de seguros - a Lei nº 15.040, de 2024, foi publicada em 10 de dezembro de 2024 e entrará em vigor em 11 de dezembro deste ano. Até então, os contratos de seguros eram regidos por um capítulo específico no Código Civil, que será revogado pela lei.

A relevância da lei exigiu a formação de um Grupo de Estudos Jurídicos composto por especialistas que analisaram artigo por artigo, para fornecer a interpretação sistemática e harmonizada da Lei ao ordenamento jurídico brasileiro. Foram membros desse grupo: Alessandra Carneiro; Alessandra Sanchez; Ana Beatriz Galvão; Ana Claudia Lervolino; Ana Ferraz; Ana Sabbag; Andre de Lira Alexandre; Anita Menezes; Anna Paixão; Beatriz Almada; Bruno Camacho; Bruno Gelio; Christian Zammit; Clarissa Dias; Claudia Heck; Daniella Recioppo; Danielle Caminha; Eduardo D'Amato; Erika Ueda; Fabio Barreto; Felipe Smith; Fernanda Cabrini; Fernanda Viggiano; Flavia Piccolo Brandão ; Francini Mayumi; Greicilane Ruas Martins de Queiroz; João Batista Mendes Angelo; João Carvalho; José Nascentes C. Neto; Julia Silva; Juliana Alves; Juliana Gonçalves; Karen Ueda; Keila Farias; Ketlyn Parolin Bertholdi Stefanovic; Lais Vieira; Lucia Castro; Luiz Antonio Pivato; Luiz Moura; Magda Truvilhano; Marcelo Geribola ; Marcos Siqueira; Mariana Mendonça; Marta Maria R. A. de Castro; Mauro Wassilewsky Caetano; Milena Apostolico; Natalie Guimarães Soares; Nathalia Gallinari; Nilton Haiter; Orival Grahl; Paloma Mendes; Patricia Rocco; Patricia Soeiro; Paulo Alves; Piter Costa; Priscilla Arruda; Regina Hoinatski; Renato Barcellos; Renato Venna; Roberta Reis; Roberta Tapioca; Rodrigo Bossi; Rogerio Luiz de Oliveira Eng; Roque de Holanda Melo; Sheila Panica; Simone Pereira Negrão; Sofia Luiz; Taisa Dupont; Tamara Barbato dos Santos Meyer; Tatiana Franzoe; Valdir Dias de Souza Junior; Viviane Bertoldi Correa Pimentel e Washington Luís Bezerra da Silva, a quem agradecemos pelo esforço e dedicação.

O referido estudo subsidiou este documento, que representa a harmonização de aspectos jurídicos dos dispositivos da lei aplicados ao contrato de seguro, com base na larga experiência dos participantes do grupo.

Trata-se de lei complexa, com 134 artigos, estruturada em 06 Capítulos, que percorrem os aspectos essenciais das relações de seguro como interesse, risco, prêmio, interpretação do contrato, sinistro, regulação e liquidação de sinistro, entre tantos outros essenciais para as atividades desse relevante setor econômico e social.

O projeto de lei que deu origem ao novo marco legal de seguros foi amplamente discutido por todos os setores econômicos e da sociedade. Lideranças dos segurados, seguradores, da academia e corretores de seguro estiveram à frente dos debates no legislativo e buscaram, em um esforço coletivo uma convergência em um texto possível, ponderando os impactos da lei e as possibilidades de crescimento do setor.

Com efeito, a instituição de uma lei específica para o contrato de seguro coloca o Brasil em linha com o modelo adotado em diversos outros países, tais como Itália, França, Portugal, Espanha, Argentina, Uruguai e Chile, que também contam com uma lei específica para o contrato de seguro.

Além disso, com a publicação da lei, o Brasil passa a contar com um microssistema jurídico sobre contratos de seguro, o que viabilizará uma melhor estruturação e clareza sobre os conceitos aplicáveis ao contrato, além de agregar transparência às relações jurídicas e facilitar a compreensão dos aspectos técnicos e peculiares que envolvem o contrato de seguro.

O novo texto legal será aplicado a todas as modalidades de contrato de seguro, sendo segmentado no texto da lei em seguros de danos e seguros de vida e integridade física. No entanto, cumpre registrar que a previdência complementar não será abrangida pela nova lei porque já se encontra integralmente regulada pela Lei Complementar nº 109, de 2001.

Com a publicação da Lei Complementar nº 213 de 2025, que regulamenta as cooperativas de seguros e as operações de proteção patrimonial mutualista, acrescentando tais entidades no Sistema Nacional de Seguros Privados, deverá ser aplicado, naquilo que couber, a Lei do Contrato de Seguro. Isto porque essas instituições poderão oferecer produto cujo alicerce é exatamente aquele praticado nos contratos de seguro comercializados por seguradoras, ou seja, a formação de fundo mutual com pagamento de valores por todos os mutualistas ou cooperados, com o fim de garantir o pagamento dos danos decorrentes de riscos predeterminados especificados em contrato, motivo pelo qual é essencial que as relações entre essas partes – cooperados, sociedades cooperativas e grupos de proteção patrimonial mutualista – também estejam sujeitas à Lei do Contrato de Seguro.

Por sua vez, é importante destacar que uma nova lei, como é natural, acarretará desafios, sendo necessária a revisão dos contratos às novas exigências legais, dos procedimentos técnicos e operacionais, das normas regulatórias, bem como a construção de jurisprudência com base na lei nova, revendo entendimentos e Súmulas. A nova lei demandará ainda estudo, análise, interpretação para sua correta aplicação, diálogo entre os diferentes atores sociais e profundo sentido de cooperação, para concretizar os melhores resultados para toda a sociedade consolidando a solvência, sustentabilidade e perenidade para o setor de seguros em prol da sociedade brasileira.

A Lei 15.040, de 2024, entrará em vigor em 11 de dezembro de 2025 e será aplicada, de imediato, aos contratos de seguro que forem constituídos a partir dessa data, sem afetar os contratos firmados anteriormente a ela.

Essa é a regra do artigo 5º, inciso XXXVI, da Constituição Federal, interpretado em consonância com o disposto no artigo 6º da Lei de Introdução ao Direito Brasileiro – LINDB.

Nesse sentido, a decisão do Supremo Tribunal Federal de 25.10.1999, no Agravo n. 251533, relator Ministro Celso de Mello, v.u., publicado no DJU de 23.11.1999 e que determina:

> No sistema constitucional brasileiro, a eficácia retroativa das leis – (a) que é sempre excepcional, (b) que jamais se presume e (c) que deve necessariamente emanar de disposição legal expressa – não pode gerar lesão ao ato jurídico perfeito, ao direito adquirido e à coisa julgada. A lei nova não pode reger os efeitos futuros gerados por contratos a ela anteriormente celebrados, sob pena de afetar a própria causa – ato ou fato ocorrido no passado – que lhes deu origem. Essa projeção retroativa da lei nova, mesmo tratando-se de retroatividade mínima, incide na vedação constitucional que protege a incolumidade do ato jurídico perfeito. A cláusula de salvaguarda do ato jurídico perfeito, inscrita na CF 5º, XXXVI, aplica-se a qualquer lei editada pelo Poder Público, ainda que se trate de lei de ordem pública. Precedentes do STF. (...)

No mesmo sentido a posição do Supremo Tribunal Federal no julgamento do Recurso Extraordinário n. 205999/SP, relator Ministro Moreira Alves, julgado em 16.11.1999 e publicado em 03.03.2000, votação unânime.

> Sendo constitucional o princípio de que a lei não pode prejudicar o ato jurídico perfeito, ele se aplica também às leis de ordem pública. De outra parte, se a cláusula relativa à rescisão com perda de todas as quantias já pagas constava do contrato celebrado anteriormente ao CDC, ainda quando a rescisão tenha ocorrido após a entrada em vigor deste, a aplicação dele para se declarar nula a rescisão feita de acordo com aquela cláusula fere, sem dúvida alguma, o ato jurídico perfeito, porquanto a modificação dos efeitos futuros de ato jurídico perfeito caracteriza a hipótese de retroatividade mínima que também é alcançada pelo disposto no artigo 5º, XXXVI, da Carta Magna.

Destaque-se, ainda, a lição de Rosa Maria de Andrade Nery e Nelson Nery Júnior

> (...) a lei nova não pode retroagir para atingir o ato jurídico perfeito, o direito adquirido ou a coisa julgada. Contudo, a cláusula da irretroatividade da lei nova convive com outro preceito de direito intertemporal, que é o da eficácia imediata da lei nova. Essa convivência harmônica entre os dois dispositivos implica a conclusão de que, quando a LINDB 6º caput, determina que assim que entre em vigor, a nova lei produza eficácia imediata e geral, atingindo a todos indistintamente, respeitados o ato jurídico perfeito, o direito adquirido e a coisa julgada, isto quer significar que a nova lei, mesmo possuindo eficácia imediata, não pode atingir os efeitos que já foram produzidos quando estava em vigor a lei agora revogada. É isto que significa "a lei não prejudicará (...) o ato jurídico perfeito", expressão consagrada pela CF 5º, XXXVI. (...)

Os contratos de seguro firmados até 10 de dezembro de 2025 estão subordinados à aplicação do Capítulo XV da Lei 10.406, de 2002, o Código Civil brasileiro e, naquilo que couber, ao Decreto-Lei n. 73, de 1966. A execução dos contratos de seguro que estiverem em vigor em 11 de dezembro de 2025 seguirão as regras do Código Civil de 2002 porque se trata de ato jurídico perfeito, protegido constitucionalmente. E assim seguirão até que ocorra o final da vigência, ressalvadas, no entanto, as situações abrangidas pelo prazo prescricional, igualmente previsto no Código Civil de 2002.

Assim, por exemplo, se em um contrato de seguro de responsabilidade civil pactuado em 20 de dezembro de 2024 com vigência prevista de um ano, até 20 de dezembro de 2025, se o sinistro ocorrer em 18 de dezembro de 2025 o terceiro vítima de danos poderá pleitear seu direito de ser indenizado no prazo de 03 (três) anos contados da data do fato que deu origem ao dano e, via de consequência, o sinistro será regulado e liquidado nos termos do que determina a Lei 10.406, de 2002, o Código Civil brasileiro. Se o contrato de seguro for renovado, passará a obedecer aos termos da Lei n. 15.040, de 2024.

Destacam-se ainda, alguns aspectos da lei, que são objeto de interpretação neste documento, como, por exemplo, (**i**) a necessidade de observância do princípio da boa-fé e do dever do segurado de declarar o risco no questionário de avaliação de risco elaborado pelo segurador, que pode não conter todas as situações de risco a que estará sujeito o interesse legítimo do segurado; (**ii**) o entendimento de que a utilização de critérios comerciais e técnicos de subscrição ou aceitação para distinguir riscos, por si só, não é discriminar, mas sim, é exercer a atividade seguradora e a (**iii**) a equiparação de culpa grave ao dolo para fins de perda de garantia.

Por fim, o presente documento é uma iniciativa para facilitar o entendimento da nova lei, elucidar dúvidas e disseminar o conhecimento jurídico relativo ao contrato de seguro, com o objetivo de concretizar a aplicação da lei e fazer com que o seguro alcance o maior número de pessoas no país.

Glauce Carvalhal

Coordenadora Geral

Angelica Carlini

Coordenadora Acadêmica

ÍNDICE SISTEMÁTICO

Capítulo I – Disposições Gerais (arts. 1º ao 88).. 1

Seção I – Do objeto e do âmbito de aplicação (arts. 1º ao 4º)............................ 1

Seção II – Do interesse (arts. 5º ao 8º).. 9

Seção III – Do risco (arts. 9º ao 18).. 17

Seção IV – Do prêmio (arts. 19 ao 23)... 36

Seção V – Do seguro em favor de terceiro (arts. 24 ao 32) 42

Seção VI – Do cosseguro e do seguro cumulativo (arts. 33 ao 36)................... 53

Seção VII – Dos intervenientes no contrato (arts. 37 ao 40) 58

Seção VIII – Da formação e da duração do contrato (arts. 41 ao 53) 61

Seção IX – Da prova do contrato (arts. 54 e 55)... 76

Seção X – Da interpretação do contrato (arts. 56 ao 59) 78

Seção XI – Do resseguro (arts. 60 ao 65) 82

Seção XII – Do sinistro (arts. 66 ao 74).. 88

Seção XIII – Da regulação e da liquidação de sinistros (arts. 75 ao 88).......... 104

Capítulo II – Dos seguros de danos (arts. 89 ao 111) 124

Seção I – Disposições gerais (arts. 89 ao 97).. 124

Seção II – Do seguro de responsabilidade civil (arts. 98 ao 107) 131

Seção III – Da transferência do interesse (arts. 108 ao 111) 144

Capítulo III – Dos seguros sobre a vida e a integridade física (arts. 112 ao 124)...... 149

Capítulo IV – Dos seguros obrigatórios (art. 125) 172

Capítulo V – Da prescrição (arts. 126 e 127)... 173

Capítulo VI – Disposições finais e transitórias (arts. 128 ao 134) 177

x

CAPÍTULO I
DISPOSIÇÕES GERAIS
SEÇÃO I
DO OBJETO E DO ÂMBITO DE APLICAÇÃO

Art. 1º Pelo contrato de seguro, a seguradora obriga-se, mediante o pagamento do prêmio equivalente, a garantir interesse legítimo do segurado ou do beneficiário contra riscos predeterminados.

COMENTÁRIO:

O conceito de contrato de seguro adotado pelo Código Civil de 2002 foi mantido no texto da nova lei de seguros e conforme seguinte diretriz: o interesse legítimo do segurado relativo à pessoa ou coisa, contra riscos predeterminados, é o que obriga o segurador após o pagamento do valor do prêmio.

Os riscos podem ser predeterminados de forma positiva ou negativa a depender da modalidade de seguro contratado, e os contratos podem conter uma cláusula com riscos cobertos e outra com riscos excluídos (não contratados). Em situações nas quais a identificação de determinados riscos é dificultada pela sua complexidade, como nos Riscos Operacionais, em que a estipulação de cobertura de danos patrimoniais é estruturada na forma *all risks* (todos os riscos), a apólice nomeia apenas as exclusões, garantindo cobertura para quaisquer eventos relacionados ao risco da atividade exercida, ao invés de listar as coberturas.

Assim, o interesse legítimo pode ser representado por riscos cobertos ou por riscos excluídos, mas em ambas as situações serão riscos predeterminados. Vera Helena de Mello Franco[1] define:

> O interesse e aquilo sobre o que o risco incide. O interesse é uma relação de valor, acatada esta expressão em sentido amplo que se apresenta no seguro como uma situação de vantagem ou desvantagem para os segurados, quer com relação a uma pessoa (inclusive a própria), quer com relação a um bem (material ou imaterial).
>
> O objeto do seguro, aqui, não é o bem ou a pessoa em si, mas a relação do sujeito para com a pessoa ou o bem.

O interesse legítimo do segurado será garantido pelo segurador contra riscos predeterminados, mediante o pagamento de um valor devido pelo segurado, denominado

---

1. FRANCO, Vera Helena de Mello. *Contratos. Direito Civil e Empresarial*. 3. ed. São Paulo: RT, 2012, p. 313.

prêmio em respeito às origens etimológicas da palavra (do latim, recompensa, algo que se paga a alguém para que faça alguma coisa).[2]

Garantir é, portanto, o dever primordial do segurador que para isso terá que organizar e administrar o fundo mutual, no qual estão os valores necessários para o pagamento dos danos decorrentes dos riscos predeterminados que se materializarem. Garantir representa para o segurador a obrigação de organizar e administrar a mutualidade com eficiência.

Claudio Luiz Bueno de Godoy[3] ressalta: *"(…) o seguro se faz do interesse do segurado, e não do que a ele é pertinente, de modo que o objeto da contratação, a rigor, acaba sendo a garantia desse mesmo interesse.*

Assim, o novo texto legal preserva as diretrizes do interesse legítimo e da garantia que dão segurança jurídica e econômica à operação de seguros representada pelo seu contrato.

Art. 2º Somente podem pactuar contratos de seguro entidades que se encontrem devidamente autorizadas na forma da lei.

COMENTÁRIO:

A atividade de seguros é restrita a empresas e cooperativas nos termos do que determina o artigo 24 do Decreto-Lei 73, de 1966, podendo operar em seguros privados apenas as pessoas jurídicas constituídas sob a forma de sociedade por ações ou de sociedade cooperativa previamente autorizadas pela Susep.

No caso das cooperativas é vedada a atuação nas operações de seguro estruturadas nos regimes financeiros de capitalização e de repartição de capitais de cobertura, que são exclusivas das sociedades por ações.

A empresarialidade é um atributo essencial para a atividade de seguros. A complexidade das atividades de produção econômica e da vida em sociedade e, o consequente aumento das possibilidades de materialização de riscos, exige que as seguradoras atuem com rigor técnico em todas as suas áreas, dos cálculos atuariais à subscrição de riscos; do pagamento de indenizações a operações financeiras com os recursos do fundo mutual; sempre com governança e transparência na administração e estrito cumprimento das normas da supervisão de seguros. A organização empresarial é fundamental para atender com eficiência a todas essas exigências técnicas e complexas.

Nesse sentido, Fabio Ulhoa Coelho[4] destaca:

---

2. ALVIM, Pedro. *O Contrato de Seguro*. 3. ed. Rio de Janeiro: Forense, 1999, p. 269.

3. GODOY, Cláudio Luiz Bueno de. Comentários ao Artigo 757 e seguinte do Código Civil. In: PELUSO, Cezar. *Código Civil Comentado*. 16. ed. Barueri: Manole, 2022, p.

4. COELHO, Fábio Ulhoa. *Curso de Direito Civil*. 4. ed. São Paulo: Saraiva, 2010, p. 360.

O elemento subjetivo indispensável à caracterização do contrato é a presença da seguradora como parte que confere a garantia contra o risco. Trata-se necessariamente de uma empresa, isto é, uma organização profissional, cuja especialidade é a constituição e administração de fundos de socialização alimentados pelos prêmios puros pagos pelos segurados expostos a idênticos riscos. É a empresarialidade da seguradora que lhe possibilita conceder, no mercado, a garantia buscada pelos segurados ou contratantes do seguro. Sem organização empresarial, ninguém pode eficientemente oferecer serviços de garantia securitária.

O texto da lei de seguros reafirma a relevância da organização empresarial para a atividade de seguros, elemento substancial para o cumprimento da obrigação de garantir interesse legítimo do segurado.

Art. 3º A seguradora que ceder sua posição contratual a qualquer título, no todo ou em parte, sem concordância prévia dos segurados e de seus beneficiários conhecidos, ou sem autorização prévia e específica da autoridade fiscalizadora, será solidariamente responsável com a seguradora cessionária.

§ 1º A cessão parcial ou total de carteira por iniciativa da seguradora sempre deverá ser autorizada pela autoridade fiscalizadora.

§ 2º A cessão de carteira mantém a cedente solidária perante o cedido, caso a cessionária se encontre ou venha a tornar-se insolvente no período de vigência do seguro ou no prazo de 24 (vinte e quatro) meses, contado da cessão da carteira, o que for menor.

COMENTÁRIO:

O Código Civil brasileiro não contém previsão expressa para a cessão do contrato, limitando-se a tratar da cessão de crédito, nos artigos 286 a 298, e da assunção de dívida, nos artigos 299 a 303.

Para o desembargador Marco Aurélio Bezerra de Melo:[5]

A cessão do contrato consiste no negócio jurídico pelo qual uma das partes contratantes cede a outra a sua posição contratual, mediante o consentimento dos contratantes originários e do cessionário a quem a posição jurídica restou transferida.

(...)

À semelhança do que ocorre na assunção de dívida (art. 299 do CC) em que o consentimento do credor é requisito para o aperfeiçoamento desse negócio, na cessão do contrato é fundamental o consentimento do contratante cedido, posto que a este interessa sobremaneira conhecer e verificar a idoneidade e solvência do novo parceiro contratual que advirá da cessão. Sendo o contrato fruto de acordo de vontades, o ingresso de um contratante diverso deverá ser aperfeiçoado com um novo pacto no qual o contratante cedido que prosseguirá vinculado consinta nessa mutação subjetiva do contrato original. Tanto assim que nas legislações em que o instituto é positivado, tal requisito se faz presente, como se vê no artigo 424 do Código Civil Português (....) e no artigo 1.407 do Código Civil Italiano, por exemplo.

---

5. MELO, Marco Aurélio Bezerra de. *Direito Civil. Contratos.* 3. ed. Rio de Janeiro: Gen Forense, 2019, p. 169.

E ressalta o mesmo doutrinador que:

(...) o consentimento pode ser feito previamente, ou seja, no próprio negócio jurídico que serviu de base para a cessão, ocasião em que bastará apenas uma futura notificação ao contratante cedido que já assentira na realização da cessão. Poderá ser feito concomitantemente ou em ato posterior com a formalização da cessão e o consentimento de todos os envolvidos. É cabível ainda extrair a aceitação de medidas concretas realizadas pelas partes indicando o assentimento da cessão como, por exemplo, o cumprimento reiterado do contrato. Preenchidos os requisitos do silêncio qualificado por parte do cedente e/ou cedido (art. 111, CC), é possível admitir a assunção da posição contratual por parte do cessionário. Enfim, o tríplice consentimento pode se dar antes, no momento ou depois da cessão do contrato por aceitação expressa decorrente de ato formal, atos concretos ou, ainda, advir do silêncio qualificado das partes ou de algumas delas.

O texto do artigo 3º da nova lei respeita a dinâmica contemporânea das atividades negociais, que não pode ser obstaculizada sob pena de ferir preceitos constitucionais das atividades econômicas. A seguradora poderá ceder sua posição contratual, no todo ou em parte, sem a concordância prévia dos segurados e de seus beneficiários, ou sem autorização prévia e específica da autoridade fiscalizadora, porém, seguirá sendo solidariamente responsável com a seguradora cessionária, nos limites da vigência do contrato emitido pela cedente.

O *parágrafo 1º* do artigo 3º, por sua vez, determina que a cessão parcial ou total da carteira por iniciativa da seguradora sempre deverá ser autorizada pela autoridade fiscalizadora, o que plenamente se adequa ao fato de o setor de seguros privados ser setor regulado, como outros setores, com a finalidade de preservar o interesse público.

E o Estado regula seguros privados como o faz em relação a tantos outros setores para preservar o interesse público, de forma que a atividade da iniciativa privada seja desenvolvida em conformidade com os pressupostos que regem a existência do próprio Estado, qual seja, a realização do bem comum.

Ocorre que a preponderância do interesse público, na atualidade, é objeto de ponderação, como ensinam o ministro Luis Roberto Barroso[6] e Gustavo Binenbojm.[7] Afirma Binenbojm que:

(...) o uso arbitrário do dito princípio da supremacia do interesse público ocorreu sob o manto de certa fluidez conceitual. Como o interesse público é um conceito vago, o Poder Público sempre desfrutou de ampla margem de liberdade na sua concretização; assim, o voluntarismo dos governantes adquiria supremacia sobre os direitos individuais. (...) Um princípio que tudo legitima não se presta a legitimar absolutamente nada.[8]

E complementa:

---

6. BARROSO, Luis Roberto. *Prefácio.* In: SARMENTO, Daniel (Org.). *Interesses Públicos versus Interesses Privados: Desconstruindo o Princípio de Supremacia do Interesse Público.* Rio de Janeiro: Lumen Juris, 2005, p. vii/xviii.

7. BINENBOJM, Gustavo. *Uma Teoria do Direito Administrativo.* 3. ed. Rio de Janeiro: Renovar, 2014, p.

8. Idem, p. 104.

(...) o interesse público comporta, desde a sua configuração constitucional, uma imbricação entre interesses difusos da coletividade e interesses individuais e particulares, não se podendo estabelecer a prevalência teórica e antecipada de uns sobre os outros. Com efeito, a aferição do interesse prevalecente em um dado confronto de interesses é procedimento que reconduz o administrador público à interpretação do sistema de ponderações estabelecido na Constituição Federal e na lei, e, via de regra, obriga-o a realizar seu próprio juízo ponderativo, guiado pelo dever de proporcionalidade.

Assim, como a lei obriga que a autoridade fiscalizadora autorize expressamente a cessão parcial ou total da carteira da seguradora, e como a ação do órgão regulador se dá em razão da defesa do interesse público, porém com a necessária ponderação que dá concretude ao princípio para cada situação particular, é correto entender que a autorização do órgão regulador é suficiente para que a cessão seja feita, independentemente da autorização expressa dos segurados (e beneficiários conhecidos) que compõem a carteira cedida.

De fato, a autoridade fiscalizadora é o ente público da administração indireta que possui recursos técnicos para avaliar se a cessão total ou parcial da carteira está sendo realizada de forma legal, para uma seguradora que também está sob sua fiscalização e que, portanto, se encontra em situação de regularidade que autorize a consecução da transferência. Enquanto as manifestações dos segurados poderão ser resultantes de outros fatores, não necessariamente objetivos, a posição da autoridade fiscalizadora é técnica e fundamentada em canais de coleta e análise de dados dos seguradores e resseguradores brasileiros.

O Desembargador Hamid Charaf Bdine Júnior[9] afirma que o cedido integra a relação negocial que se estabelece com a cessão do contrato, e a negativa de consentimento fica restrita à motivação sobre insolvência do cessionário porque, fora dessa hipótese, a negativa do consentimento não levará em conta a função econômica e social do contrato e, por isso, será caracterizada como abuso de direito nos termos do que determina o artigo 187 do Código Civil brasileiro.

A concordância prévia do segurado em relação à cessão total ou parcial da carteira poderá ser feita no contrato de seguro, conforme entendimento do desembargador Marco Aurélio Bezerra de Melo, expresso na lição doutrinária suprareproduzida. Esse consentimento prévio no clausulado do contrato de seguro atenderá o objetivo do texto de lei e pode ser confirmado pela autoridade fiscalizadora, no momento em que o negócio de cessão for levado a seu conhecimento para que emita autorização com fundamentos técnicos.

Assim, a solidariedade entre o cedente e o cessionário só será aplicável nos casos em que a cessão for realizada sem consentimento prévio dos segurados da carteira cedida ou, sem autorização expressa da autoridade fiscalizadora. Nesses casos, haverá solidariedade durante o período de vigência do contrato firmado entre a cedente e o cedido, porque a cessão do contrato modifica uma das partes

---

9. BDINE JÚNIOR, Hamid Charaf. *Cessão da Posição Contratual*. São Paulo: Saraiva, 2008, p. 42.

contratantes, mas não modifica a relação contratual, cujo prazo de vigência permanece igual.

Já nos casos de encampação e migração não é aplicável o disposto no artigo 3º, em razão da diferença desses institutos jurídicos em relação à cessão parcial ou total do contrato.

A migração e encampação são institutos regulados pela Resolução CNSP n. 439, de 2022, nos seguintes termos:

> Art. 28. Considera-se encampação a substituição de apólice coletiva ao fim de sua vigência por nova apólice emitida por outra sociedade seguradora.
>
> § 1º No caso de encampação de apólice de seguro não contributário estipulado por empregador em favor de seus empregados, é admitida a dispensa de proposta de adesão desde que não haja modificação na apólice que implique ônus ou dever para os segurados ou redução de seus direitos.
>
> § 2º A dispensa de que trata o § 1º deste artigo não implica a dispensa de emissão e de envio e/ou disponibilização dos certificados individuais aos segurados, nos termos da regulamentação específica.
>
> Art. 29. Considera-se migração a substituição de apólice coletiva por nova apólice emitida por outra sociedade seguradora em período não coincidente com o término da respectiva vigência.
>
> § 1º No caso de recepção de grupo de segurados e assistidos, originada em processo de migração de apólices, deverão ser admitidos todos os componentes do grupo cuja cobertura esteja em vigor.
>
> § 2º No caso de que trata o caput, deverá haver emissão e envio e/ou disponibilização dos certificados individuais aos segurados, nos termos da regulamentação específica, e não será reiniciada a contagem de prazo de carência para segurados já incluídos no seguro pela apólice anterior, em relação às coberturas e respectivos valores já contratados.
>
> § 3º É admitida a dispensa do recolhimento de anuência de três quartos do grupo segurado para migração de apólice coletiva em seguros não contributários estipulados por empregadores em favor de seus empregados desde que não haja modificação que implique ônus ou dever para os segurados ou redução de seus direitos.
>
> § 4º No caso de que trata o § 3º deste artigo, é admitida a dispensa da proposta de adesão à nova apólice coletiva.

O Conselho Nacional de Seguros Privados – CNSP entende que *desde que não haja modificação que implique ônus ou dever para os segurados ou redução de seus direitos*, e não sendo contributário o seguro, não há necessidade de anuência de três quartos do grupo segurado, ou seja, não se aplica o disposto no artigo 801, parágrafo 2º, do Código Civil brasileiro.

De fato, se não há ônus ou dever que recaia sobre os segurados a racionalidade se impõe como medida de ordem prática, para que os melhores resultados sejam obtidos no menor tempo possível.

Art. 4º O contrato de seguro, em suas distintas modalidades, será regido por esta Lei.

§ 1º Sem prejuízo do disposto no art. 20 da Lei Complementar nº 126, de 15 de janeiro de 2007, aplica-se exclusivamente a lei brasileira:

I – aos contratos de seguro celebrados por seguradora autorizada a operar no Brasil;

II – quando o segurado ou o proponente tiver residência ou domicílio no País; ou

III – quando os bens sobre os quais recaírem os interesses garantidos se situarem no Brasil.

§ 2º O disposto nesta Lei aplica-se, no que couber, aos seguros regidos por leis próprias.

COMENTÁRIO:

A Lei Complementar n. 126, de 2007, que dispõe sobre a política de resseguro, retrocessão e sua intermediação, as operações de cosseguro, as contratações de seguro no exterior e as operações em moeda estrangeira do setor securitário, determina no artigo 20 que:

Art. 20. A contratação de seguros no exterior por pessoas naturais residentes no País ou por pessoas jurídicas domiciliadas no território nacional é restrita às seguintes situações:

I – cobertura de riscos para os quais não exista oferta de seguro no País, desde que sua contratação não represente infração à legislação vigente;

II – cobertura de riscos no exterior em que o segurado seja pessoa natural residente no País, para o qual a vigência do seguro contratado se restrinja, exclusivamente, ao período em que o segurado se encontrar no exterior;

III – seguros que sejam objeto de acordos internacionais referendados pelo Congresso Nacional; e

IV – seguros que, pela legislação em vigor, na data de publicação desta Lei Complementar, tiverem sido contratados no exterior.

Parágrafo único. Pessoas jurídicas poderão contratar seguro no exterior para cobertura de riscos no exterior, informando essa contratação ao órgão fiscalizador de seguros brasileiro no prazo e nas condições determinadas pelo órgão regulador de seguros brasileiro.

À luz dessa disposição é que o artigo 4º, parágrafo 1º, da Lei n. 15.040, de 2024, trata a aplicação da lei brasileira com exclusividade nas situações que indica nos incisos I a III do referido parágrafo.

A Lei de Introdução às Normas do Direito Brasileiro (Decreto Lei n. 4.657, de 1942, alterado pela Lei n. 12.376, de 2010), determina no artigo 9º, parágrafo 2º, que a obrigação resultante de contrato reputar-se-á constituída no lugar em que residir o proponente.

O artigo 12 da mesma lei determina que é competente a autoridade judiciária brasileira, quando for o réu domiciliado no Brasil ou aqui tiver de ser cumprida a obrigação. E o artigo 17 prevê que as leis, atos e sentenças de outro país, bem como quaisquer declarações de vontade, não terão eficácia no Brasil, quando ofenderem a soberania nacional, a ordem pública e os bons costumes.

A antiga redação da então denominada Lei de Introdução ao Código Civil (LICC) que vigorou até a entrada em vigor da Lei de Introdução às Normas do Direito Brasileiro (LINDB), estabelecia no artigo 13, primeira parte, que as partes tinham autonomia da vontade para escolher a lei que seria aplicada aos contratos. Se os contratos nada definissem sobre a lei, então seria aplicada a do país em que o contrato tivesse sido firmado (*regulará, salvo estipulação em contrário, quanto à substância e aos efeitos das obrigações, a lei do lugar, onde foram contraídas*).

O artigo 9º da LINDB não repetiu essa formulação (*para qualificar e reger as obrigações, aplicar-se-á a lei do país em que se constituírem*), porém, também não proibiu expressamente a aplicação de lei estrangeira aos contratos. Mas a doutrina majoritária entendeu que para as partes era impossível a escolha da lei a ser aplicada, ante a ausência da expressão "*salvo estipulação em contrário*", no mencionado artigo.

Nesse sentido, pondera o Prof. Anderson Schreiber:[10]

> (...) ganhou força nas últimas décadas o entendimento contrário, que sustenta o caráter dispositivo do artigo 9º da Lei de Introdução, essencialmente por três razões: (a) o longo distanciamento temporal dos motivos que levaram o legislador a suprimir a expressão "salvo disposição em contrário", na Lei de Introdução atual, que é de 1942; (b) o reconhecimento de que a mens legislatoris é coisa diversa da mens legis, sendo certo que o artigo 9º da Lei de Introdução atual, se não ressalva a possibilidade de disposição em contrário, tampouco a afasta expressamente; e, (c) a Lei de Arbitragem (Lei n. 9.307/96), em seu art. 2º, § 1º, autoriza a livre escolha das "regras de direito que serão aplicadas na arbitragem, desde que não haja violação aos bons costumes e à ordem pública." Assim, havendo cláusula compromissória (cláusula arbitral) no contrato, é lícita a escolha da lei aplicável à solução dos conflitos dele decorrentes. Não havendo cláusula compromissória, a possibilidade ou não da eleição da lei aplicável continua controvertida, identificando-se, contudo, uma gradativa ampliação do entendimento favorável à livre escolha da lei de regência, desde que respeitada a ordem pública, assim entendido o conjunto de normas cogentes que integram o núcleo fundamental do ordenamento jurídico.

Algumas modalidades de contratos de seguro e resseguro são, essencialmente, de caráter internacional, como os seguros de transporte marítimo, aeronáutico, risco nuclear entre outros. Para essas modalidades, o contrato é simétrico e paritário, nos termos do artigo 421-A do Código Civil, conforme redação dada pela Lei n. 13.874, de 2019, também conhecida como Lei de Liberdade Econômica.

O parágrafo 2º do artigo 1º da referida lei determina que *se interpretam em favor da liberdade econômica, da boa-fé e do respeito aos contratos, aos investimentos e à propriedade todas as normas de ordenação pública sobre atividades econômicas privadas*.

O parágrafo único do artigo 421 do Código Civil brasileiro, alterado pelo artigo 7º da Lei n. 13.874, de 2019, prevê que *nas relações contratuais privadas, prevalecerão o princípio da intervenção mínima e a excepcionalidade da revisão contratual*.

---

10. SCHREIBER, Anderson. *Manual de Direito Civil*. 5. ed. São Paulo: Saraiva Jur, 2022, p. 66.

E, a nova redação dada pela Lei de Liberdade Econômica ao artigo 421-A representa com exatidão os objetivos do legislador ao determinar que:

Art. 421-A. Os contratos civis e empresariais presumem-se paritários e simétricos até a presença de elementos concretos que justifiquem o afastamento dessa presunção, ressalvados os regimes jurídicos previstos em leis especiais, garantido também que:

I – as partes negociantes poderão estabelecer parâmetros objetivos para a interpretação das cláusulas negociais e de seus pressupostos de revisão ou de resolução;

II – a alocação de riscos definida pelas partes deve ser respeitada e observada; e

III – a revisão contratual somente ocorrerá de maneira excepcional e limitada."

Rodrigues, Leonardo e Prado[11] definem:

Consideram-se contratos paritários, personalizados ou negociados aqueles que, na fase pré-contratual, timbram-se pelo caráter dialógico sobre seu conteúdo. Os sujeitos implicados em sua redação e posterior firmatura ocupam posições paritárias.

A expressão "contrato simétrico" não é ordinária na dogmática brasileira. Ela também não possui autonomia conceitual que lhe permita aspirar ao estatuto de categoria autônoma. Simétrico deve ser entendido como sinônimo de paritário, como é possível divisar em alguns autores.

A qualificação de contrato paritário e simétrico pode ser desconsiderada desde que se demonstre a presença de "elementos concretos" que assim o justifiquem.

(...)

Como a simetria, pela técnica legislativa, foi qualificada como uma presunção relativa, admite-se a prova em sentido contrário. A aplicação dessa presunção permitirá a criação de um capítulo próprio na fase instrutória, judicial ou arbitral, acerca da aplicação dessa presunção.

Assim, as partes contratantes em simetria e paridade poderão decidir, em respeito à autonomia da vontade que as rege, sobre a aplicação da norma de direito estrangeiro, desde que não haja violação aos bons costumes e à ordem pública. Essa interpretação é a que melhor coaduna o texto da lei de seguros com os dispositivos da Lei de Liberdade Econômica e à necessidade de que contratos de seguro dinamizem a economia nacional e a proteção aos riscos dos segurados.

SEÇÃO II

DO INTERESSE

Art. 5º A eficácia do contrato de seguro depende da existência de interesse legítimo.

§ 1º A superveniência de interesse legítimo torna eficaz o contrato desde então.

§ 2º Se for parcial o interesse legítimo, a ineficácia não atingirá a parte útil.

§ 3º Se for impossível a existência do interesse, o contrato será nulo.

---

11. RODRIGUES JR. Otavio Luiz. LEONARDO, Rodrigo Xavier. PRADO, Augusto Cézar Lukascheck. *A Liberdade Contratual e a Função Social do Contrato – Alteração do art. 421-A do Código Civil: Art. 7º*. In: MARQUES NETO, Floriano Peixoto. RODRIGUES JR. Otávio Luiz. LEONARDO, Rodrigo Xavier (Org.). *Comentários à Lei da Liberdade Econômica*. São Paulo: Thomson Reuters Revista dos Tribunais, 2019, p. 318.

COMENTÁRIO:

O interesse legítimo do segurado é a razão ou motivação causa do contrato de seguro, elemento essencial sem o qual o contrato de seguro não terá validade jurídica.

Margarida Lima Rego[12] destaca sobre o interesse que:

O interesse terá pela primeira vez sido apontado como elemento constitutivo de todo o contrato de seguro em 1719 por Giuseppe Lorenzo Maria de Casaregis. A ideia surgiu no contexto da distinção, cuja necessidade ou conveniência foi desde muito cedo sentida, entre os contratos de seguro e de jogo.

(...)

A importância do interesse como elemento constitutivo do seguro vem a consolidar-se quando se lhe confere força legal enquanto requisito do seguro, primeiro no Marine Insurance Act de 1745 e, uns anos depois, no Life Assurance Act de 1774. Nestes diplomas, foram proibidas as apostas, que antes se praticavam livremente, sobre a vida de terceiros ou o sucesso de empreendimentos marítimos. A proibição foi resultado de uma gradual tomada de consciência de que apenas uma destas actividades era económica e socialmente positiva.

(...)

De acordo com ambos os diplomas legais, as pessoas só poderiam celebrar contratos de seguro se tivessem um "interesse" no objecto do seguro, quer este se tratasse de uma pessoa ou de um navio, ou respectivo conteúdo. O seguro sem a presença de um "interesse" seria nulo. Na sequência destes primeiros impulsos legislativos, a exigência do interesse foi rapidamente erigida como princípio geral do seguro fora da circunscrição do seguro marítimo e do seguro de vida, tendo o requisito vindo a generalizar-se, na cultura jurídica anglo-americana, como uma necessidade em todas as classes de seguros.

O interesse legítimo é, nos termos do *caput* do artigo 5º, o que dá eficácia ao contrato de seguro, que depende da comprovada existência de interesse legítimo para se tornar juridicamente eficaz.

Ocorre que se no momento da contratação o interesse legítimo era inexistente, o contrato de seguro não se formou e, por consequência, não gerou efeitos no universo jurídico. Sem interesse legítimo o contrato de seguro é inexistente e não nulo, porque se assim fosse teria gerado efeitos no plano jurídico, porém, se inexistente, nenhum efeito produziu.

Rosa Maria de Andrade Nery e Nelson Nery Júnior:[13]

O negócio jurídico pode, metodologicamente, ser analisado em três planos, ou momento de sua manifestação, de sua fenomenologia: planos de existência, de validade e de eficácia (...).

O plano da existência, formado por elementos fundantes e essenciais, o plano da validade, por requisitos necessários e o plano da eficácia, por fatores acidentais.

Os elementos de existência, como os requisitos de validade devem respectivamente apresentar-se e verificar-se no momento da formação do negócio jurídico, isto é, no instante mesmo em que se considera formada a declaração negocial.

(...)

---

12. REGO, Margarida Lima. *Contrato de Seguro e Terceiros. Estudos de Direito Civil.* Coimbra: Coimbra Editora, 2010, p. 191.

13. NERY, Rosa Maria de Andrade. NERY JR. Nelson. *Instituições de Direito Civil. Parte Geral do Código Civil e Direitos da Personalidade.* 3. ed. São Paulo: Thomson Reuters Revista dos Tribunais, 2022, p. 278.

> *A inexistência do negócio jurídico revela a ausência de elementos fundantes do negócio jurídico como fenômeno jurídico: negócio inexistente é o que não chegou a ser formado, porque seus elementos fundantes não foram suficientes para sua manifestação.*
>
> *A ausência de agente (sujeito), de objeto ou de forma (exteriorizadora da vontade) implica inexistência do negócio jurídico.*

Sem interesse legítimo falta ao contrato de seguro o objeto essencial, fundante, sem o qual não pode o segurador garantir o segurado contra riscos predeterminados.

Os mesmos autores supra citados destacam:[14]

> *A causa do contrato traduz-se no núcleo essencial do negócio jurídico (...) exatamente como fazia o CCom que considerava a causa elemento essencial do contrato, como quando aludia ao comportamento conforme da parte, obrigada a honrar a causa da venda.*
>
> *(...)*
>
> *Todo ato jurídico, segundo Brugi, deve ter uma causa, correspondente à figura consagrada no instituto a que pertence. Cada negócio tem seus elementos categoriais peculiares.*
>
> *O elemento categorial inderrogável, nos negócios jurídicos, é um dos componentes do suporte fático sem o qual o negócio não existe como aquele tipo de negócio.*
>
> *(...)*
>
> *A causa do contrato deve ser buscada na função econômica que os contratos visam preencher (configurando, assim, aspecto subjetivo da causa), bem como a partir da função que o negócio entabulado possa exercer para se prestar à satisfação dos sujeitos quanto àquilo que buscam (caracterizando, d´outro lado, o aspecto objetivo da causa).*
>
> *(...)*
>
> *A causa do contrato é muito mais do que o resultado prático buscado pelos contratantes, que – nesse sentido – poderia ser chamada de causa finalis. A causa do contrato é um elemento que se acessa como dependente da institucionalização do contrato, de sua função, do título que respalda aquelas determinadas posições jurídicas dos sujeitos, que o contrato passa a revelar.*

O interesse legítimo do segurado é a razão do que faz nascer o vínculo contratual que obriga o segurador a garantir esse interesse contra riscos predeterminados, e garantir a partir da organização e administração de um fundo mutual para o qual contribuem outros tantos segurados que possuem interesse legítimo semelhante, de forma que seja possível organizar um grupo com interesses e riscos homogêneos.

Se no momento da formação do contrato de seguro não existir interesse legítimo do segurado a ser protegido contra riscos predeterminados o contrato não se forma, e por consequência, é *nulo nos termos do parágrafo 3º do mesmo artigo*. Assim, é difícil compreender que a superveniência de interesse legítimo torne o contrato eficaz, porque, em verdade, essa superveniência dará existência ao contrato de seguro que, então, passará a ter todos os requisitos constitutivos do negócio jurídico.

Assim, para harmonizar a interpretação do artigo 5º e seus parágrafos, é prudente compreender que:

---

14. Idem, p. 230.

a) O interesse legítimo segue sendo fundamental para a formação do contrato de seguro;

b) Se no momento da contratação o interesse legítimo não existe e isso é totalmente desconhecido do segurado e do segurador, o contrato se aperfeiçoará de boa-fé sendo devido o pagamento do prêmio pelo segurado, porém, sem contrapartida do segurador porque o risco não será passível de ocorrer, na medida em que o interesse legítimo não existe;

c) Se em momento posterior à contratação o interesse legítimo passar a existir, o contrato de seguro será tido como vigente e, consequentemente, válido a partir dessa data, sendo os prêmios pagos anteriormente aproveitados para a formação da reserva técnica obrigatória para o segurador e, essencial para a solvência do fundo mutual;

d) O tempo de vigência do contrato cujo interesse legítimo não existia no momento de sua formação e passou a existir depois, será contado do momento em que se tomou conhecimento da superveniência do interesse legítimo, até que se complete o período inicialmente previsto para vigorar.

Existem seguros cujo período de vigência é intermitente a depender da vontade do segurado que pode em alguns momentos acionar a cobertura do seguro e, informar a suspensão da cobertura em outros momentos. São chamados também de seguros *on-off*, exatamente porque são acionados e desligados por meio de um aplicativo e por manifestação de vontade do segurado.

Nessa modalidade de seguro há previsão de vigência durante um período predeterminado, um ano, por exemplo, e o acionamento ou suspensão da coberura não interferem no período de vigência.

Seguros com vigência reduzida são definidos pela Superintendência de Seguros Privados – SUSEP como aqueles em que o período de vigência é fixado em meses, dias, horas, minutos, jornada, viagem ou trecho, ou outros critérios passíveis de contratação, conforme estabelecido no plano de seguro.[15]

O principal impacto da superveniência do interesse legítimo será sobre a formação das reservas técnicas. Hipoteticamente, se o segurado contratou o seguro para vigência de 12 meses e parcelou o pagamento do valor do prêmio em 6 parcelas mensais, iguais e sucessivas, efetuou o pagamento e, no entanto, somente no 7º mês de vigência o interesse legítimo foi reconhecido, o contrato terá vigência até o 12º mês e será encerrado, sem extensão de vigência. O segurador de boa-fé fez cálculos atuariais para a formação de reservas do fundo mutual com a convicção de que o interesse legítimo existia e, não pode ser obrigado a prolongar o período de vigência em razão da superveniência do interesse legítimo porque não existem reservas para essa finalidade.

---

15. Superintendência de Seguros Privados – SUSEP. Disponível em: https://www.gov.br/susep/pt-br/planos--e-produtos/seguros/seguro-de-danos. Acesso em: 10 jul. 2024.

Sempre relevante destacar que o pagamento do valor do prêmio não se constitui em reserva individual do segurado, mas sim em participação no fundo mutual para o qual contribuem todos os segurados. Se no exemplo acima colocado, o segurador for obrigado a prolongar a vigência pelo período de 12 meses a partir do reconhecimento do interesse legítimo, poderá cobrar maior valor de prêmio para que os demais participantes da mutualidade não venham a ser onerados.

O conhecimento e a declaração do interesse legítimo são de responsabilidade do segurado que no momento da contratação, deve ter plena ciência do que pretende segurar, por quanto tempo pretende fazê-lo e, contra quais riscos predeterminados pretende cobrir o interesse. Se o segurado não consegue aferir a existência de interesse legítimo no momento da apresentação da proposta, não pode repassar o resultado de sua ineficiência para os demais segurados que contribuíram para a formação da mutualidade.

Na hipótese de interesse superveniente após período de pagamento de prêmio sem que o interesse legítimo existisse efetivamente, fica facultado ao segurador a devolução do valor do prêmio pago durante o período em que o interesse não existia, e o contrato será resolvido nos termos do disposto no artigo 7º, se comprovada a boa-fé do segurado em relação à declaração de interesse legítimo.

Existe ainda a possibilidade de o interesse legítimo superveniente à contratação estar sujeito a riscos predeterminados maiores do que aqueles informados pelo segurado no momento da proposta. Nessa hipótese, o segurador terá a faculdade de calcular e cobrar a diferença do valor do prêmio e prorrogar o contrato pelo prazo suficiente para cobrir o período decorrido, em que não havia o interesse legítimo do segurado, posto que este foi superveniente à contratação.

> **Art. 6º** Extinto o interesse, resolve-se o contrato com a redução proporcional do prêmio, ressalvado, na mesma proporção, o direito da seguradora às despesas realizadas com a contratação.
>
> **Parágrafo único.** Se ocorrer redução relevante do interesse, o valor do prêmio será proporcionalmente reduzido, ressalvado, na mesma proporção, o direito da seguradora às despesas realizadas com a contratação.

COMENTÁRIO:

Prêmio é a contrapartida que o segurado paga para seguradora para que esta organize e administre, com boa técnica e eficiência, o pagamento dos danos decorrentes dos riscos predeterminados que foram incluídos no contrato de seguro para um período de vigência igualmente predeterminado.

Na lição do desembargador Marco Aurélio Bezerra de Melo sobre o valor do prêmio, encontramos:[16]

---

16. Op. cit., p. 777.

A elaboração de seu valor é feita a partir de cálculos atuariais apresentados por contadores com especialidade na área (atuários) em que são utilizados critérios e fórmulas científicas com o objetivo de viabilizar a saúde financeira do seguro que deverá garantir a indenização do segurado que sofreu o sinistro e ainda contar com a solvabilidade suficiente para os compromissos futuros que poderão advir, não descurando de que a sociedade seguradora é empresa com despesas de toda ordem e tem no lucro uma de suas mais importantes finalidades.

Pedro Alvim ponteia que o cálculo da contraprestação devida pelo segurado é integrado por um prêmio puro (teórico ou estatístico) e outro denominado carregamento. O primeiro é calculado segundo os dados estatísticos para fazer frente às indenizações e o segundo deve cobrir as despesas administrativas do negócio e proporcionar o lucro ínsito à atividade empresarial do seguro.

O prêmio puro, também chamado de prêmio de risco, é calculado com base em dados de frequência e severidade dos riscos que serão cobertos pelo contrato de seguro. Para isso são utilizados os saberes científicos das Ciências Atuariais, em especial, estatísticas e probabilidades.

Em seguida, o segurador deverá somar ao valor do prêmio puro ou de risco, os valores das despesas administrativas e operacionais, das despesas decorrentes dos meios utilizados para a distribuição do seguro (corretor de seguros, do agente ou representante, por exemplo), e dos tributos incidentes. Por fim, o segurador incluirá o percentual de lucro de forma a dar cumprimento ao objetivo da atividade empresarial, que é a obtenção de resultados positivos após o pagamento de todas as obrigações decorrentes do tipo da atividade desenvolvida.

O valor do prêmio puro ou de risco e os valores acrescidos formam o conjunto de obrigações assumidas pela empresa seguradora para o exercício de sua atividade fim.

Assim, como consignado nesse artigo 6º, extinto o interesse ou reduzido de forma relevante, o contrato de seguro será resolvido e a redução proporcional se dará em relação ao *prêmio de risco*, e não em relação aos valores das despesas já efetuadas pelo segurador para a formação e execução do contrato. O mesmo raciocínio se aplica quanto à redução relevante do interesse, dado que os valores despendidos com a contratação já foram pagos.

A nota técnica e o contrato de seguro deverão especificar claramente quais valores correspondem a qual tipo de pagamento – prêmio puro e carregamento –, em especial as despesas administrativas e operacionais, para que a eventual redução possa ser aplicada somente ao prêmio puro e não de forma global.

Art. 7º Quando o contrato de seguro for nulo ou ineficaz, o segurado ou o tomador terá direito à devolução do prêmio, deduzidas as despesas realizadas, salvo se provado que o vício decorreu de sua má-fé.

COMENTÁRIO:

Nas disposições gerais sobre contratos do Código Civil brasileiro, o artigo 422 determina que os contratantes são obrigados a guardar, assim na conclusão do contrato, como em sua execução, os princípios da probidade e da boa-fé. Trata-se da boa-fé objetiva, o dever de conduta que necessariamente deve pautar os atos de todos aqueles que se relacionam juridicamente por meio de um contrato.

A ausência de boa-fé nas fases pré-contratual, de execução do contrato e mesmo pós-contratual, sujeita o praticante às consequências que, no contrato de seguro, podem ser bastante significativas, desde a perda do direito à indenização até a perda do direito à garantia, ou seja, a resolução do contrato.

Nesse sentido, Judith Martins-Costa:[17]

> *A expressão boa-fé objetiva (boa-fé normativa) designa não uma crença subjetiva, nem um estado de fato, mas aponta, concomitantemente, a: (i) um instituto ou modelo jurídico (estrutura normativa alcançada pela agregação de duas ou mais normas); (ii) um standard ou modelo comportamental pelo qual os participantes do tráfico obrigacional devem ajustar o seu mútuo comportamento (standar direcionador de conduta, a ser seguido pelos que pactuam atos jurídicos, em especial os contratantes); e, (iii) um princípio jurídico (norma de dever ser que aponta, imediatamente, a um "estado ideal de coisas").*
>
> *(...)*
>
> *(...) boa-fé é um princípio que direciona os comportamentos aos valores ético-jurídicos da probidade, honestidade, lealdade e da consideração às legítimas expectativas do parceiro contratual. É por direcionar valores que a boa-fé objetiva, como um princípio jurídico que também é, conduz o agente – como todo princípio normativo (prescritivo) – a um "estado ideal de coisas", sendo esse "estado ideal de coisas" a ação proba, correta, leal (Código Civil, art. 422), em vista do adimplemento satisfativo, fim que poloriza toda e qualquer relação contratual. Uma conduta pautada por essa finalidade há de ser seguida por ambos os participantes do vínculo, em atenção aos fins do contrato e ao que determina o programa contratual, sujeitando-os "à recíproca cooperação a fim de alcançar o efeito prático que justifica a própria existência do contrato."*

Assim, quando o ato praticado pelo segurado ou pelo tomador for comprovadamente de má-fé e tornou o contrato nulo ou ineficaz, não será devida a devolução do prêmio pelo segurador. Se, no entanto, comprovado que o ato capaz de gerar a nulidade ou ineficácia não estava eivado de má-fé, será devida a devolução do valor referente ao prêmio de risco, dado que as despesas havidas pelo segurador foram realizadas, independentemente do ato ter sido praticado com boa-fé ou sem ela.

Ao receber e avaliar uma proposta de seguro o segurador utiliza uma complexa estrutura empresarial que é responsável perante a lei e ao regulador, pela garantia do interesse legítimo do segurado e que organiza e administra corretamente a formação e manutenção do fundo mutual para atingir tal objetivo. A operação de análise e subscrição do risco, a remuneração dos canais de distribuição utilizados, o recolhimento de tributos incidentes na operação, o pagamento das despesas operacionais assumidas pela empresa seguradora para o exercício de sua atividade fim e, a remuneração do capital investido pelos acionistas, tudo isso é desencadeado a partir do protocolo da proposta de seguro, independentemente de ter sido gerada por ato de má-fé ou de boa-fé.

---

17. MARTINS-COSTA, Judith. *A Boa-Fé no Direito Privado. Critérios para a sua Aplicação.* 2. ed. São Paulo: Saraiva Educação, 2018, p. 281.

Nessa perspectiva, a interpretação que mais se coaduna com a proteção da atividade empresarial que garante interesses legítimos de segurados, é que a devolução do prêmio fique restrita ao valor do prêmio de risco, ou seja, que do fundo mutual seja subtraído somente esse valor, quando a nulidade ou ineficácia do contrato não resulte de má-fé do segurado.

> **Art. 8º** No seguro sobre a vida e a integridade física de terceiro, o proponente é obrigado a declarar, sob pena de nulidade do contrato, seu interesse sobre a vida e a incolumidade do segurado.
>
> **Parágrafo único.** Presume-se o interesse referido no *caput* deste artigo quando o segurado for cônjuge, companheiro, ascendente ou descendente do terceiro cuja vida ou integridade física seja objeto do seguro celebrado.

COMENTÁRIO:

O artigo reproduz em boa medida o artigo 790 do Código Civil brasileiro, acrescentando a figura do companheiro ou companheira no parágrafo único, o que atualiza a redação às decisões da magistratura brasileira sobre os direitos daqueles que vivem em regime de união estável, de fato ou de direito.

O interesse do proponente sobre a vida e a integridade física de outro(s), deve ser declarado para que não paire dúvida sobre a licitude da operação contratual e, ao mesmo tempo, sejam coibidas práticas que repugnam a toda a sociedade e que tornariam o seguro próximo ao jogo ou aposta.

Quem contrata seguro sobre a vida de outrem precisa possuir interesse na sobrevivência da pessoa, porém, é necessário cautela em razão de determinados interesses que, quase sempre, são de ordem exclusivamente econômica. É o que acontece com o credor que contrata seguro sobre a vida do devedor; do sócio em relação à vida de outro sócio; ou, da empresa sobre a vida de seu funcionário que será enviado para realização de curso de especialização no exterior, ou para trabalho de aprimoramento de capacitação técnica na matriz da empresa.

Nos termos do parágrafo único, o interesse legítimo é presumido quando se trata de cônjuge, companheiro, descendente ou ascendente, eximindo o proponente de justificar o interesse pela preservação da vida. Já nas demais hipóteses é preciso que o porproponente justifique o interesse legítimo, até porque a lei brasileira não exige o consentimento da outra parte sobre a qual recai o referido interesse.

Assim, nos seguros sobre a vida ou integridade física de terceiros o interesse deve ser declarado ou presumido, inexistindo hipótese para interesse superveniente. De fato, se o segurado contratou seguro sobre a vida de uma pessoa e não pode declarar o interesse legítimo, o contrato é nulo como consignado expressamente no *caput*. E sendo nulo o contrato, não pode produzir qualquer efeito.

Nesse sentido, Orlando Gomes[18] ensina:

A nulidade é sanção que se comina a quem viola preceito de ordem pública ou simplesmente coativo, mas, neste último caso, quando tutela interesse de ordem geral. (...) Em princípio, produzem a nulidade do contrato, além da infração de normas imperativas, a falta dos requisitos para a validade dos negócios jurídicos em geral, a causa ilícita e a impossibilidade de determinação do objeto.

(...)

O contrato nulo não produz qualquer efeito; é, segundo feliz expressão, um natimorto. Para a nulidade ser reconhecida, não é preciso provocação. Ao juiz cabe pronunciá-la de ofício.

O contrato de seguro sobre a vida de outrem para o qual não tenha sido feita declaração do contratante sobre a vida e/ou integridade física do segurado, é contrato que não se formou licitamente e, por isso, nulo e incapaz de gerar efeito jurídico válido. Não há como esse *natimorto,* na expressão do catedrático da Universidade Federal da Bahia, gerar qualquer efeito que o torne válido posteriormente.

Por fim, o parágrafo único do artigo 8º comporta, ainda, uma relevante observação: o interesse legítimo presumido será sempre e somente entre o proponente do seguro e seu cônjuge, companheiro, descente ou ascendente.

SEÇÃO III
DO RISCO

Art. 9º O contrato cobre os riscos relativos à espécie de seguro contratada.

§ 1º Os riscos e os interesses excluídos devem ser descritos de forma clara e inequívoca.

§ 2º Se houver divergência entre a garantia delimitada no contrato e a prevista no modelo de contrato ou nas notas técnicas e atuariais apresentados ao órgão fiscalizador competente, prevalecerá o texto mais favorável ao segurado.

§ 3º Quando a seguradora se obrigar a garantir diferentes interesses e riscos, deverá o contrato preencher os requisitos exigidos para a garantia de cada um dos interesses e riscos abrangidos, de modo que a nulidade ou a incficácia de uma garantia não prejudique as demais.

§ 4º Nos seguros de transporte de bens e de responsabilidade civil pelos danos relaclonados a essa alividade, a garantia começa quando as mercadorias são de fato recebidas pelo transportador e cessa com a efetiva entrega ao destinatário.

§ 5º O contrato não poderá conter cláusula que permita sua extinção unilateral pela seguradora ou que, por qualquer modo, subtraia sua eficácia além das situações previstas em lei.

---

18. GOMES, Orlando. *Contratos.* BRITO, Edvaldo. DE BRITO, Reginalda Paranhos (Atual.). 28. ed. Rio de Janeiro: Gen Forense Editora, 2022, p. 201.

COMENTÁRIO:

O interesse legítimo do segurado pode recair sobre bens ou pessoas, e em relação a riscos diversos. Por isso, os contratos de seguro deverão ter suas cláusulas redigidas em conformidade com o interesse legítimo e o risco predeterminado em razão do qual o segurado pretende se precaver, ingressando em uma mutualidade que contribuirá para o pagamento dos valores que venham a ser devidos na hipótese dos riscos se materializarem ao longo do período de vigência do contrato.

Assim, serão riscos aqueles danos causados aos bens do próprio segurado; ou, de danos causados a bens de terceiros; ou, ainda, riscos causados a pessoas para as quais o segurado possa declarar o interesse legítimo ou, que este seja passível de ser presumido. O interesse legítimo do segurado poderá ser, ainda, por sua própria vida ou integridade física.

A complexidade da vida contemporânea provocada pelo crescimento exponencial das novas tecnologias, em diferentes áreas do conhecimento e da produção econômica, tem obrigado os seguradores e os reguladores de seguro a estarem atentos para novas modalidades de riscos e, em consequência, para novas possibilidades de contratos que possam gerar coberturas adequadas a essas inovações. Além disso, a ampliação do campo da responsabilidade civil, em razão de novas possibilidades de danos que podem ocorrer e, por exigência da sociedade no sentido de que os agentes econômicos sejam, cada vez mais, responsáveis pelos produtos e serviços que colocam no mercado de consumo, impulsionou novas coberturas de seguro como o de responsabilidade civil dos administradores de empresas (Seguro de Responsabilidade Civil D&O), seguros de riscos cibernéticos, seguros de responsabilidade civil para pesquisa clínica de medicamentos, entre outros.

A perspectiva de futuro é que a complexidade da organização socioeconômica prossiga em razão das novas tecnologias que estão sendo introduzidas e que, pouco a pouco, ocupam cada vez maior espaço na vida cotidiana das pessoas. Além disso, as novas tecnologias impactam a produção econômica de bens e serviços, impondo às sociedades empresariais a necessidade de contratação de novas coberturas de seguro, algumas das quais decorrentes, exclusivamente, do uso intensivo de tecnologias.

Por essa razão, dois aspectos são relevantes: (i) que os proponentes de seguro forneçam dados cada vez mais atuais detalhados e precisos sobre suas atividades empresariais, de forma que os clausulados de seguro possam contemplar toda a diversidade existente na atualidade; e, (ii) que haja liberdade para que segurados e seguradores possam determinar as coberturas contratuais para os diferentes riscos, com objetivo de contemplar a diversidade de situações existentes no ambiente produtivo e, principalmente, segmentar com maior qualidade técnica as necessidades de cada proponente.

Nessa perspectiva, é recomendável que a interpretação do caput do artigo 9º da nova lei esteja em consonância com o disposto no parágrafo 2º, do artigo 1º, da Lei n. 13.874, de 2019, a Lei de Liberdade Econômica, que determina expressamente:

§ 2º Interpretam-se em favor da liberdade econômica, da boa-fé e do respeito aos contratos, aos investimentos e à propriedade todas as normas de ordenação pública sobre atividades econômicas privadas.

Ao regulador de seguros cabe a tarefa de equilibrar o papel normativo com a necessária liberdade para garantia do desenvolvimento econômico e social.

O *parágrafo 1º do artigo 9º* determina que os riscos cobertos pelo contrato de seguro, assim como os riscos excluídos, devem ser descritos de forma clara e inequívoca, o que se constitui em corolário do dever de boa-fé que é padrão de conduta de seguradores e segurados desde a fase pré-contratual.

Os clausulados dos contratos de seguro deverão conter detalhadamente, de forma clara e objetiva, os riscos predeterminados que estão cobertos e os riscos que não têm cobertura que são os riscos excluídos. Esse pilar técnico protege o fundo mutual e a sustentação desse curioso contrato que, assinado por partes individualizadas, tem seu alicerce construído a partir da contribuição de muitos, que não se conhecem, mas que colaboram uns com os outros na proteção dos resultados danosos dos riscos materializados.

Para que a clareza e a objetividade sejam fonte dos deveres anexos de confiança e colaboração entre as partes, é fundamental que segurado e segurador forneçam informações detalhadas, o primeiro sobre os riscos inerentes à sua atividade e, o segundo sobre as coberturas, eventual incidência de carência, franquia e outros aportes contratuais essenciais.

Nessa perspectiva, a lição do desembargador Cláudio Luiz Bueno de Godoy[19]

(...) no seguro, contrata-se uma garantia contra um risco, qual seja, o de acontecimentos lesivos a interesse legítimo do segurado, mediante o pagamento de um prêmio, tudo fundamentalmente calculado com base nas informações e declarações das partes, cuja veracidade permite uma contratação que atenda a suas justas expectativas. É uma equação que leva em conta a probabilidade da ocorrência do evento que será garantido, assim impondo-se estrita observância à boa-fé dos contratantes, especialmente em suas informações e declarações, para que ambos tenham confiança preservada na entabulação.

Clareza, objetividade e redação de cláusulas que não suscitem equívocos serão resultantes de informações precisas sobre a natureza dos danos e, igualmente, sobre as possibilidades técnicas de cobertura que o clausulado do contrato determinará.

Os riscos excluídos dos contratos de seguro deverão ser apresentados em cláusula expressa com essa denominação, com destaque em negrito ou com fonte diferenciada, de forma que o contratante-segurado se aperceba, rapidamente, da necessidade da leitura atenta daquele item do contrato de seguro.

No *§ 2º do artigo 9º* está determinado que, em caso de divergência entre a garantia delimitada no contrato e a prevista no modelo de contrato ou nas notas técnicas

---

19. Op. cit., p. 750.

e atuariais apresentados ao órgão fiscalizador competente, prevalecerá o texto mais favorável ao segurado.

O modelo de contrato deve ser interpretado como condições gerais, e a apresentação como disponibilização. Isso porque as condições especiais e as condições particulares não se confundem com as condições gerais, sendo que apenas estas precisam ser disponibilizadas.

É importante ressaltar que a expressão "apresentar" contempla a disponibilização do *modelo de contrato ou das notas técnicas e atuariais, conforme o caso.*

Assim, se houver divergência entre a garantia delimitada no contrato e a prevista nas Condições Gerais ou nas notas técnicas e atuariais disponibilizadas ao órgão fiscalizador competente, prevalecerá o texto mais favorável ao segurado.

A regra firme de prevalência do texto mais favorável ao segurado comporta exceções consagradas no direito brasileiro, muito em especial, quando o equívoco decorrer de informação ou de conduta que comprovadamente possa ser atribuída somente ao segurado, ainda que sem a intencionalidade característica da má-fé.

Os modelos de contrato e suas notas técnicas e atuariais deverão estar sempre em consonância com o contrato que o segurado tem em mãos, firmado pelas partes e vigente desde a data consignada para tal. Se ocorrer divergência será imprescindível analisar sua origem para compreender em que medida possa ser decorrente das informações prestadas pelo proponente que se tornou segurado.

Se comprovado que a divergência decorre de informações imprecisas prestadas pelo segurado, não parece sensato que esse venha a se beneficiar dessa imprecisão e, com isso, impactar o fundo mutual ao qual pertence.

O texto de lei, ao utilizar a expressão *modelo de contrato,* permite supor que se trata das condições gerais dos seguros, dado que nem todos os contratos de seguro possuem condições especiais e/ou condições particulares. Aqueles que possuem as três modalidades de condições se regem pela regra de que o específico se sobrepõe ao geral.

A análise das especificidades do caso concreto será essencial para a aplicabilidade do parágrafo ora em comento, com os cuidados que respeitem a boa técnica e sustentabilidade dos fundos mutuais.

O *§ 3º do artigo 9º* reitera tudo o quanto afirmado no comentário ao *§ 2º* do mesmo artigo. De fato, um contrato de seguro pode se constituir em um feixe de coberturas diferentes abrigadas em uma única condição geral com diversas coberturas especiais e/ou particulares. Quanto maior a operação econômica do segurado mais diversificados e amplos serão seus interesses legítimos e, em consequência, os riscos aos quais estará sujeito.

Assim, a nulidade ou ineficácia de uma garantia nem sempre prejudicará as demais garantias contratadas, na medida em que o contrato deverá preencher os requisitos exigidos para a garantia de cada um dos interesses e riscos abrangidos.

Há, no entanto, uma ponderação que deve ser objeto de análise: é preciso que entre as condições gerais e as demais condições – especiais e/ou particulares – exista conectividade e não se trate de contratos de seguro para riscos diferentes e que foram contratados em uma mesma data, para um mesmo período de vigência. A conectividade deverá estar claramente apontada nas condições contratuais, já que a ineficácia de uma garantia atingiria as demais.

O § 4º *do artigo 9º* reproduz o artigo 780 do Código Civil de 2002, acrescendo, que o início e o fim do período ali apontado se aplica também aos seguros de responsabilidade civil contratados em razão da atividade de transportes.

A expressão *"de fato"* para designar a situação da recepção das mercadorias pelo transportador enseja a interpretação de que deverá existir prova material, documental ou digital, de que o transportador recebeu em seu veículo ou, em seu local de coleta, a mercadoria a ser transportada. Assim, o transportador deverá se acautelar para emitir comprovante do dia, horário e local em que recebeu as mercadorias, assim como ter consigo os documentos fiscais inerentes a operação de transporte que será realizada.

Há referência expressa, ainda, à efetiva entrega ao destinatário, o que sustenta a interpretação de que o transportador deverá se acautelar no sentido de obter comprovação, física ou digital, de que o destinatário recebeu efetivamente a mercadoria, ou seja, um documento comprobatório da entrega e do recebimento. Essa cautela por parte do segurado concretiza o princípio da boa-fé objetiva e previne conflitos entre as partes.

O § 5º *do artigo 9º* determina que o contrato não poderá conter cláusula que permita sua extinção unilateral pela seguradora, ou que, por qualquer modo, subtraia sua eficácia para além das situações previstas em lei.

Nos contratos de seguro caracterizados como relação de consumo há subsunção à Lei 8.078, de 1990, que reconhece a vulnerabilidade do consumidor e o seu direito de não ser surpreendido nas relações contratuais por práticas que o fragilizem, como, *a rescisão imotivada e prejudicial*.

Os contratos de seguro, a exemplo de outros tantos contratos, poderão ser finalizados por vontade das partes, pelo cumprimento integral dos objetivos ou, ainda, pelo descumprimento da obrigação por uma das partes que enseja o direito da outra de não prosseguir na contratação. São institutos jurídicos diferentes. A rescisão decorre de descumprimento de cláusula contratual; a resilição é resultado da vontade das partes; e a extinção decorre do cumprimento do objeto do contrato ou do vencimento do prazo de vigência nele fixado.

O parágrafo 5º utiliza a expressão *extinção unilateral* que, a rigor, equivale à rescisão contratual. Mas é preciso ressalvar que a rescisão unilateral é legal quando o segurador toma a decisão em razão do desequilíbrio econômico-financeiro do contrato, que inviabiliza tecnicamente sua continuidade. Existem situações concretas em que os cálculos atuariais realizados no início da vigência do contrato se mostram insuficientes em razão do fato de o risco ocorrer com frequência maior do que aquela previamente estimada com base nas declarações prestadas pelo segurado, seja em razão de declarações imprecisas ou, em razão de fatos que não podiam ter sido adequadamente previstos, como tem ocorrido em decorrência das mudanças climáticas. Nessas hipóteses, evidenciado o desequilíbrio econômico-financeiro do contrato, ele poderá ser rescindido unilateralmente pelo segurador, como forma de proteção da solvência e liquidez da mutualidade.

Assim, a melhor interpretação a ser dada ao parágrafo 5º do artigo 9º é no sentido de que fica vedada a *rescisão unilateral desmotivada,* até porque a rescisão unilateral motivada por conduta de má-fé do segurado, inadimplência, ou qualquer outra prevista em lei, é legítima e deve ser concretizada como forma de proteção da mutualidade.

Já os contratos empresariais se submetem, entre outras, à Lei de Liberdade Econômica que modificou o artigo 421-A do Código Civil brasileiro, que garante às partes em contratos simétricos e paritários o direito de *estabelecer parâmetros objetivos para a interpretação das cláusulas negociais e de seus pressupostos de revisão ou de resolução.*

Na lição de Carlos Eduardo Pianovsky Ruzik[20]

> A classificação de um contrato como paritário demanda saber se sua celebração decorreu de efetivas tratativas entre as partes sobre os comandos que integram o negócio jurídico, ou se a celebração ocorreu por meio da técnica de contratação por adesão de uma das partes às cláusulas predispostas ou a formulários definidos pela outra.
>
> (...)
>
> Ou seja: Conforme conceito amplamente conhecido e consagrado doutrinariamente, é paritário o contrato que não tenha sido celebrado mediante a técnica da adesão.

E sobre os contratos simétricos, afirma o mesmo autor:

> Se a paridade contratual deriva da existência da oportunidade de prévias negociações, por não ter sido adotada a técnica de contratação por adesão, a simetria, diversamente, demanda exame da relação concreta entre os contratantes.
>
> A simetria a que se referem o direito vigente e o anteprojeto de reforma do CC não consiste em perfeita igualdade entre os contratantes, nem sob o ponto de vista econômico, nem sob a ótica informacional.
>
> Assimetrias informacionais são inerentes a qualquer contrato. Um dos contratantes, por exemplo, sempre terá mais informações sobre sua própria atividade do que o outro. Não basta, em regra, a assimetria informacional para afastar a presunção legal de que os contratos civis e empresariais são simétricos.
>
> (...)
>
> (...) a disparidade deve ser de tal ordem que seja gerado o que os autores denominam de "efeito de aprisionamento" de um contratante frente ao outro.
>
> (...) os elementos concretos que permitem afastar a presunção de simetria consistem naqueles que demonstram essa relação de dependência, esse efeito de aprisionamento, que acaba por solapar, em concreto, a liberdade de realização de escolhas.

---

20. RUZIK, Carlos Eduardo Pianovisky. *Contratos Paritários e Simétricos na Reforma do Código Civil.* Portal Migalhas. Disponível em: https://www.migalhas.com.br/coluna/reforma-do-codigo-civil/419674/contratos-paritarios-e-simetricos-no-anteprojeto-de-reforma-do-cc. Acesso em: 27 jan. 2025.

Nesses contratos, as partes possuem, portanto, liberdade para estabelecer livremente hipóteses em que será possível a rescisão unilateral por qualquer uma delas, para atender a objetivos econômicos e administrativos que só a elas diz respeito, e cuja previsão estará pactuada em cláusula contratual.

Igualmente à luz dos dispositivos da ordem econômica da Constituição Federal, é direito das partes nos contratos paritários e simétricos que decidam, com liberdade, como e quando desejam se retirar do contrato.

Assim, é prudente interpretar o parágrafo como norma de caráter relativo que pode ser modificada quando as circunstâncias reais, comprovadamente, o exigirem, como ocorre, por exemplo, nos casos de desequilíbrio econômico-financeiro que afete os cálculos atuariais e, consequentemente, toda a mutualidade.

> **Art. 10.** O contrato pode ser celebrado para toda classe de risco, salvo vedação legal.
>
> **Parágrafo único.** São nulas as garantias, sem prejuízo de outras vedadas em lei:
>
> I – de interesses patrimoniais relativos aos valores das multas e outras penalidades aplicadas em virtude de atos cometidos pessoalmente pelo segurado que caracterizem ilícito criminal; e
>
> II – contra risco de ato doloso do segurado, do beneficiário ou de representante de um ou de outro, salvo o dolo do representante do segurado ou do beneficiário em prejuízo desses.

COMENTÁRIO:

O *artigo 10* trata das garantias nulas, ou seja, aquelas que não produzirão efeito no mundo jurídico, e faz expressa referência que os incisos são exemplificativos, porque outras causas poderão gerar a mesma consequência em conformidade com a legislação especial.

O *inciso I* determina que interesses patrimoniais relativos a valores de multas ou outras penalidades de caráter econômico decorrentes de ilícito criminal, não serão objeto de cobertura contratual. Não há especificação se o ilícito criminal será de caráter culposo ou doloso, o que faz diferença significativa em casos de contratos administrativos, de interpretação de normas tributárias, de regulamentos do poder executivo, entre outras inúmeras hipóteses.

O segurado contratante de seguro de responsabilidade civil na modalidade diretores e gerentes (D&O) pode, culposamente e não dolosamente incorrer em equívoco na interpretação de tarifa ou taxa a ser recolhida pela empresa; ou, incorrer em engano no tocante à adoção de medidas preventivas de poluição sonora e, ser punido com a aplicação de multa pelo poder público. Nessas situações de culpa e não dolo, o valor da multa poderá ser reembolsado pelo contrato de seguro em benefício da empresarialidade, da proteção a atividade empresarial do segurado, como justa medida da função social do contrato de seguro como fator de desenvolvimento econômico e social.

O ilícito criminal somente estará caracterizado com o trânsito em julgado da sentença, conforme determinação legal.

O inciso *II* prevê que o contrato de seguro não poderá oferecer cobertura contra riscos decorrentes de atos dolosos do segurado, do beneficiário ou de representante de um ou de outro, ressalvada a hipótese do ato ser praticado por representante do segurado ou do beneficiário contra estes.

Da atenta leitura do inciso se conclui que a interpretação a ser dada ao *inciso I*, realmente, é restritiva aos atos dolosos e exclui os atos comprovadamente culposos.

Em seguida, da leitura se extrai que apenas segurados e beneficiários estão peremptoriamente impedidos de praticar atos dolosos, mas esses mesmos atos praticados por representantes de ambos em detrimento do segurado ou beneficiário, serão cobertos porque a ação dolosa foi fruto de autoria de terceiro e contra interesse legítimo do segurado ou beneficiário. Essa concepção do ato doloso já se encontrava pacificada nos julgados dos tribunais brasileiros, em especial nas situações em que empregados ou prepostos praticavam atos dolosos contra outros, com danos materiais e imateriais que eram suportados pelo empregador-segurado.

Cumpre destacar, ainda, que na responsabilidade civil contratual o dolo e a culpa grave se equivalem, como decidiu recentemente o Superior Tribunal de Justiça no Agravo de Instrumento no AREsp n. nº 2.096.278-SP, Rel. Maria Isabel Gallotti, Dje 11/02/2023: "*O agravamento do risco não se dá somente quando o próprio segurado se encontra alcoolizado na direção do veículo; também abrange os condutores principais (familiares, empregados e prepostos), e envolve tanto o dolo quanto a culpa grave do segurado, que tem o dever de vigilância e o dever de escolha adequada daquele a quem confia a prática do ato*".

A própria SUSEP trata culpa grave como semelhante ao dolo na Resolução n. 397, de 2020, que determina sobre a culpa grave:

> *Culpa grave*
>
> *Trata-se de conceito não existente no Código Civil brasileiro, mas que é por vezes utilizado nos tribunais civis. A culpa grave se aproxima do dolo, sendo motivo para a perda de direito por parte do Segurado. Devido ao seu caráter jurídico especial, a culpa grave somente pode ser estabelecida por sentença de corte civil.*

Assim, culpa grave e dolo se equivalem no sistema de responsabilidade civil contratual, sendo essa a interpretação mais adequada a ser aplicada ao inciso II do artigo 10 da Lei n. 15.040, de 2024.

Art. 11. O contrato é nulo quando qualquer das partes souber, no momento de sua conclusão, que o risco é impossível ou já se realizou.

Parágrafo único. A parte que tiver conhecimento da impossibilidade ou da prévia realização do risco e, não obstante, celebrar o contrato pagará à outra o dobro do valor do prêmio.

COMENTÁRIO:

O *caput* do artigo determina que nulo será o negócio e, portanto, o contrato, quando qualquer das partes no momento de sua conclusão, souber que o risco é impossível ou já se realizou. O artigo reproduz a determinação do 1.446 do Código Civil de 1916 e do artigo 773 do Código Civil de 2002, inclusive no tocante à obrigação de pagar em dobro o valor do prêmio, nos termos do parágrafo único do artigo 10.

Quando a nulidade do contrato decorre do fato de ser inexistente é porque o risco também o é. E, como o risco é elemento essencial para o contrato de seguro, não há como atribuir validade a um contrato que se encontra despojado de elemento que lhe é essencial.

No que tange à obrigatoriedade do pagamento do prêmio em dobro para aquele que tiver conhecimento da impossibilidade ou da prévia realização do risco e, não obstante, celebrar o contrato, é relevante destacar que a maior responsabilidade será sempre do segurado, a quem cabe o gerenciamento do risco que pretende inserir como garantido no contrato de seguro.

O risco é descrito pelo segurado na proposta e no questionário de avaliação de riscos, documentos essenciais para que o segurador possa definir se aquele será, ou não, um risco passível de cobertura pelo contrato. Quem conhece o risco ao qual está sujeito seu interesse legítimo é o segurado que, não apenas define qual será o risco, como também mensura os valores de danos que dele poderão decorrer, ao fixar valores para o limite máximo de indenização que estará determinado no contrato de seguro.

Em outras palavras, o segurado é quem mais conhece o risco de sua atividade, é quem sabe a partir de sua experiência as consequências danosas que poderão decorrer da concretização do risco e, portanto, é quem melhor tem condições objetivas de saber se, ao tempo do contrato, o risco já não existe por impossibilidade, ou se já ocorreu.

Assim, ainda que o texto de lei desde o Código Civil de 1916 contenha a obrigatoriedade do pagamento em dobro do valor do prêmio, é muito mais provável que essa obrigação seja do segurado do que do segurador que, a rigor, não está obrigado a confrontar as declarações do segurado sobre o risco, porque o pressuposto é o da mais estrita boa-fé e veracidade.

Art. 12. Desaparecido o risco, resolve-se o contrato com a redução do prêmio pelo valor equivalente ao risco a decorrer, ressalvado, na mesma proporção, o direito da seguradora às despesas incorridas com a contratação.

COMENTÁRIO:

O desaparecimento do risco deverá ser comprovado, prioritariamente, pelo segurado que é o gestor do risco por ser o detentor do interesse legítimo. Assim, no exercício da gestão do risco o segurado deverá assumir a responsabilidade por informar que esse desapareceu e, portanto, o pagamento do prêmio de risco já não é mais devido, embora permaneça a obrigação contratual quanto aos valores das despesas incorridas para a contratação, que são as despesas operacionais do segurador, assim como valores que decorrem da remuneração do capital investido pelos acionistas, o lucro.

A prova do desaparecimento do risco poderá ser realizada por qualquer dos meios legais ou moralmente legítimos, nos termos do artigo 369 do Código de Processo Civil brasileiro. Mas é fundamental que seja apresentada e fique arquivada em meio físico ou digital, em razão das relevantes consequências que trará para a relação contratual. Mera alegação ou comunicação não terá o condão de resolver o contrato, somente a prova poderá produzir esse efeito.

> **Art. 13.** Sob pena de perder a garantia, o segurado não deve agravar intencionalmente e de forma relevante o risco objeto do contrato de seguro.
>
> § 1º Será relevante o agravamento que conduza ao aumento significativo e continuado da probabilidade de realização do risco descrito no questionário de avaliação de risco referido no art. 44 desta Lei ou da severidade dos efeitos de tal realização.
>
> § 2º Se a seguradora, comunicada nos termos do art. 14 desta Lei, anuir com a continuidade da garantia, cobrando ou não prêmio adicional, será afastada a consequência estabelecida no *caput* deste artigo.

COMENTÁRIO:

A agravação do risco de forma intencional é ação completamente contrária à boa-fé, pressuposto essencial dos contratos de seguro em qualquer de seus ramos de cobertura de riscos predeterminados.

A vedação a agravação de riscos esteve presente no Código Civil de 1916, no artigo 1.454, que determinava a obrigação do segurado abster-se de tudo quanto pudesse aumentar os riscos ou fosse contrário aos termos do contrato estipulado; e está presente no Código Civil de 2002, no artigo 768, que determina a perda do direito à garantia se o segurado agravar intencionalmente o risco objeto do contrato.

Há que se avaliar se a agravação mencionada no caput do artigo 13 contempla o dolo eventual, definido por Maria Helena Diniz[21] como *"aquele em que o agente quer praticar a ação criminosa assumindo o risco de qualquer resultado, pouco se importando se ele ocorrerá ou não".* Ou como define Inocêncio Galvão Telles[22] *"(...) quando, não se estando seguro da não ocorrência de tal resultado, mesmo assim se actua, aceitando a eventualidade dessa ocorrência".*

---

21. DINIZ, Maria Helena. *Dicionário Jurídico*. 3. ed. rev. e atual. São Paulo: Saraiva, 2008. v. D-I. p. 251.

22. TELLES, Inocêncio Galvão. *Manual dos contratos em geral*. 4. ed. Coimbra: Coimbra Editora, 2002, p. 108.

A intencionalidade já era um traço primordial para caracterizar o agravamento de risco conforme Adalberto Pasqualotto[23] afirma: *"É preciso que a ação do segurado seja intencional, vale dizer, dolosa, voltada para a finalidade específica de fazer aumentar a possibilidade do sinistro."*

O desembargador Cláudio Luiz Bueno de Godoy,[24] por sua vez, destaca o ponto essencial para a caracterização do agravamento intencional:

(...) versa a lei sobre o caso de, no curso do ajuste, portar-se o segurado, também intencionalmente, de modo a aumentar a probabilidade de sinistro, portanto agravando o risco coberto, fora de quanto originariamente era dado ao segurador avaliar, desequilibrando a equação econômica do contrato, uma vez que outro seria o prêmio então devido se, desde o início, fosse sabida a circunstância que, agora, é de agravamento. Assim, trata-se de uma circunstância que influi diretamente na probabilidade do acontecimento contra cuja ocorrência contrata o seguro, o que, em outras palavras, significa dizer ser necessária a superveniência de uma conduta do segurado, de aumento do risco que, além de intencional, se desde a contratação ostentada, levaria o segurador a não contratar ou a contratar mediante outro valor, maior, de prêmio.

O agravamento de risco faz o segurado perder o direito à garantia porque é conduta prejudicial para o equilíbrio do contrato, para o fundo mutual e para a vida em sociedade. É o caso do segurado que após contratar seguro de incêndio para sua indústria passa a negligenciar seguidamente as regras de segurança, tais como manutenção de equipamentos preventivos e de mangueiras e extintores de combate ao fogo, e assim assume a possibilidade concreta de que o risco se materialize, já que não haverá como combater o fogo adequadamente em razão da intencional ausência de manutenção dos equipamentos.

Há que se considerar, ainda, a hipótese em que o segurado contrata seguro contra furto e roubo de seu estabelecimento e declara que tem alarme monitorado 24 horas para o estabelecimento e, após o contrato de seguro entrar em vigor cancela o contrato de alarme monitorado. Ou, ainda, da indústria que altera suas atividades durante a pandemia passando a produzir álcool em gel, sem a devida comunicação à seguradora, sendo um intencional e relevante agravamento de sua atividade.

Nesses exemplos, o segurado não praticou nenhum ato ilícito, porém, praticou atos que agravaram *intencionalmente e de forma relevante os riscos predeterminados cobertos pelo contrato de seguro*, em prejuízo da mutualidade e, consequentemente, perderá o direito à garantia.

Os contratos de seguro se destinam apenas e tão somente à proteção de interesses legítimos do segurado, para os quais serão destinados os deveres de lealdade e boa-fé desde o momento das tratativas contratuais até a fase pós-contratual, o que significa que o segurado pessoa natural ou jurídica, tem o dever de agir em relação ao interesse

---

23. PASQUALOTTO, Adalberto. *Contratos Nominados*. São Paulo: RT, 2008, v. III, p. 116.

24. Op. cit., p. 754.

legítimo como se não tivesse contratado seguro, com as posturas probas e diligentes de quem tem a responsabilidade de não colocar em risco aquilo que segurou.

No *parágrafo 1º* há expressa menção de que será *relevante* o agravamento de risco que caracterizar o aumento significativo e continuado da probabilidade de realização do risco descrito no questionário de avaliação de risco ou da severidade dos efeitos de tal realização.

Severidade e frequência são conceitos utilizados, habitualmente, nas áreas de conhecimento da Prevenção e Gerenciamento de Riscos e das Ciências Atuariais. A frequência de perda mede o número de perdas em um determinado período de tempo; e a severidade, mede a extensão da perda em cada ocorrência. A severidade pode ser classificada em mínima, moderada, grave ou muito grave. Mensurar a frequência e a severidade é fundamental para o segurado decidir se transfere as consequências do risco para o segurador e, para que este decida se é possível subscrever ou não o risco.

Duas questões se colocam de imediato a merecer análise cuidadosa do intérprete: (i) a descrição do risco; e, (ii) a necessidade de existência do nexo de causalidade entre o fato = agravação de risco e o resultado danoso dele decorrente.

Com relação ao risco é sempre relevante destacar que a obrigação de oferecer detalhes sobre o risco é, prioritariamente, do segurado, gestor do risco na relação com o segurador. Como ensina o Desembargador Sérgio Cavalieri Filho[25]

> *O segurador nada mais é que um garante do risco do segurado, uma espécie de avalista ou fiador dos prejuízos que dele podem decorrer. Tão forte é essa garantia que até acostuma-se a dizer que o seguro transfere os riscos do segurado para o segurador. Na realidade, não é isso que acontece. O risco, de acordo com as leis naturais, é intransferível. Com seguro ou sem seguro, quem continua exposto ao risco é a pessoa ou a coisa (...)*

Diante da lição do mestre Cavalieri não há espaço para dúvidas: quem continua exposto ao risco é a pessoa ou o bem cujo interesse legítimo o segurado pretende proteger, porém, segue sendo o segurado o gestor das situações de risco competindo-lhe evitar o agravamento, ou seja, toda ou qualquer situação que possa aproximar o risco do resultado danoso, ainda que em caráter eventual, ou seja, de opção por situação mais arriscada sem qualquer motivação que justifique tal comportamento.

Também é relevante destacar que o questionário de avaliação de risco elaborado pelo segurador pode não conter todas as situações de risco a que estará sujeito o interesse legítimo do segurado. Isso se dá porque é impossível para o segurador conhecer, de forma detalhada, todos os riscos e indagar sobre eles. Há um dever do segurado de declarar o risco contra o qual deseja proteger seu interesse legítimo, até porque é o segurado quem melhor conhece as circunstâncias às quais esse interesse está exposto.

---

25. CAVALIERI FILHO, Sérgio. *Programa de Responsabilidade Civil*. 16ª. Rio de Janeiro: Atlas Gen Forense, 2023, p.518.

As consequências do descumprimento do dever de informar do segurado sobre os riscos que serão cobertos no contrato de seguro, extravasa a relação contratual e atinge toda a mutualidade.

Explica Luis Poças[26]

(...) o dever de declaração do risco tutela, não apenas o interesse do segurador no âmbito do contrato singular, mas a própria utilidade social da operação de seguro e o inerente interesse do universo dos segurados, relativamente à garantia da globalidade dos riscos seguros. O prisma da mutualidade revela como a declaração do risco transcende a mera relação contratual entre tomador e segurador. Se neste plano bilateral não é indiferente saber se o tomador agiu de boa ou má-fé – e se, portanto, sua conduta é censurável – no domínio da mutualidade a gravidade objectiva de uma falsa declaração de risco (e, portanto, de uma errada avaliação do risco pelo segurador) requer, por si só, tutela jurídica sendo aí irrelevante o estado subjectivo do proponente faltoso.

O dever do segurado é oferecer todas as informações sobre o interesse legítimo e os riscos aos quais ele está exposto, principalmente em situações de caráter tecnológico específico como ocorre, comumente, no âmbito de atividades econômicas ancoradas em inovações e tecnologia de ponta.

Em boa medida, o *parágrafo 1º* ora em comento, tratou do agravamento relevante como aquele que seja significativo e continuado, embora o agravamento eventual e intencional também seja significativo para caracterizar a situação de perda da garantia. De fato, o agravamento eventual se encaixa, perfeitamente, na hipótese do dolo eventual, figura jurídica mais conhecida no campo do Direito Penal, mas que tem coexistência na área civil.

Fosse a interpretação do parágrafo restrita ao agravamento significativo e continuado, e afastasse o agravamento significativo e ocasional, estaríamos diante de situação incompatível com a boa-fé contratual, base dos contratos de seguro ao lado do risco e do mutualismo. De fato, aquele que intenta de forma continuada a agravação do risco objeto do contrato age reiteradamente de forma contrária a boa-fé e, nessa medida, descaracteriza por completo o contrato de seguro a ponto de torná-lo carente de objeto lícito.

Assim, o agravamento relevante será aquele significativo e continuado quanto à probabilidade de realização do risco ou, quanto à severidade dos efeitos da realização, isto é, o aumento das perdas patrimoniais e extrapatrimoniais decorrentes da concretização do risco, sem afastar a possibilidade de agravamento significativo eventual, resultante da vontade do segurado de assumir as consequências de sua prática, ainda que de forma não continuada.

É necessário ponderar que se o agravamento relevante eventualmente praticado pelo segurado não for coibido, tornará o contrato de seguro uma modalidade do jogo ou da aposta, o que, evidentemente, não é o objetivo do legislador na formulação deste parágrafo 1º do artigo 13.

---

26. POÇAS, Luis. *O Dever de Declaração Inicial do Risco no Contrato de Seguro.* Coimbra: Almedina, 2013, p. 136.

O adjetivo *continuado* deve ser aplicado às práticas do segurado e não a modalidade do seguro. Mesmo para modalidades de caráter intermitente, como aquelas em que o segurado tem liberdade para determinar períodos em que o interesse legítimo estará coberto e outros em que não estará, a agravação de risco poderá ter caracterização de continuidade se em todas as vezes que o seguro estiver ativo, o segurado praticar atos voluntários e contrários à proteção do interesse legítimo.

Cumpre destacar, ainda, que o nexo de causalidade será fundamental para dirimir as dúvidas sobre a conduta do segurado para caracterização, ou não, do agravamento de risco.

A Desembargadora Rosa Nery e o procurador de justiça Nelson Nery[27] afirmam:

> Para se configurar um nexo de causalidade, é necessário que se verifique uma ligadura material entre um fato e o dano. Essa correspondência depende de uma potência para direcionar o resultado de per si, independentemente de outros fatores. Daí a relevância da chamada teoria da equivalência das condições, em que é preciso determinar, mantendo todas as condições em igualdade, qual delas é apta a implicar, isoladamente, o resultado danoso.
>
> (...)
>
> A causalidade, uma vez reconhecida, permite dizer que o dano tenha por causa um fato particular. Para que uma reparação seja determinada, é necessário ainda que esse fato seja ele mesmo atribuído a uma pessoa que assumirá o encargo da segurança, quer dizer, a um responsável.

Nos casos de práticas de agravamento de risco a identificação do nexo de causalidade será fundamental para definir a perda da garantia prevista no *caput* do artigo comentado.

O *parágrafo 2º* determinada que a seguradora poderá cobrar prêmio adicional ou não, ao anuir com a continuidade da garantia caso compreenda que essa cobrança ou a ausência dela, não implicará em resultados negativos para a mutualidade.

> **Art. 14.** O segurado deve comunicar à seguradora relevante agravamento do risco tão logo dele tome conhecimento.
>
> § 1º Ciente do agravamento, a seguradora poderá, no prazo de 20 (vinte) dias, cobrar a diferença de prêmio ou, se não for tecnicamente possível garantir o novo risco, resolver o contrato, hipótese em que este perderá efeito em 30 (trinta) dias contados do recebimento da notificação de resolução.
>
> § 2º A resolução deve ser feita por qualquer meio idôneo que comprove o recebimento da notificação pelo segurado, e a seguradora deverá restituir a eventual diferença de prêmio, ressalvado, na mesma proporção, seu direito ao ressarcimento das despesas incorridas com a contratação.

---

27. NERY, Rosa Maria de Andrade. NERY JÚNIOR, Nelson. *Instituições de Direito Civil. Das Obrigações, dos Contratos e da Responsabilidade Civil*. 3. ed. São Paulo: RT, 2022, p. 440.

§ 3º O segurado que dolosamente descumprir o dever previsto no *caput* deste artigo perde a garantia, sem prejuízo da dívida de prêmio e da obrigação de ressarcir as despesas incorridas pela seguradora.

§ 4º O segurado que culposamente descumprir o dever previsto no *caput* deste artigo fica obrigado a pagar a diferença de prêmio apurada ou, se a garantia for tecnicamente impossível ou o fato corresponder a tipo de risco que não seja normalmente subscrito pela seguradora, não fará jus à garantia.

COMENTÁRIO:

O *caput* do artigo mantém as linhas gerais do artigo 769 do Código Civil de 2002, principalmente quanto à obrigatoriedade de comunicação do segurado ao segurador qualquer fato suscetível de agravamento do risco. O artigo 769 determina, ainda, que o segurado perderá o direito à garantia se provado que silenciou de má-fé, o que não foi repetido no *caput* do artigo 13 em razão da notória desnecessidade, porque todos os atos praticados de má-fé por segurados ensejam a perda do direito à garantia.

A boa técnica hermenêutica indica que a interpretação mais adequada para a expressão tão logo, é imediatamente, ou seja, um curto período de tempo. Evidentemente, que as circunstâncias concretas de cada caso ditarão com melhor acuidade o quanto de tempo será aceitável em cada situação, mas levando-se em conta a amplitude e as consequências do agravamento de risco, é fundamental que a comunicação não seja superior ao período de 2 a 3 dias. Também é fundamental que o segurado não apenas comunique, mas forneça todos os dados referentes a agravação para que o segurador tenha meios técnicos satisfatórios para avaliar a continuidade da contratação com a consequente majoração de prêmios, ou a opção pela resolução do contrato.

O *parágrafo 1º* consigna um prazo adequado para que o segurador avalie a viabilidade técnica da continuidade do contrato e os valores de prêmio que deverão ser acrescidos, ou a necessidade de resolução em face do tipo de agravamento de risco noticiado pelo segurado. Também define prazo para que o contrato de seguro deixe de produzir efeito após a notificação que será enviada pelo segurador.

A notificação do segurador ao segurado deverá ser feita por qualquer meio idôneo que possa ser comprovado, tanto o envio como o recebimento, porque a partir da data deste será contado o prazo de 30 (trinta) dias para que o contrato de seguro deixe de produzir efeitos.

Na atualidade, é forçoso reconhecer que meio idôneo para notificação entre partes contratantes inclui, salvo disposição expressa em contrário, envio de mensagem por correio eletrônico ou por aplicativo de mensagem, caso esses sejam meios habitualmente utilizados pelas partes para comunicação.

O *parágrafo 2º* faz referência a restituição de eventual diferença do valor do prêmio, ressalvado tratar-se do valor do prêmio de risco, subtraídos os valores despendidos pelo segurador para custeio de suas despesas operacionais e percentual de remuneração, devidos em decorrência do fato de que a empresa seguradora cumpriu suas obrigações contratuais corretamente, tendo resolvido o contrato apenas em razão de fato superveniente que tornou tecnicamente inviável a continuidade e a eventual majoração do valor do prêmio de risco.

O *parágrafo 3º* trata, expressamente, de *práticas dolosas* do segurado em relação ao aviso sobre o agravamento de riscos. As consequências previstas no texto legal são compatíveis com a gravidade do ato praticado pelo segurado, ou seja, perda não apenas da garantia contratual, mas também obrigação de arcar com os prejuízos decorrentes do ato doloso.

Como o agravamento de risco impacta toda a mutualidade conforme mencionado acima, *a culpa grave deve ser equiparada ao dolo* para efeito de aplicação do artigo ao caso concreto, sempre que demonstrado que o ato eivado de culpa, diante das circunstâncias concretas do caso, foi fator preponderante e não meramente acessório.

Arnaldo Rizzardo[28] define a culpa grave como aquela que: " *Envolve uma crassa desatenção e a violação de dever comum de cuidado relativamente ao mundo no qual vivemos. Alcança dimensões maiores quando a violação é consciente, embora não almejado o resultado.*"

O segurado é gestor do risco e protagonista na preservação de seu interesse legítimo. Se comete uma crassa desatenção ou viola um dever comum de cuidado inerente àquele interesse legítimo, pratica um ato totalmente contrário àquele que dele era esperado, um ato que rompe a confiança que deve imperar entre segurados e seguradores em todas as fases do contrato. Por isso, a culpa grave na mensuração do agravamento de risco é comparada ao dolo, em especial no que tange à comunicação do segurado ao segurador sobre as circunstâncias do agravamento.

Importa destacar, ainda, que se o segurado agir com dolo ou culpa grave e deixar de comunicar o agravamento de risco e, durante a fase de regulação do sinistro, o segurador encontrar elementos que comprovem que o agravamento já existia, mas, no entanto, não havia sido noticiado de imediato como determina a lei, será aplicada a perda da garantia contratual. Se o sinistro for decorrente de agravação de risco não comunicada, embora já fosse de conhecimento do segurado, caracterizada estará a perda do direito à garantia por dolo ou culpa grave, que inviabilizarão qualquer pagamento ao segurado, bem como a continuidade do contrato.

O *parágrafo 4º* do artigo 14 trata da hipótese de o segurado, culposamente, deixar de cumprir o dever de comunicação do agravamento do risco como determina o caput do artigo. Nessa situação, ficará o segurado obrigado ao pagamento do valor da diferença do prêmio calculado pelo segurador para a nova situação de risco; ou, se a garantia não for tecnicamente possível, ou, ainda, não atender a modalidade de risco que o segurador opera com habitualidade, o segurado não terá direito à garantia e o contrato poderá ser resolvido em face da perda do objeto.

---

28. RIZZARDO, Arnaldo. *Responsabilidade Civil.* 8. ed. Rio de Janeiro: Gen Forense, 2019, p. 07.

A interpretação do parágrafo quarto deve levar em conta, necessariamente, a perspectiva constitucional dos princípios econômicos no campo da livre iniciativa e da livre concorrência. Pode não ser de interesse do segurador a subscrição de determinados riscos, ainda que normalmente sejam modalidades de seguro com as quais esse segurador opere. É relevante observar que o segurado omitiu o agravamento do risco e em momento subsequente, informou e manifestou intenção de incluir o risco na cobertura do contrato, *o que só poderá ser admitido se se tratar de risco com o qual o segurador habitualmente opera ou que seja tecnicamente possível.*

> **Art. 15.** Se, em consequência do relevante agravamento do risco, o aumento do prêmio for superior a 10% (dez por cento) do valor originalmente pactuado, o segurado poderá recusar a modificação no contrato, resolvendo-o no prazo de 15 (quinze) dias, contado da ciência da alteração no prêmio, com eficácia desde o momento em que o estado de risco foi agravado.

COMENTÁRIO:

O artigo 15 estabelece regra objetiva para que o segurado decline a continuidade da contratação quando ocorrer o aumento do prêmio superior a 10% (dez por cento) em consequencia do relevante agravamento de risco.

O aumento do prêmio em decorrência de relevante agravamento de risco será resultante de cálculos atuariais que levarão em conta o impacto desse agravamento para o fundo mutual organizado e administrado pelo segurador. Nas hipóteses em que esse cálculo apontar percentual superior a 10% (dez por cento), o segurado poderá declinar da continuidade da contratação nos termos do disposto no artigo. Cumpre destacar, ainda, que o segurado poderá declinar da continuidade do contrato seja qual for o percentual aplicado em decorrência do agravamento, em respeito ao princípio da autonomia da vontade das partes. Do mesmo modo poderá fazê-lo o segurador, em especial nas situações em que o agravamento relevante do risco puder comprometer aspectos inerentes à função social do contrato, como acontecerá, por exemplo, em casos em que a agravação aumentar o risco de perdas humanas, de poluição ambiental ou outros da mesma natureza.

> **Art. 16.** Sobrevindo o sinistro, a seguradora somente poderá recusar-se a indenizar caso prove o nexo causal entre o relevante agravamento do risco e o sinistro caracterizado.

COMENTÁRIO:

Importante salientar que o parágrafo 1º do art. 13 tratou do agravamento relevante como aquele que seja significativo e continuado, quanto à probabilidade de realização do risco, ou quanto à severidade dos efeitos da realização, isto é, o aumento das perdas patrimoniais e extrapatrimoniais decorrentes da concretização do risco, sem afastar a possibilidade de agravamento significativo eventual, resultante da vontade do segurado de assumir as consequências de sua prática, ainda que de forma não continuada.

Por sua vez, o nexo de causalidade entre o agravamento do risco e o sinistro é a relação de causa e efeito entre o comportamento do segurado e o evento que resultou no sinistro. O nexo é elemento essencial para a caracterização do relevante agravamento como causa da concretização do risco predeterminado no contrato de seguro.

Conforme já destacado no parágrafo 1º do artigo 13, duas questões se colocam de imediato a merecer análise cuidadosa do intérprete: (i) a descrição do risco; e, (ii) a necessidade de existência do nexo de causalidade entre o fato = agravação de risco e o resultado danoso dele decorrente.

O nexo de causalidade é fundamental para dirimir as dúvidas sobre a conduta do segurado para caracterização, ou não, do agravamento de risco. E, para se configurar um nexo de causalidade, é necessário que se verifique uma ligadura material entre um fato e o dano.

Nos casos de práticas de agravamento de risco a identificação do nexo de causalidade será fundamental para definir a perda da indenização.

> **Art. 17.** Nos seguros sobre a vida e a integridade física, mesmo em caso de relevante agravamento do risco, a seguradora somente poderá cobrar a diferença de prêmio.

COMENTÁRIO:

Os seguros sobre a vida ou a integridade física têm como riscos predeterminados a morte ou invalidez do próprio segurado. No caso da comprovada invalidez, será ele o beneficiário dos valores indenizados; no caso de morte, os beneficiários livremente indicados pelo segurado serão destinatários dos valores a serem pagos pelo segurador.

A majoração do valor do prêmio em razão do agravamento de risco recairá sobre o segurado nos casos de invalidez, total ou parcial, permanente ou temporária; ou sobre os beneficiários nos casos de morte do segurado. Em ambas as situações, o valor da diferença do prêmio deverá ser abatido do valor do capital segurado a ser pago pelo segurador.

> **Art. 18.** Se houver relevante redução do risco, o valor do prêmio será proporcionalmente reduzido, ressalvado, na mesma proporção, o direito da seguradora ao ressarcimento das despesas realizadas com a contratação.

COMENTÁRIO:

Nos contratos de seguro de qualquer natureza, três elementos se mostram essenciais: o risco, o interesse legítimo do segurado e a boa-fé de segurados e seguradores. O risco deve ser apresentado pelo segurado ao segurador de forma objetiva e minuciosa porque, a rigor, o segurado é quem mais conhece os riscos aos quais seu interesse legítimo está exposto. Mas, essa apresentação inicial feita pelo segurado será objeto de análise técnica do segurador em razão da necessidade de construção de cálculos atuariais acerca de frequência e severidade dos riscos, para adequação das probabilidades, da quantificação de extensão dos danos e, principalmente, para fixação dos valores máximos de indenização sob responsabilidade do fundo mutual organizado e administrado pelos seguradores.

Nessa perspectiva técnica fundamental para a sustentabilidade dos fundos mutuais, a expressão *relevante* utilizada no *caput* do artigo não tem caráter subjetivo, nem tampouco de avaliação individualizada a ser feita pelo segurado; ao contrário, em decorrência do dever de boa-fé e cooperação entre as partes contratantes, a relevância na redução do risco será caracterizada por uma análise técnica a ser realizada a partir de elementos objetivos e, principalmente, ancorada na larga experiência dos seguradores e resseguradores, nacionais e internacionais, a respeito de riscos semelhantes àqueles para os quais se pretende a redução do valor do prêmio.

Sempre importante relembrar que redução do prêmio se refere ao valor apurado para o prêmio de risco, ou prêmio puro, sem interferir nos valores acrescidos ao prêmio para suporte das despesas operacionais do segurador, na medida em que estes já foram computados e utilizados para pagamento de tais despesas. Em outras palavras, a redução do valor do prêmio de risco não repercutirá no valor das despesas operacionais, que ocorreram ao tempo da apresentação da proposta de contratação do seguro e já foram pagas.

Há que se ressaltar, ainda, que nem sempre a redução do risco é fator preponderante para redução do valor do prêmio, na medida em que a definição do valor do prêmio decorre de vários outros fatores que não estão sob gerenciamento do segurador.

Assim, por exemplo, os seguros de auto tiveram, nos últimos anos, aumento de prêmios que foram ocasionados por fatores externos, tais como:

- *Abastecimento de peças* – Com a crise internacional, associada primeiramente à pandemia de Covid 19 e, desde março de 2022, à Guerra na Ucrânia, tem faltado insumos para os fabricantes produzirem as peças de reposição. Essa situação causou aumento no preço das peças, por causa da falta de muitas delas, variação que é repassada para o preço do seguro;

- *Valorização dos veículos* – Considerando a queda na produção de veículos 0km, os preços dos carros, novos e usados (tabela FIPE), aumentaram expressivamente nos últimos anos.

Por fim e com fundamento no dever legal de gerir e proteger o fundo mutual, o segurador poderá exigir do segurado que comprove objetivamente a redução do risco, inclusive por documentos e laudos técnicos periciais se necessário, para que possa ser feita a análise do risco e o cálculo do valor do prêmio devido.

SEÇÃO IV
DO PRÊMIO

Art. 19. O prêmio deverá ser pago no tempo, no lugar e na forma convencionados.

§ 1º Salvo disposição em contrário, o prêmio deverá ser pago à vista e no domicílio do devedor.

§ 2º É vedado o recebimento do prêmio antes de formado o contrato, salvo o caso de cobertura provisória.

COMENTÁRIO:

O pagamento do prêmio é essencial para a formação do negócio jurídico contratual. A Prof. Vera Helena de Mello Franco[29] conceitua:

O prêmio é a contraprestação devida pelo segurado em troca da garantia e constitui uma obrigação fundamental do tomador do seguro. Vale dizer, é o preço do risco. (...) O prêmio é, igualmente, elemento essencial do contrato de seguro, representando, tecnicamente, o valor do risco garantido e sem ele não é possível formar o fundo mutual, necessário para o pagamento dos sinistros ocorridos. É necessário lembrar, ainda, que, pelo fato de o seguro ser um contrato de massa, cada contrato está garantido pelo conjunto dos prêmios recebidos.

Em matéria securitária, o contrato não pode ser visto isoladamente, pois a exploração em massa do contrato é o que permite fracionar, pulverizar o risco, disseminando-o pelo interior da mutualidade.

Assim, o tratamento dado ao prêmio é fundamental para a viabilidade da operação econômico-financeira que sustenta os contratos de seguro, alicerçados que estão na solvência dos fundos mutuais.

O *parágrafo 1º* do texto legal destoa da realidade das formas de pagamento contemporâneas que, desde há alguns anos e muito em especial após o período de isolamento social determinado pela pandemia da Covid-19, deixaram de ter na territorialidade um fator relevante. De fato, efetuar pagamento na atualidade é ato de caráter eminentemente digital que independe por completo do local em que se encontram credor e devedor.

As instituições habilitadas para realizar pagamentos e recebimentos já não necessitam de endereço físico e se apresentam por meio de portais de internet ou de aplicativos,

---

29. Obra citada, p. 322.

e os pagamentos são realizados por Pix, sistema criado pelo Banco Central do Brasil e que permite transferência de valores em poucos segundos, 24 horas por dia, todos os dias da semana.

O texto do parágrafo também destoa da realidade contemporânea no tocante ao pagamento único, pois, por vezes os contratantes de seguro preferem dividir o prêmio em parcelas predeterminadas, ou, contratarem seguros com pagamentos mensais continuados ao longo do período de vigência do contrato. Também é utilizado cada vez mais o sistema de pagamento por utilização do seguro, o que significa nenhum pagamento no mês em que o segurado não utilizou o seguro, como seguros de cobertura para furto e roubo de residências apenas durante o período em que o imóvel não estiver ocupado por pessoas.

Na atualidade, as formas de pagamento disponíveis para utilização pelos segurados, assim como a quase inexistência de territorialidade, são fatores relevantes que devem ser objeto de cláusulas contratuais claras e objetivas, que determinem o tempo e as formas de pagamento.

Toda essa dinâmica poderá ser alterada conforme a vontade das partes, estabelecido em contrato, a fim de se adequar aos tempos atuais, em que o pagamento pode ser feito de forma eficaz, sem que seja exclusivamente no domicílio do devedor.

O *parágrafo 2º* veda o recebimento do prêmio antes de formado o contrato, salvo para caso de cobertura provisória.

O artigo 50 da Lei 15.040, de 2024 prevê a possibilidade de garantia provisória pelo segurador sem se obrigar à aceitação definitiva do negócio. A interpretação sistemática indica que o segurador poderá aceitar preliminarmente o valor do prêmio para efeito de garantia provisória, sem que isso signifique a obrigação de aceitar definitivamente o negócio, que demanda a análise técnica dos riscos aos quais o interesse legítimo está submetido.

Assim, a interpretação que melhor se adequa às distintas faces da realidade que podem cercar a contratação de um seguro, de qualquer modalidade e por pessoa natural ou jurídica, é de que não pode o segurador exigir o pagamento prévio, mas, igualmente, não pode impedir que o segurado o faça caso assim deseje.

É importante destacar que o parágrafo 1º do artigo 19 contém uma flexibilização para o pagamento do prêmio à vista e no domicílio do devedor, quando a lei prevê "salvo disposição em contrário...".

Se pode haver flexibilização para o pagamento à vista de modo a torná-lo pagamento em parcelas ou com prazo diferido, é de se entender que as partes possam, de comum acordo, flexibilizar o momento do pagamento do prêmio para permitir que seja pago antes da formação do contrato.

Contudo, caso o pagamento do prêmio seja realizado antes da formação do contrato, ou seja, no momento da apresentação da proposta, isso não representará a aceitação do risco como está estabelecido no já mencionado artigo 50 da mesma lei.

Desta forma, a vedação contida no parágrafo 2º do artigo 19 não é absoluta porque pode ser modificada pela manifestação de vontade do segurado, caso este tenha interesse em efetuar o pagamento prévio do prêmio, observado o disposto no art. 50 da lei.

Em outra situação, o pagamento prévio poderá representar a quitação de uma parcela do prêmio, ou mesmo de sua integralidade, porque o segurado desejou fazê-lo como exercício de sua autonomia da vontade, sem exigência do segurador e para atender a circunstância que o segurado entendeu como benéfica para seus interesses.

Art. 20. A mora relativa à prestação única ou à primeira parcela do prêmio resolve de pleno direito o contrato, salvo convenção, uso ou costume em contrário.

§ 1º A mora relativa às demais parcelas suspenderá a garantia contratual, sem prejuízo do crédito da seguradora ao prêmio, após notificação do segurado concedendo-lhe prazo não inferior a 15 (quinze) dias, contado do recebimento, para a purgação da mora.

§ 2º A notificação deve ser feita por qualquer meio idôneo que comprove o seu recebimento pelo segurado e conter as advertências de que o não pagamento no novo prazo suspenderá a garantia e de que, não purgada a mora, a seguradora não efetuará pagamento algum relativo a sinistros ocorridos a partir do vencimento original da parcela não paga.

§ 3º Caso o segurado recuse o recebimento da notificação ou, por qualquer razão, não seja encontrado no último endereço informado à seguradora, o prazo previsto no § 1º deste artigo terá início na data da frustração da notificação.

COMENTÁRIO:

Nelson Nery e Rosa Maria de Andrade Nery[30] afirmam *"(...) mora é o não cumprimento injustificado da obrigação no tempo, forma e lugar devido, isto é, o atraso injusto no cumprimento da obrigação conforme contratada.*

E acrescentam:[31]

Mora ex re ou mora automática é o fenômeno do atraso que decorre da própria coisa, pois o atraso está in re ipsa. Para que se caracterize a mor ex re, não há necessidade de nenhuma outra providência adicional do credor. O só fato do inadimplemento constitui automaticamente o devedor em mora. É desnecessário, portanto, nessas hipóteses, o agir do credor para constituir o devedor em mora por interpelação (notificação (judicial ou extrajudicial), citação, protesto).

---

30. Op. cit., p. 372.

31. Op. cit., p. 373.

Em relação ao artigo 397 do Código Civil, o Desembargador Hamid Charaf Bdine Júnior[32], afirma

Se a obrigação é positiva e líquida e tem termo (prazo certo) para ser adimplida, verifica-se a mora na ocasião em que o cumprimento havia de ter sido implementado. A obrigação é positiva quando exige uma conduta comissiva do devedor – dar ou fazer –, pois, nas obrigações negativas, aplica-se à mora a regra prevista no artigo 390 (...)

(...)

Se a obrigação é positiva e líquida – como a de pagar a mensalidade escolar na data prevista no contrato –, o devedor estará em mora de pleno direito no termo estabelecido (o dia do vencimento), independentemente de qualquer outra providência do credor. Mas se não houver termo estabelecido, o devedor estará em mora após ser constituído por interpelação judicial ou extrajudicial.

E conclui sua reflexão afirmando:

Ao se referir apenas à interpelação judicial ou extrajudicial, o parágrafo único do artigo em exame não elimina a adequação da notificação e do protesto – expressões utilizadas no art. 960 do CC/1916, que não foram repetidas no diploma legal em vigor – para constituir o devedor em mora, pois as expressões são genéricas e compreendem toda e qualquer forma capaz de levar ao devedor a notícia formal de descumprimento da obrigação.

Assim, o dispositivo da nova lei específica para contratos de seguro foi além da determinação do Código Civil, lei geral, o que se não causa antinomia em razão da especificidade sinaliza para a necessidade de compreender a notificação ou interpelação judicial ou extrajudicial como formalidade a ser cumprida por qualquer modo compatível com aquele utilizado habitualmente na relação entre as partes, porque, a rigor, o devedor de obrigação positiva e líquida já tem ciência das consequências oriundas da mora.

Se as partes contratantes habitualmente se comunicam por mensagem eletrônica ou, por mensagem por aplicativo, esta será suficiente para a constituição em mora, por se tratar de prática usual e eficiente para a comunicação, eleita pelas partes para essa finalidade e, principalmente, porque o devedor de obrigação positiva e líquida já se sabe em mora a partir do dia em que deixa de cumprir o adimplemento que era devido.

Imperioso observar que o *caput* do artigo ora em comento não determina a obrigatoriedade de notificação do devedor para o credor na parcela única ou na primeira parcela não adimplida, apenas o faz nos termos do parágrafo 1º, para as demais parcelas subsequentes ao pagamento da primeira, quando então deverá ser fixado prazo para a purgação da mora.

Importa destacar, ainda, que o artigo e seus parágrafos não determinam a utilização de prazo de tolerância, nos termos do que dispõem as Circulares da Superintendência de Seguros Privados 621 de 2021 e 667 de 2022, tampouco vedam a aplicação desse prazo, sendo as partes livres para determinar a utilização de prazo de tolerância.

---

32. Op. cit., p. 388.

Art. 21. A resolução do contrato, salvo quando se tratar de mora da prestação única ou da primeira parcela do prêmio, está condicionada a notificação prévia e não poderá ocorrer em prazo inferior a 30 (trinta) dias após a suspensão da garantia.

§ 1º A resolução libera integralmente a seguradora por sinistros e despesas de salvamento ocorridos a partir de então.

§ 2º Nos seguros coletivos sobre a vida e a integridade física, a resolução somente ocorrerá 90 (noventa) dias após a última notificação feita ao estipulante.

§ 3º Nos seguros sobre a vida e a integridade física estruturados com reserva matemática, o não pagamento de parcela do prêmio que não a primeira implicará a redução proporcional da garantia ou a devolução da reserva, conforme a escolha do segurado ou de seus beneficiários, a ser feita dentro de 30 (trinta) dias contados da notificação do inadimplemento, da qual deve constar a advertência de que, se houver abstenção nessa escolha, a decisão caberá à seguradora.

§ 4º O prazo previsto no *caput* deste artigo terá início na data da frustração da notificação sempre que o segurado ou o estipulante recusar o recebimento ou, por qualquer razão, não for encontrado no último endereço informado à seguradora ou no que constar dos cadastros normalmente utilizados pelas instituições financeiras.

§ 5º Dispensa-se a notificação a que se refere o *caput* deste artigo quando a notificação de suspensão da garantia, de que tratam os §§ 1º, 2º e 3º do art. 20 desta Lei, advertir para a resolução do contrato caso não purgada a mora.

COMENTÁRIO:

Importante compreender o *caput* do artigo em análise à luz do parágrafo 5º, que determina a dispensa da notificação para resolução do contrato de seguro, quando essa consequência já estiver mencionada expressamente na notificação de suspensão da garantia determinada pelos parágrafos 1º a 3º do artigo 20.

Se a notificação de suspensão da garantia contiver expressa referência à resolução do contrato em razão da inadimplência, a interpretação mais adequada do *caput* do artigo é no sentido de que se existir cláusula resolutiva no contrato, nos moldes do artigo 474 do Código Civil, os efeitos da resolução ocorrerão de pleno direito a partir do término da data fixada na da notificação, que poderá ser enviada por qualquer meio de contato habitual entre as partes, inclusive mensagens eletrônicas e por aplicativo.

Conforme ressalta o Procurador de Justiça Nelson Rosenvald[33] sobre o artigo 474 do Código Civil de 2002:

---

33. ROSENVALD, Nelson. Comentários aos Artigos 421 a 652 do Código Civil. In: PELUZO, César (Coord.). *Código Civil Comentado*. 16. ed. Barueri: Manole, 2022, p. 516.

A resolução se impõe como direito potestativo extintivo do credor em face de quebra fundamental do contrato, que perde substancialmente sua essência, aquilo que dele se poderia esperar conforme o planejamento originário.

(...)

A resolução pode ser expressa ou tácita. O dispositivo em comento apresenta cláusula resolutiva expressa. Cuida-se de mecanismo de autotutela fruto da autonomia privada, uma forma célere e eficiente de distribuição e delimitação de riscos contratuais. Atua preponderantemente nos contratos bilaterais, tutelando o interesse do credor em face de eventual inexecução da prestação. A cláusula resolutiva expressa autoriza no próprio contrato ou em documento postrior, a pronta resolução em caso em caso de inadimplemento da parte em relação a uma ou mais prestações. A resolução convencional confere o atributo da essencialidade ao prazo demarcado, sendo que a sua eclosão sem o necessário cumprimento presume a inutilidade da prestação a partir daquele instante.

Assim, se o *caput* do artigo condiciona a resolução do contrato à notificação prévia e fixa prazo não inferior a 30 (trinta) dias para que ela ocorra efetivamente, contado da data posterior à suspensão da garantia, é inequívoco que o parágrafo 5º do mesmo artigo revitaliza o disposto no artigo 474 do Código Civil, ou seja, reintroduz a validade da cláusula resolutiva do contrato que além de estar expressa, deverá ser mencionada na notificação de suspensão da garantia, de que tratam os §§ 1º a 3º do art. 20, e advertir para a resolução do contrato caso não purgada a mora.

Em outras palavras, se ocorrer a inadimplência da parcela única ou da primeira parcela, a resolução do contrato ocorrerá de pleno direito; e, nas demais parcelas que não seja a única ou a primeira, a notificação que contiver referência ao principal efeito da mora – resolução do contrato –, será suficiente para que o artigo 474 do Código Civil produza seus efeitos de pleno direito. E, nos contratos de seguro, um dos efeitos mais relevantes é liberar o segurador de forma integral de qualquer das obrigações contratuais, em especial, regulação e pagamento de sinistros e/ou despesas de salvamento.

Art. 22. Nos seguros sobre a vida e a integridade física, o prêmio pode ser convencionado por prazo limitado ou por toda a vida do segurado.

COMENTÁRIO:

O artigo reitera a previsão do artigo 796 do Código Civil sobre a possibilidade já tradicionalmente utilizada nos seguros de vida e integridade física, incluindo seguros de acidentes pessoais, com pagamento de prêmios por prazo determinado (ou limitado), ou por prazo compatível com o período de sobrevivência do segurado.

Art. 23. Caberá execução para a cobrança do prêmio, se infrutífera a notificação realizada pela seguradora, e sempre que esta houver suportado o risco que recai sobre o interesse garantido.

COMENTÁRIO:

É relevante destacar que o segurador terá direito à cobrança do prêmio sempre que houver suportado o risco que recair sobre o interesse legítimo do segurado, independentemente de haver ocorrido a materialização desse risco, ou seja, o sinistro.

Se a materialização do risco tiver ocorrido, a regra geral é que o segurador terá direito a abater do valor do capital segurado ou do pagamento da indenização, o montante relativo ao prêmio em atraso, acrescido de juros de mora e correção monetária, ressalvado que isso não se constitui em punição, mas, apenas e tão somente em valores necessários para a reposição dos valores ao fundo mutual organizado e administrado pelo segurador no exercício de suas atividades regulatórias.

SEÇÃO V
DO SEGURO EM FAVOR DE TERCEIRO

Art. 24. O seguro será estipulado em favor de terceiro quando garantir interesse de titular distinto do estipulante, determinado ou determinável.

§ 1º O beneficiário será identificado por lei, por ato de vontade anterior à ocorrência do sinistro ou pela titularidade do interesse garantido.

§ 2º Sendo determinado o beneficiário a título oneroso, a seguradora e o estipulante deverão entregar-lhe, tão logo quanto possível, cópia dos instrumentos probatórios do contrato.

COMENTÁRIO:

O artigo 24 inaugura uma nova seção no texto de lei com o título "Seguro em Favor de Terceiro", tema de maior complexidade no âmbito dos diferentes tipos de seguros praticados no Brasil. Retomar algumas definições é essencial para melhor compreensão dos assuntos tratados nesta seção.

O estipulante é a pessoa natural ou jurídica que contrata apólice coletiva de seguros, e está investido de poderes de representação dos segurados perante as sociedades seguradoras. O estipulante representa efetivamente os segurados, como figura central dessa forma de contratação. A ausência do estipulante torna inviável a contratação do seguro coletivo. Para que o estipulante realize suas funções, é necessário que ele seja representante dos segurados e que tenha com eles um vínculo diferente do meramente securitário.

Nesse sentido ensina Ayrton Pimentel[34]

> Após o aperfeiçoamento do contrato, toda a comunicação entre segurados e seguradora é feita por intermédio do estipulante. Em regra, os segurados não se relacionam diretamente com a seguradora.

---

34. PIMENTEL, Ayrton. Os Seguros Coletivos de Pessoas. *Cadernos de Seguro*, n. 171, p. 32-49. mar./abr. 2012.

Assim, a designação ou alteração de beneficiários é feita via estipulante. O mesmo se diga quanto à alteração do capital segurado, quando possível. Cabe, ainda, ao estipulante, mensalmente, remeter à seguradora a relação de inclusão e exclusão de segurados.

Enfatiza o mesmo autor que o estipulante não poderia praticar os atos que lhe incumbem sem que tivesse estreita relação com os segurados, até porque é ele quem de fato paga o prêmio global. O segurador emite a fatura contra o estipulante e não contra os segurados, salienta Ayrton Pimentel.

Ressalta, ainda, o autor, que o interlocutor do segurador é o estipulante que, inclusive, é o responsável por avisar o sinistro e acompanhar sua regulação. O segurador, por sua vez, informa ao estipulante e não ao segurado ou beneficiários quais os documentos necessários para a regulação. Este, por sua vez, informa o segurado ou os beneficiários do seguro contratado.

Em março de 2023, no Tema Repetitivo 1.112, a Segunda Seção do Superior Tribunal de Justiça firmou as seguintes teses:

> Na modalidade de contrato de seguro de vida coletivo, cabe exclusivamente ao estipulante – mandatário legal e único sujeito que tem vínculo anterior com os membros do grupo segurável (estipulação própria) – *a obrigação de prestar informações prévias aos potenciais segurados acerca das condições contratuais quando da formalização da adesão*, incluídas as cláusulas limitativas e restritivas de direito previstas na apólice mestre.

> Não se incluem, no âmbito da matéria afetada, as causas originadas de estipulação imprópria e de falsos estipulantes, visto que as apólices coletivas nessas figuras devem ser consideradas apólices individuais, no que tange ao relacionamento dos segurados com a sociedade seguradora.

Essas teses foram estabelecidas nos Recursos Especiais 1.874.811 e 1.874.788, sob a relatoria do Ministro Ricardo Villas Bôas Cueva. O julgamento firmou a jurisprudência do STJ no sentido de que o dever de prestar informações prévias aos segurados, especialmente sobre cláusulas limitativas, recai exclusivamente sobre o estipulante, que possui vínculo direto com os membros do grupo segurável.[35]

Importa revisitar, ainda, as definições de seguro por conta de terceiros e seguro contratado a favor de terceiros.

Pedro Alvim[36] esclarece que não se deve confundir o *seguro por conta de terceiros* com o *seguro contratado a favor de terceiros*. No primeiro, esclarece o autor, *o risco incide sobre o segurado e não sobre o estipulante, razão por que assume a posição de representante para transferir esse risco ao segurador. Já na estipulação a favor de terceiro, o risco é do próprio estipulante que se confunde com o segurado perante o segurador, como acontece, por exemplo, no seguro de vida feito por alguém a favor de outrem. O terceiro é apenas o beneficiário do contrato que se estabelece exclusivamente entre segurado e segurador.*

---

35. Superior Tribunal de Justiça – STJ. Disponível em: https://www.stj.jus./tes/portalp/Paginas/Comunicacao/Noticias/2023/13042023-Segunda-Secao-define--e-do-estipulante-o-dever-de-informar-sobre-clausulas-de-seguro-de-vida-coletivo.aspx?utm_source=chatgpt.com. Acesso em: 04 fev. 2025.

36. ALVIM, Pedro. *O Contrato de Seguro*. 3. ed. Rio de Janeiro: Forense, 1999, p. 213.

E acrescenta Pedro Alvim,

Nos contratos de seguro com estipulação a favor de terceiro, a relação jurídica se estabelece entre três pessoas: segurador, segurado e beneficiário. Mas nos contratos por conta de terceiro são quatro: segurador, estipulante, segurado e beneficiário. Em determinadas coberturas, o segurado é ao mesmo tempo beneficiário.

O professor Adalberto Pasqualotto[37] define

No seguro à conta de outrem, tal como na estipulação em favor de terceiro, o contratante e o segurado não são a mesma pessoa. O contratante é quem assume perante a seguradora a obrigação de pagar o prêmio e os demais encargos do contrato. E o segurado é aquele em cujo favor o seguro é contratado.

E o Desembargador Cláudio Luiz Bueno de Godoy[38] ressalta

A ideia é a de viabilizar o seguro que compreenda a vida de terceiro, desde que demonstrado que quem realiza o contrato tem interesse na preservação da existência, da sobrevivência daquele cuja vida se segura. Quer dizer, é preciso ficar demonstrado que o proponente não quer ou torce pela morte do segurado. Caso contrário, estaria aberto caminho para contratação de outrem, a fim de que sobreviesse o pagamento da verba securitária assim especulativa.

Assim, o estipulante ao contratar o seguro em favor de terceiros, precisa identificar o interesse legítimo pela preservação da vida do segurado, bem como fornecer dados que possam permitir essa identificação.

É o caso do seguro contratado pelo empregador para o segurado que poderá indicar livremente seus beneficiários em caso de morte, ou que será ele próprio, segurado, o beneficiário em caso de ocorrência de invalidez. O estipulante, nesse caso, tem como interesse legítimo o bem-estar do segurado e daqueles que ele indicar como seus beneficiários.

É comum que pais contratem seguros para seus filhos – que serão os segurados – para garantir a continuidade do pagamento das prestações junto à instituição de ensino de modo a poderem concluir sua formação educacional mesmo após a morte ou invalidez do genitor responsável pelo pagamento das mensalidades. É o seguro educacional que tem os pais como contratantes, o filho como segurado e a instituição de ensino como beneficiária.

Há, ainda, a possibilidade do segurado contratar um seguro de vida e indicar como beneficiário exclusivo um credor com o qual tenha assumido compromisso financeiro, como acontece, comumente, no financiamento de crédito imobiliário para aquisição de imóvel.

Em todas essas situações o contrato de seguro será *em favor de terceiro*, ou *por conta de terceiro*. No caso dos pais do aluno ou de devedor, será seguro em favor de

---

37. Op. cit., p. 115.

38. Op. cit., p. 779.

terceiro; e no caso do empregador, será um seguro por conta de terceiro, no caso, por conta do estipulante.

O desembargador Cláudio Luiz Bueno de Godoy[39] coloca a questão de forma muito clara, quando afirma

> Não se exigiu, como em outras legislações, que o terceiro consentisse na contratação, como também, ao que se entende, não se dispensou a declaração aqui examinada (artigo 790 – CC/02) acaso havido aquele consentimento. A finalidade da norma, afinal, é evitar seguros ilícitos, com risco à vida do terceiro, advindo do interesse do beneficiário na ocorrência do sinistro.
>
> (...)
>
> (...) fora das hipóteses do parágrafo, (único do artigo 790 do CC/02) tem-se exigido que o interesse na vida do segurado deva ser econômico, material, de modo a que ele fique evidente e, assim, evitem-se contratações que ao preceito repugnam (...)

Nesse sentido, a interpretação da expressão "*determinável*" do *caput* do artigo 24 deve ser no sentido de sua existência na estipulação de seguros, para que os propósitos lícitos que animam a contratação em favor de terceiros sejam resguardados.

No tocante ao *parágrafo 1º* do artigo em análise, é fortemente recomendável que o beneficiário do seguro contratado em favor de terceiro seja identificado de imediato, até para que o segurador possa cumprir seu dever de proteção apenas de interesses legítimos, requisito de validade dos contratos de seguros. É sempre desejável que a titularidade do interesse garantido esteja expressa e comprovada desde as tratativas para a contratação, para que seja possível avaliar a sua licitude.

O *parágrafo 2º* contempla a hipótese do seguro que terá como beneficiário pessoa natural ou jurídica com a qual o segurado se relaciona em razão da existência prévia de relação jurídica diversa daquela expressa pelo contrato de seguro. É o que ocorre, muitas vezes, quando o beneficiário é previamente indicado na proposta de seguro por ser credor do segurado. Por essa razão, o beneficiário precisa ter acesso aos documentos comprobatórios da existência do contrato de seguro, para que possa exercitar seu direito se realizada a condição prevista.

Em respeito à interpretação sistemática, é recomendável atender o prazo de 30 (trinta) dias fixado pelo artigo 55, *caput*., que dispõe que a seguradora é obrigada a entregar ao contratante, no prazo de até 30 (trinta) dias, contado da aceitação, documento probatório do contrato.

> **Art. 25.** O interesse alheio, sempre que conhecido pelo proponente, deve ser declarado à seguradora.
>
> § 1º Presume-se que o seguro é por conta própria, salvo quando, em razão das circunstâncias ou dos termos do contrato, a seguradora tiver ciência de que o seguro é em favor de terceiro.

---

39. Op. cit., p. 779.

§ 2º Na contratação do seguro em favor de terceiro, ainda que decorrente de cumprimento de dever, não poderá ser suprimida a escolha da seguradora e do corretor de seguro por parte do estipulante.

COMENTÁRIO:

A declaração do interesse alheio é essencial para a garantia de que o contrato de seguro está sendo formalizado de forma lícita, sem qualquer interferência que possa torná-lo nulo ou anulável, em especial a respeito da exigência de objeto lícito, que deve ser cumprida em benefício do fundo mutual e do grupo segurado.

No tocante ao *parágrafo 1º*, o seguro em favor de terceiro é um instrumento positivo para diversas situações como nos seguros habitacionais para crédito imobiliário, em que há a quitação do financiamento do imóvel após a morte do segurado, nos seguros educacionais, em que o filho matriculado pode seguir com seus estudos na rede privada após a morte do responsável. E para que esse caráter positivo e social seja sempre preservado é essencial que haja declaração do estipulante e/ou do segurado, desde o início das tratativas de contratação, de que se trata de seguro em favor de terceiro.

O *parágrafo 2º* contempla situação supostamente benéfica para o contratante de seguro, embora na realidade, isso nem sempre resulte em precificação mais benéfica para contratação em grupos, dada a prática de mercado conhecida como lei da oferta e da procura. Em todos os setores econômicos produtivos o preço final é menor quando a aquisição ou contratação é feita coletivamente ou em grupos, dado que os custos de transação são menores para o fornecedor.

Para os seguradores é relevante organizar os componentes do fundo mutual com rapidez e segurança, por isso quando um agente de crédito disponibiliza um número elevado de contratantes para um mesmo tipo de seguro, por exemplo, seguro prestamista, o segurador tem relevante interesse econômico porque poderá oferecer os seguros para diversas pessoas ao mesmo tempo, em uma única operação, o que reduz significativamente o custo de distribuição. É o que acontece quando muitos ou todos os contratantes de crédito para aquisição de veículo contratam seguro prestamista com uma única seguradora.

Os custos de transação são reduzidos para o segurador e para o credor instituição financeira, o que permite oferecer melhor precificação para o contratante.

Nessa perspectiva, que é própria dos mercados econômicos em que há concorrência e o mercado de seguros privados no Brasil possui expressivo número de seguradores concorrentes, que oferecem produtos semelhantes, facilitando a escolha do contratante –; a interpretação mais adequada para o parágrafo 2º do artigo ora analisado é que a vontade do contratante para escolher o segurador e o corretor de seguros prevalecerá nas situações em que a proposta de contratação que lhe foi apresentada é vantajosa em relação àquela oferecida pelo segurador escolhido pela instituição de crédito.

Com essa medida não estará sendo suprimida a escolha pelo estipulante e, ao mesmo tempo, estará sendo respeitada uma lógica concorrencial que vai além dos interesses individuais de cada segurado, protegendo a operação coletiva de seguros, que busca melhor precificação e maior segurança na concessão das operações de crédito.

Art. 26. O seguro em favor de terceiro pode coexistir com o seguro por conta própria, ainda que no âmbito do mesmo contrato.

Parágrafo único. Salvo disposição em contrário, se houver concorrência de interesses garantidos, prevalecerá a garantia por conta própria, sendo considerada, naquilo que ultrapassar o valor do interesse próprio, como em favor de terceiro, sempre respeitado o limite da garantia.

COMENTÁRIO:

O seguro em favor de terceiros é aquele contratado para garantia do interesse de outrem e não do próprio contratante, embora não seja vedada a possibilidade de que os interesses sejam coexistentes, ou seja, do contratante e do terceiro designado.

Há possibilidade de coexistência embora não seja obrigatória, em razão da expressão *pode coexistir,* utilizada no *caput* do artigo ora em análise. É correto afirmar, portanto, que o dispositivo trata da concorrência de interesses legítimos em uma mesma apólice, ou seja, a possibilidade de serem indicados como beneficiários o próprio segurado-tomador, aquele que contrata, e o terceiro-beneficiário, em nome de quem será efetuado o pagamento do benefício, nas condições fixadas no contrato.

O *parágrafo único* ressalva a possibilidade de a vontade das partes contratantes – segurado ou estipulante e segurador –, ser diferente daquela consignada no texto de lei. Assim, determina o referido parágrafo que se houver concorrência de interesses legítimos garantidos, prevalecerá a garantia do segurado prioritariamente à garantia do terceiro, salvo se deliberado em cláusula contratual determinação em sentido contrário – prevalência do interesse do terceiro sobre o do segurado –, ou, ainda, a equivalência dos interesses segurados em casos em que as partes beneficiárias – segurado e terceiro –, simultaneamente, tenham direito ao recebimento do benefício contratado.

O artigo não considerou a hipótese de o limite da garantia ser destinado exclusivamente ao segurado e, nessa medida, representar o encerramento da vigência do contrato em face do integral cumprimento da obrigação por parte do segurador. De fato, se o seguro for contratado para garantia do interesse legítimo do segurado em caso de invalidez permanente total por acidente com direito a 100% do pagamento do benefício; e, em caso de morte do segurado, o benefício ser pago a terceiro previamente identificado, se ocorrer a invalidez antes da morte o pagamento deverá ser realizado integralmente para o segurado e o terceiro perderá o direito a qualquer indenização porque em todas as hipóteses, o limite da garantia deverá ser respeitado.

O contrato poderá dispor em sentido contrário, por exemplo, que no caso de invalidez permanente total por acidente do segurado, este terá direito a um percentual, por exemplo, de 50% do valor da garantia, resguardado o restante para a ocorrência de sua morte quando então o beneficiário terá direito ao percentual remanescente. A autonomia da vontade do contratante deverá ser respeitada nos casos de concorrência de interesses.

> **Art. 27.** O estipulante deverá cumprir as obrigações e os deveres do contrato, salvo os que por sua natureza devam ser cumpridos pelo segurado ou pelo beneficiário.

COMENTÁRIO:

Estipulante pode ser a pessoa natural ou jurídica que contrata seguro em interesse de outrem (segurado), que indica quem pode receber o capital segurado (beneficiário); ou, aquele que contrata seguro em interesse de outrem (segurado) e tem a si próprio como beneficiário.

Adalberto Pasqualotto[40] afirma que:

Na relação jurídica dos seguros coletivos há um polo singular e um polo múltiplo. O primeiro é ocupado pelo segurador e o segundo pelo estipulante e pelos segurados. A relação jurídica é bilateral, apesar de algumas semelhanças com os negócios plurilaterais, especialmente por se tratar de uma relação jurídica aberta, permitindo a entrada e saída constante de participantes segurados. O contrato é concluído entre segurador e segurado, mediante negociação paritária. (...) A garantia é contratada pelo estipulante e prestada pela seguradora diretamente aos segurados, assemelhando-se a uma estipulação em favor de terceiro.

(...)

(...) o estipulante não representa o segurador perante o grupo segurado. Desse modo, o estipulante é um intermediário entre o segurador e os segurados. Assume as obrigações dos segurados perante o segurador, mas não as obrigações do segurado diante dos segurados, apenas atribui a estes benefícios contratuais.

Assim, o *caput* do artigo reitera o teor do Tema Repetitivo n. 1112[41], do Superior Tribunal de Justiça, que determinou:

(i) Na modalidade de contrato de seguro de vida coletivo, cabe exclusivamente ao estipulante, mandatário legal e único sujeito que tem vínculo anterior com os membros do grupo segurável (estipulação própria), a obrigação de prestar informações prévias aos potenciais segurados acerca das condições contratuais quando da formalização da adesão, incluídas as cláusulas limitativas e restritivas de direito previstas na apólice mestre. (ii) Não se incluem, no âmbito da matéria afetada, as causas originadas de estipulação

---

40. Op. cit., p. 172.

41. Processo REsp 1874788 / SC RECURSO ESPECIAL 2020/0115074-0 Recurso Repetitivo Pesquisa de tema: Tema Repetitivo 1112 Situação do tema: Trânsito em Julgado Pesquisa de Repetitivos e IACs Anotados Relator Ministro Ricardo Villas Bôas Cueva (1147) Órgão Julgador S2 – Segunda Seção Data do Julgamento 02.03.2023 Data da Publicação/Fonte DJe 10.03.2023 RSTJ v. 269 p. 223. Disponível em: https://scon.stj.jus.br/SCON/pesquisar.jsp?preConsultaPP=&pesquisaAmigavel=+%3Cb%3Eestipulante+com+seguro%-3C%2Fb%3E&acao=pesquisar&novaConsulta=true&i=1&b=ACOR&livre=estipulante+com+seguro&filtroPorOrgao=&filtroPorMinistro=&filtroPorNota=&data=&operador=e&thesaurus=JURIDICO&p=true&tp=T&processo=&classe=&uf=&relator=&dtpb=&dtpb1=&dtpb2=&dtde=&dtde1=&dtde2=&orgao=&ementa=&nota=&ref=. Acesso em: 09 set. 2024.

imprópria e de falsos estipulantes, visto que as apólices coletivas nessas figuras devem ser consideradas apólices individuais no que tange ao relacionamento dos segurados com a sociedade seguradora.

O estipulante é quem tem acesso direto aos segurados, inclusive possuindo seus dados cadastrais como endereço físico, endereço eletrônico e número de telefone. Assim, é do estipulante não do segurador o dever de prestar informações sobre o contrato de seguro, especialmente no tocante ao exercício de direitos pelos segurados.

Art. 28. O estipulante poderá substituir processualmente o segurado ou o beneficiário para exigir, em favor exclusivo destes, o cumprimento das obrigações derivadas do contrato.

COMENTÁRIO:

A substituição processual é autorizada no direito brasileiro pelo disposto no artigo 18 do Código de Processo Civil, que determina que *"ninguém poderá pleitear, em nome próprio, direito alheio, salvo quando autorizado pelo ordenamento jurídico"*.

A Lei 15.040, de 2024, expressamente permite que o estipulante substitua processualmente o segurado ou o beneficiário, com o objetivo de exigir o cumprimento das obrigações decorrentes do contrato de seguro.

Assim, o artigo 28 da Lei 15.040, de 2024, estabelece a base legal necessária para que possa ser cumprido o artigo 18 do Código de Processo Civil brasileiro.

Art. 29. Cabe ao estipulante, além de outras atribuições que decorram de lei ou de convenção, assistir o segurado ou o beneficiário durante a execução do contrato.

COMENTÁRIO:

O estipulante tem importante papel no fornecimento de informações aos segurados e beneficiários durante o período de execução do contrato de seguro, em especial porque o direito de ação é objeto de prazo prescricional.

É importante observar que as informações prestadas durante a execução do contrato somente serão positivas para a relação jurídica se, igualmente, tiverem sido adequadamente prestadas na fase pré-contratual.

Nesse sentido, a decisão do Superior Tribunal de Justiça – STJ no Tema Repetitivo n. 1.112, que textualmente determinou:

Tema 1112 – i) na modalidade de contrato de seguro de vida coletivo, cabe exclusivamente ao estipulante, mandatário legal e único sujeito que tem vínculo anterior com os membros do grupo segurável (estipulação própria), a obrigação de prestar informações prévias aos potenciais segurados acerca das condições contratuais quando da formalização da adesão, incluídas as cláusulas limitativas e restritivas de direito previstas na apólice mestre, e (ii) não se incluem, no âmbito da matéria afetada, as causas originadas de estipulação imprópria e de falsos estipulantes, visto que as apólices coletivas nessas figuras devem ser consideradas apólices individuais, no que tange ao relacionamento dos segurados com a sociedade seguradora.[42]

É especialmente relevante que o estipulante mantenha o segurado informado sobre a importância da correta designação de beneficiário(s), a liberdade de escolha e as restrições que são aplicáveis. De igual maneira, é lícito esperar que o estipulante atue junto ao(s) beneficiário(s) no momento da regulação do sinistro, para que sejam apresentados todos os documentos necessários para a rápida liquidação dos valores de capital segurado.

> **Art. 30.** Considera-se estipulante de seguro coletivo aquele que contrata em proveito de um grupo de pessoas, pactuando com a seguradora os termos do contrato para a adesão de eventuais interessados.

COMENTÁRIO:

Neste artigo, há expressa referência ao estipulante de contrato de seguro coletivo, ao qual são aplicadas as mesmas regras destinadas ao estipulante de contratos em favor de terceiro, em especial, o dever de informação ao segurado e/ou beneficiário(s).

O estipulante em um contrato de seguros é a pessoa natural ou jurídica que celebra o contrato com a seguradora em benefício de terceiros, que são os segurados. O estipulante é quem contrata o seguro em favor de outras pessoas, e se torna responsável por representar os segurados perante o segurador. É responsável, em especial, por negociar as condições do seguro com o segurador e por manter o segurado informado de tudo o quanto seja necessário em relação ao contrato de seguro, especialmente sobre coberturas, exclusões, perda de direito por agravamento de risco, prazos e outros dados igualmente relevantes.

O Tema Repetitivo 1112 do Superior Tribunal de Justiça – STJ determinou que:

> na modalidade de contrato de seguro de vida coletivo, cabe exclusivamente ao estipulante, mandatário legal e único sujeito que tem vínculo anterior com os membros do grupo segurável (estipulação própria), a obrigação de prestar informações prévias aos potenciais segurados acerca das condições contratuais quando da formalização da adesão, incluídas as cláusulas limitativas e restritivas de direito previstas na apólice mestre, e (ii) não se incluem, no âmbito da matéria afetada, as causas originadas de estipulação imprópria e de falsos estipulantes, visto que as apólices coletivas nessas figuras devem ser consideradas apólices individuais, no que tange ao relacionamento dos segurados com a sociedade seguradora.

Assim, as principais regras a serem observadas pelo estipulante são: (i) informar o segurado sobre todos os aspectos relevantes do contrato de seguro, em especial coberturas, exclusões, direitos e deveres do segurado e prazos; (ii) coletar o prêmio dos

---

42. Superior Tribunal de Justiça – STJ. Disponível em: https://processo.stj.jus.br/repetitivos/temas_repetitivos/pesquisa.jsp?novaConsulta=true&tipo_pesquisa=T&cod_tema_inicial=1112&cod_tema_final=1112. Acesso em: 16 jan. 2025.

segurados e efetuar o pagamento à seguradora; (iii) agir em conformidade com as leis que regulam os contratos de seguro e a representação de terceiros.

Art. 31. Admite-se como estipulante de seguro coletivo apenas aquele que tiver vínculo anterior e não securitário com o grupo de pessoas em proveito do qual contratar o seguro, sem o que o seguro será considerado individual.

§ 1º As quantias eventualmente pagas ao estipulante de seguro coletivo pelos serviços prestados deverão ser informadas com destaque aos segurados ou aos beneficiários nas propostas de adesão, nos questionários e nos demais documentos do contrato.

§ 2º Salvo disposição em contrário, o estipulante de seguro coletivo sobre a vida e a integridade física do segurado é o único responsável perante a seguradora pelo cumprimento de todas as obrigações contratuais, inclusive a de pagar o prêmio.

COMENTÁRIO:

O artigo é aplicável aos contratos coletivos e preserva a determinação do artigo 801 do Código Civil brasileiro de 2002.

Se aquele que contrata o seguro coletivo não tiver vínculo anterior com o estipulante, mas tiver vínculo securitário com o grupo de pessoas o segurado será tratado como participante desse grupo coletivo para efeito de contratação, porém, na regulação de sinistro e liquidação ele será tratado de forma individualizada.

O *parágrafo 1º* contém dispositivo que amplia a transparência das relações contratuais, com direito do segurado a conhecer os valores eventualmente recebidos pelo estipulante a título de serviços prestados, por tais serviços serem prestados ao grupo segurado e não ao segurador.

A informação sobre a remuneração do estipulante poderá estar presente em todo e qualquer documento, físico ou digital, ao qual o grupo segurado tenha acesso, como na proposta de adesão, no questionário de riscos ou na declaração pessoal de saúde, na jornada de contratação ou, ainda, em quaisquer documentos pós contratação que sejam emitidos para o segurado.

O *parágrafo 2º*, por sua vez, reitera os deveres do estipulante nos contratos de seguros coletivos, especialmente o dever de recolher os valores de prêmio e repassá-los ao segurador na forma e no tempo fixados contratualmente.

Art. 32. O estipulante de seguro coletivo representa os segurados e os beneficiários durante a formação e a execução do contrato e responde perante eles e a seguradora por seus atos e omissões.

Parágrafo único. Para que possam valer as exceções e as defesas da seguradora em razão das declarações prestadas para a formação do contrato, o documento de adesão ao seguro deverá ter seu conteúdo preenchido pessoalmente pelos segurados ou pelos beneficiários.

COMENTÁRIO:

Como afirmam Tzirulnik, Cavalcanti e Pimentel[43]

Ao estipulante cabem todas as tratativas preliminares destinadas à contratação do seguro. Ele é quem verifica da conveniência de celebrar, ou não, o contrato; é ele quem, entre o elenco de garantias oferecidas pela seguradora, escolhe as que melhor se adaptam ao grupo segurável. Incumbe ao estipulante fornecer à seguradora todas as informações úteis à contratação, especialmente para a fixação da taxação de prêmio, devendo, nessas negociações preliminares, atuar com lealdade, pois, em suma, esss informações são indispensáveis para a correta avaliação do risco. Juridicamente, é o estipulante quem formula a proposta visando à contratação. É quem celebra o contrato-mestre, ao qual poderão ser incluídos ou aderir os membros do grupo segurável.

Mas, a função do estipulante não se esgota com o aperfeiçoamento do contrato-mestre, subsistindo durante toda a vida do contrato. O estipulante exerce, além das funções que lhe cabem directamente, aquelas decorrentes de sua condição de mandatário dos segurados.

(...) constata-se que o estipulante pratica atos que lhe são próprios e outros que são decorrentes de sua condições de representante dos segurados. Ao intérprete caberá distinguir quais os atos praticados em nome próprio pelo estipulante e quais os que pratica na condição de representante dos segurados.

Com todas as responsabilidades inerentes à formação e execução do contrato, o estipulante deverá responder por suas ações e omissões, muito em especial no tocante ao não pagamento dos valores do prêmio de seguro no valor, modo e tempo contratados, bem como pela insuficiência de informações prestadas aos segurados, seja na fase pré-contratual, na execução ou, na fase pós-contratual.

No *parágrafo único*, para que possam valer as exceções e as defesas da seguradora em razão das declarações prestadas para a formação do contrato, o documento de adesão deverá ser formalizado pelo segurado em meio físico, remoto, ou, ainda, por qualquer outro meio tecnológico disponível e adotado na relação entre contratantes.

Na atualidade, as contratações já são viáveis por meio de colocação de *login* e senha em plataformas digitais, concordância em ligações telefônicas, aplicativos de texto (ex. Whatsapp), mensagens eletrônicas (SMS), reuniões realizadas por plataformas online e outros meios que poderão ser amplamente adotados nos próximos anos em decorrência das inovações tecnológicas.

Nessa perspectiva de inovação tecnológica a expressão *"conteúdo preenchido pessoalmente pelo segurado ou pelos beneficiários"*, não pode ter interpretação restrita como sendo somente assinatura física ou digital, diante das diferentes possibilidades de interação interpessoal que têm sido viabilizadas, e que possam surgir futuramente.

Em benefício da melhor e mais duradoura interpretação ao texto da lei, é determinante compreender que as novas tecnologias de informação e comunicação permitem diferentes formas de manifestação de vontade ou de fornecimento de informações, sendo reservado às partes contratantes que definam e adotem a forma que melhor atende às suas necessidades.

---

43. TZIRULNIK, Ernesto. CAVALCANTI, Flávio de Queiróz B. PIMENTEL, Ayrton. *O Contrato de Seguro de Acordo com o Novo Código Civil.* 2. ed. São Paulo: RT, 2003, p. 202.

Nos seguros coletivos não contributários, nos quais o pagamento do prêmio é feito às expensas do estipulante, não há necessidade de adesão e, tampouco, que seja feita de forma pessoal.

SEÇÃO VI
DO COSSEGURO E DO SEGURO CUMULATIVO

Art. 33. Ocorre cosseguro quando 2 (duas) ou mais seguradoras, por acordo expresso entre si e o segurado ou o estipulante, garantem o mesmo interesse contra o mesmo risco, ao mesmo tempo, cada uma delas assumindo uma cota de garantia.

COMENTÁRIO:

O artigo em análise trata do instituto do cosseguro, de grande relevância para as operações de seguro para riscos de maior monta e, exatamente por isso, exigem a pulverização desses riscos entre duas ou mais seguradoras.

Claudio Luiz Bueno de Godoy[44] define:

O cosseguro (....) é uma das formas de seguro múltiplo, em que se dá uma repartição da responsabilidade do segurador. É a pulverização do risco assumido por mais de uma empresa seguradora. Trata-se de operação econômico-contratual única, apesar de o Código atual permitir a emissão de uma única apólice, mas com uma seguradora líder que opera o seguro e representa as demais.

A responsabilidade de cada seguradora é por uma parte do total do seguro, ou seja, não respondem solidariamente pelo importe global, impondo-se que se estabeleça a cota a cada uma afeta. (...)

Por sua própria essência a atividade de cosseguro *não comporta solidariedade* entre as seguradoras que dela participam, que compartilham o risco por meio de cotas/percentuais de responsabilidade que assumem, assim como de cotas/percentuais do valor do prêmio que recebem.

Nesse sentido, a lição sempre propícia de Adalberto Pasqualotto[45]:

O cosseguro é de grande utilidade quando o risco ou o valor segurável é muito alto. É uma forma de "pulverizar os riscos e fortalecer as relações econômicas do mercado", como expressa doutrinariamente o artigo 4º, do Dec.-Lei 73. Duas ou mais seguradoras dão a garantia em regime de quotas, nenhuma assumindo responsabilidade integral. Portanto, não há solidariedade. (...)

A cota de responsabilidade assumida por cada seguradora participante da operação de cosseguro será compatível com a parte do valor do prêmio que a ela deverá ser destinada.

---

44. Op. cit., p. 746

45. Op. cit., p. 95.

Vale salientar que, no seguro garantia, por exemplo, o termo "*acordo expresso*" mencionado no artigo pode ocorrer com a aceitação da apólice pelo segurado.

Art. 34. O cosseguro poderá ser documentado em 1 (um) ou mais instrumentos contratuais emitidos por cada uma das cosseguradoras com o mesmo conteúdo.

§ 1º O documento probatório do contrato deverá destacar a existência do cosseguro, as seguradoras participantes e a cota da garantia assumida por cada uma.

§ 2º Se não houver inequívoca identificação da cosseguradora líder, os interessados devem dirigir-se àquela que emitiu o documento probatório ou a cada uma das emitentes, se o contrato for documentado em diversos instrumentos.

COMENTÁRIO:

A racionalidade das atividades econômicas determina que o cosseguro seja contratado por meio de um único instrumento, no qual deverá estar identificado o segurador que exercerá o papel de líder do grupo de cosseguradores. Embora seja possível a emissão de vários instrumentos contratuais, um de cada segurador participante, não há razão de ordem prática para justificar essa múltipla emissão.

O *parágrafo 1º* determina a necessidade de que seja aclarado para o segurado a existência do cosseguro, a identificação dos seguradores que dele participam e a cota de garantia do interesse legítimo que cada segurador assumiu naquele grupo.

De fato, embora não seja exigida a concordância prévia e expressa do segurado para a realização do cosseguro é essencial que o segurado saiba que o cosseguro foi contratado, com quais seguradores e as responsabilidades de cada um em relação à garantia. Assim, cumprem os seguradores participantes do cosseguro o dever de boa-fé e veracidade.

O *parágrafo 2º* cuida da hipótese de faltar a identificação objetiva do cossegurador que exerce a função de líder, quando então o segurado terá direito de se dirigir a qualquer participante do cosseguro, em especial àquele que emitiu o documento que comprova a existência da relação contratual.

Ao utilizar a expressão "*os interessados*" o parágrafo 2º sugere que outras pessoas, além do próprio segurado, possam ter acesso a dados do contrato de seguro; porém, há limitações de ordem legal quanto a esse acesso, o que resulta na necessidade de uma interpretação restritiva, para que somente seja autorizada a consulta de interessados quando estes puderem comprovar a legitimidade de sua posição jurídica.

Art. 35. A cosseguradora líder administra o cosseguro, representando as demais na formação e na execução do contrato, e as substitui, ativa ou passivamente, nas arbitragens e nos processos judiciais.

§ 1º Quando a ação for proposta apenas contra a líder, esta deverá, no prazo de sua resposta, comunicar a existência do cosseguro e promover a notificação judicial ou extrajudicial das cosseguradoras.

§ 2º A sentença proferida contra a líder fará coisa julgada em relação às demais, que serão executadas nos mesmos autos.

§ 3º Não há solidariedade entre as cosseguradoras, arcando cada uma exclusivamente com sua cota de garantia, salvo previsão contratual diversa.

§ 4º O descumprimento de obrigações entre as cosseguradoras não prejudicará o segurado, o beneficiário ou o terceiro.

COMENTÁRIO:

A seguradora líder do grupo de cosseguradoras tem, por força de lei, a obrigação de administrar as interações entre as partes, e as interações externas do grupo, como nos processos judiciais e arbitragens. Isso não impede que as demais cosseguradoras possam participar ativamente nos processos judiciais e arbitragens, mas garante que se não o fizerem estarão representadas por aquela entre elas que exerce a liderança desde a fase de formação do contrato e, igualmente, durante a fase de execução.

No *parágrafo 1º* está determinado que quando a ação judicial for proposta pelo segurado ou por terceiro interessado apenas contra a líder, esta terá o dever de comunicar a existência do cosseguro, durante o prazo legal de resposta, e noticiar a existência da ação às cosseguradoras por meio de notificação judicial ou extrajudicial, o que corrobora o COMENTÁRIO ao *caput*, no sentido de que as demais seguradoras integrantes do cosseguro poderão, se assim desejarem, participar das demandas judiciais e das arbitragens que decorram do contrato de seguro de que participam.

O *parágrafo 2º* do artigo determina que a sentença judicial proferida contra a seguradora líder terá o condão de fazer coisa julgada contra todas as demais cosseguradoras participantes, e por respeito ao princípio da economia processual, serão todas executadas nos mesmos autos, em consonância com o *parágrafo 3º*, que determina a inexistência de solidariedade entre as cosseguradoras.

De fato, salvo expressa previsão contratual em sentido contrário, como consta expressamente do *parágrafo 3º*, a solidariedade inexiste entre as cosseguradoras, exatamente em decorrência do fato de que cada uma assume seu quinhão de responsabilidade correlato com seu quinhão do prêmio pago pelo segurado ou tomador.

Assim, não há fundamento jurídico ou fático para suportar qualquer tipo de presunção de solidariedade entre cosseguradoras, nos termos do artigo 265 do Código Civil.

O *parágrafo 4º* determina que o descumprimento de obrigações entre cosseguradoras não pode prejudicar interesses de segurados, beneficiários ou terceiros legitimados para receber valores indenitários. De fato, a formação do cosseguro é medida que atende a interesses específicos do segurador e não dos segurados, razão pela qual se ocorre falha na relação entre cosseguradores, ainda que respeitada a inexistência de solidariedade, os segurados, beneficiários ou terceiros legitimados não poderão ser prejudicados.

Somente nessa hipótese, a seguradora líder poderá arcar com valores que foram negados por uma ou mais cosseguradoras se sub-rogará no direito de receber o valor pago acrescido de juros de mora e correção monetária.

> **Art. 36.** Ocorre seguro cumulativo quando a distribuição entre várias seguradoras for feita pelo segurado ou pelo estipulante por força de contratações independentes, sem limitação a uma cota de garantia.
>
> § 1º Nos seguros cumulativos de dano, o segurado deverá comunicar a cada uma das seguradoras a existência dos contratos com as demais.
>
> § 2º Será reduzida proporcionalmente a importância segurada de cada contrato celebrado, quando a soma das importâncias seguradas, nos seguros cumulativos de dano, superar o valor do interesse, desde que haja coincidência de garantia entre os seguros cumulados.
>
> § 3º Na redução proporcional prevista no § 2º deste artigo não se levarão em conta os contratos celebrados com seguradoras que se encontrarem insolventes.

COMENTÁRIO:

Além da possibilidade de contratação de seguro por uma operação de *cosseguro*, segurado pode contratar por sua vontade, seguros cumulativos para o mesmo interesse legítimo com diferentes seguradoras, sem ficar limitado a uma delas.

Essa possibilidade se aplica tanto a seguros de danos como a seguros de pessoas, porém, em razão do princípio indenitário que rege os seguros de danos, deve ser tratada de forma diferenciada no caso desses.

Como explica o Ministro Eduardo Ribeiro[46]:

> (...) o ajuste deve garantir tão somente a reparação do dano experimentado, limitado ao valor fixado no contrato, e este, por seu turno, adstrito ao importe do interesse segurado, no momento da contratação, tudo, frise-se, sem qualquer possibilidade de que venham o seguro e o sinistro representar causa de lucro ao segurado.

Em comentário ao artigo 781 do Código Civil, que dispõe que a indenização não pode ultrapassar o valor do interesse segurado no momento do sinistro e, em hipótese alguma, o limite máximo da garantia fixado na apólice, salvo em caso de mora do segurador, o desembargador Cláudio Luiz Bueno de Godoy[47] afirma:

---

46. RIBEIRO, Eduardo. Contrato de Seguro – Alguns Tópicos. In: FRANCIULLI NETTO, Domingos. MENDES, Gilmar Ferreira. MARTINS FILHO, Ives Gandra da Silva. (Coord.). São Paulo: LTr, 2003, p. 729-746.

47. Op. cit., p. 766.

> *Trata-se de referência central do ajuste: a indenização. Em diversos termos quer-se evitar que o seguro possa ser fonte de enriquecimento do segurado, de modo a colocá-lo em situação melhor do que teria se o sinistro, contra o qual se grante seu interesse, não tivesse sucedido. Tudo, em última análise, à consideração de que o seguro se forma, na verdade, e conforme já comentado ao exame do art. 757, por um fundo composto pelos prêmios pagos por uma universalidade de segurados – típica revelação de um mutualismo sem o qual os contratos individuais se inviabilizam –, gerido pelo segurador, por isso necessariamente uma entidade a tal fim autorizada (art. 757, parágrafo único), que só se pode desfalcar pela devida reparação a que se destina, portanto sem que, a dano de outras coberturas, possa servir a propósito especulativo. Vale lembrar que o fundo e os prêmios que o constituem, afinal, resultam de um cálculo de probabilidade dos sinistros em relação aos interesses cuja garantia se contrata. Não por outro motivo é que, como se viu, não se pode contratar o seguro por valor maior que do interesse segurado (art. 778). A ideia, enfim, é a de ue o seguro se preste tão somente à recomposição, e não ao fomento do patrimônio do segurado, desfalcado pelo sinistro contra o qual quis se garantir.*

Assim, embora o segurado tenha interesse em contratar vários seguros para o mesmo interesse legítimo, isso não significa que o possa fazer em valores que se sobreponham ou se somem ao valor do interesse, exatamente para que, em ocorrendo o sinistro não receba indenização maior que o efetivo prejuízo sofrido, resultando em vantagem ou lucro ao segurado, o que contraria frontalmente o princípio indenitário aplicável aos contratos de seguros de danos.

Nos seguros de pessoa tal princípio não se aplica, razão pela qual o segurado é livre para contratar vários seguros, com diferentes seguradores, em valores também diferentes e até mesmo com beneficiários diferentes. Quando ocorrer a morte do segurado, os diversos beneficiários receberão os valores de capital segurado que lhes tiverem sido destinados pelo seguro de vida; ou, o próprio segurado se vier a se tornar portador de invalidez permanente total ou parcial, receberá o capital segurado por ser ele o beneficiário do seguro, para garantia da sua subsistência.

Assim, quando o interesse legítimo do segurado recair sobre coisas e não pessoas, aplica-se o princípio indenitário, com consequente obrigatoriedade, nos termos do *parágrafo 1º*, de o segurado comunicar a cada uma das seguradoras a existência dos contratos cumulativos, seja para cumprir o dever de boa-fé, como para respeitar a função social do contrato de seguro, que não pode resultar em enriquecimento ilícito do segurado, ao receber pagamentos superiores ao prejuízo sofrido em relação ao bem segurado atingido pelo sinistro.

O *parágrafo 2º* estabelece as premissas a serem cumpridas na hipótese de a soma das importâncias seguradas, ou limites máximos de indenização, das diferentes apólices contratadas, superar o valor real do interesse segurado. Se existir coincidência da garantia sobre o mesmo interesse legítimo do segurado, será aplicada a redução proporcional da importância segurada de cada contrato de seguro, de forma que o segurado receba o valor da indenização compatível com o valor do dano, sem auferir vantagem decorrente do risco ocorrido.

O parágrafo 3º prevê que, quando os seguros cumulativos tiverem sido contratados com seguradoras posteriormente insolventes, a redução proporcional da importância segurada não levará em conta esses contratos, ou seja, eles não serão computados para efeito do cálculo da redução proporcional. Isso significa que os seguradores solventes repartirão entre eles as consequências dos danos decorrentes do sinistro, respeitados os limites máximos de indenização contratados, o que, por consequência, resultará em valor menor ao segurado do que aquele efetivamente causado pelo dano.

Importante ressaltar que, em hipótese alguma os seguradores terão que suportar valores superiores àqueles fixados nos seus contratos de seguro, sob pena de se tornarem, também insolventes. O segurado, por sua vez, receberá valor inferior àquele decorrente do dano em razão da escolha feita, ou seja, por contratar seguro cumulativo com seguradora que se tornou posteriormente insolvente.

SEÇÃO VII
DOS INTERVENIENTES NO CONTRATO

Art. 37. Os intervenientes são obrigados a agir com lealdade e boa-fé e prestar informações completas e verídicas sobre todas as questões envolvendo a formação e a execução do contrato.

COMENTÁRIO:

A expressão *interveniente* não é comumente utilizada na tradição do direito brasileiro e, em contratos, quase sempre é sinônimo de anuente – terceiro que comparece no contrato para declarar que tem ciência dele; ou, garantidor, aquele que responde pelo cumprimento da obrigação de uma das partes, como acontece, comumente, com o fiador nos termos do artigo 818 do Código Civil.

Nos contratos de seguro de pessoas ou de danos raramente é necessária a presença de um interveniente anuente ou fiador, portanto, o significado a ser dado ao termo interveniente, é o do terceiro que atua na intermediação do contrato de seguro, como o corretor de seguros, o representante de seguros, entre outros canais de distribuição de seguros legamente aceitos; ou de terceiros que atuem em fases da execução do contrato como reguladores de sinistros ou peritos de diferentes áreas técnicas.

Aos terceiros contratados por segurados ou seguradores para atuarem nos contratos de seguro, tanto na fase de formação como na execução, cumpre o dever de lealdade e boa-fé, em especial quanto à prestação de informações que devem sempre ser completas, transparentes e verídicas. Realmente, é o que se espera da conduta do corretor de seguros e do agente na fase de formação do contrato, bem como do perito durante a fase de execução e na quantificação dos danos durante a regulação de sinistros.

Art. 38. Os representantes e os prepostos da seguradora, ainda que temporários ou a título precário, vinculam-na para todos os fins quanto a seus atos e omissões.

COMENTÁRIO:

As figuras jurídicas de representantes e prepostos são tratadas nos artigos 115 e seguintes e, 1.169 e seguintes do Código Civil Brasileiro, respectivamente. Poderes de representação são conferidos por lei ou pelo interessado, nos termos do artigo 115 do Código Civil e o representante será responsabilizado pelos atos que praticar e também por aqueles que excederem os limites da representação.

Os prepostos, por sua vez, são tratados no artigo 1.169 do Código Civil, que veda expressamente que se façam substituir sem autorização escrita, sob pena de responderem pessoalmente pelos atos do substituto ou pelas obrigações por ele contraídas, porque se trata de contratação *intuitu personae*.

A responsabilidade civil dos prepostos está expressamente regulada nos artigos 932 e 933 do Código Civil, e responsabilidade sem culpa daqueles que estiverem elencados nos incisos I a V do artigo 932, entre eles o empregador ou comitente por atos de seus empregados, serviçais e prepostos[48].

> **Art. 39.** O corretor de seguro é responsável pela efetiva entrega ao destinatário dos documentos e outros dados que lhe forem confiados, no prazo máximo de 5 (cinco) dias úteis.
>
> **Parágrafo único.** Sempre que for conhecido o iminente perecimento de direito, a entrega deve ser feita em prazo hábil.

COMENTÁRIO:

O corretor de seguros é o profissional legalmente habilitado pela Superintendência de Seguros Privados – SUSEP para exercer atividades de intermediação, mediante remuneração denominada comissão, que é paga pelo segurado quando quita o prêmio do seguro. A escolha do corretor de seguros é livre para o segurado que poderá escolher entre diferentes profissionais disponíveis no mercado, a partir de critérios que estabeleça para isso.

---

48. Art. 932. São também responsáveis pela reparação civil:

    I – os pais, pelos filhos menores que estiverem sob sua autoridade e em sua companhia;

    II – o tutor e o curador, pelos pupilos e curatelados, que se acharem nas mesmas condições;

    III – o empregador ou comitente, por seus empregados, serviçais e prepostos, no exercício do trabalho que lhes competir, ou em razão dele;

    IV – os donos de hotéis, hospedarias, casas ou estabelecimentos onde se albergue por dinheiro, mesmo para fins de educação, pelos seus hóspedes, moradores e educandos;

    V – os que gratuitamente houverem participado nos produtos do crime, até a concorrente quantia.

    Art. 933. As pessoas indicadas nos incisos I a V do artigo antecedente, ainda que não haja culpa de sua parte, responderão pelos atos praticados pelos terceiros ali referidos.

    Código Civil brasileiro. Disponível em: https://www.planalto.gov.br/ccivil_03/leis/2002/l10406compilada.htm. Acesso em: 16 jan. 2025.

Os corretores de seguro têm como principal responsabilidade acompanhar a formação e a execução do contrato de seguro, orientando os proponentes e segurados sobre o que e como contratar de cobertura de seguro para seu interesse legítimo, e como proceder durante a fase de execução do contrato, especialmente se ocorrer um sinistro.

O segurado deve informar ao corretor de seguros, em razão de seu conhecimento e especialidade profissional, tudo que for relevante para a garantia de seus direitos, seja em relação a documentos como a fatos ou dados, e deve fazê-lo prontamente. O prazo máximo de 5 dias úteis é uma diretriz, sendo extremamente relevante que documentos e dados sejam transmitidos pelo corretor de seguros assim que tomar ciência deles.

A rigor, a determinação contida no parágrafo único do artigo ora em comento deve ser seguida, ou seja, celeridade da informação é a melhor forma de evitar o perecimento do direito do segurado.

> **Art. 40.** Pelo exercício de sua atividade, o corretor de seguro fará jus à comissão de corretagem.
>
> **Parágrafo único.** A renovação ou a prorrogação do seguro, quando não automática ou se implicar alteração de conteúdo de cobertura ou financeiro mais favorável aos segurados e aos beneficiários, poderá ser intermediada por outro corretor de seguro, de livre escolha do segurado ou do estipulante.

COMENTÁRIO:

A comissão de corretagem integra uma parte do valor do prêmio pago ao segurador pelo segurado, tomador ou estipulante, e cabe ao segurador efetivar o repasse da comissão ao corretor de seguros.

O parágrafo único do artigo ora em comento merece especial atenção para que a melhor interpretação possa ser aplicada.

Na renovação automática do contrato de seguro quase sempre o corretor de seguros é mantido pelo segurado, embora não haja obstáculo legal ou regulatório para sua substituição; mas, isso nem sempre acontece na renovação não automática, ou seja, aquela em que ocorre modificação ou atualização de dados da proposta de seguro e, consequentemente, do próprio contrato. Para essa situação o segurado poderá solicitar a substituição do corretor de seguros por outro, devidamente habilitado, que deverá receber a remuneração em forma de comissionamento.

A possibilidade de substituição do corretor de seguros por outro, à escolha do contratante-segurado, pode ocorrer nos casos em que o conteúdo do contrato de seguro precisar ser modificado seja quanto às coberturas para riscos predeterminados, ou em relação a aspectos econômicos, como os valores máximos de indenização, valores de participação obrigatória do segurado ou, ainda, valores de franquia. Nessa situação, o novo corretor indicado pelo segurado será remunerado em decorrência do trabalho técnico executado.

Assim, em ambas as situações – renovação não automática ou automática com mudança de condições contratuais –, a escolha do contratante pode recair sobre um novo corretor de seguros sem que isso represente um obstáculo para a consecução do contrato.

SEÇÃO VIII
DA FORMAÇÃO E DA DURAÇÃO DO CONTRATO

Art. 41. A proposta de seguro poderá ser feita diretamente, pelo potencial segurado ou estipulante ou pela seguradora, ou por intermédio de seus representantes.

Parágrafo único. O corretor de seguro poderá representar o proponente na formação do contrato, na forma da lei.

COMENTÁRIO:

A proposta de seguro é essencial para a correta e adequada formação do contrato de seguros. Não à toa o Código Civil de 2002, ao regular os contratos de seguro, exigia que a emissão da apólice fosse precedida de proposta escrita com a declaração dos elementos essenciais do interesse a ser garantido e do risco.

Nos seguros massificados como os de automóvel, responsabilidade civil facultativa de veículos, residenciais, vida e integridade física, entre outros similares, a proposta é apresentada pelo segurador por meio de um questionário com perguntas objetivas a serem respondidas pelo segurado, ou quem o represente legalmente.

Já para os seguros de grandes riscos, que são mais complexos e exigem detalhamento, o segurador pode enviar um questionário mais completo, porém isso não impede o segurado de fornecer detalhes que são essenciais para a análise dos riscos e que por vezes, sequer são de conhecimento do segurador dada a especificidade de tais riscos. É o que acontece comumente com atividades realizadas pelo segurado nas áreas de tecnologia de ponta, fabricação de produtos farmacêuticos, utilização de equipamentos, máquinas ou programas computacionais bastante específicos, entre outros. Nessas situações que envolvam aspectos pouco conhecidos, é obrigação do segurado informar os riscos predeterminados que possam atingir seu interesse legítimo, sob pena de o contrato de seguro não conter em suas cláusulas gerais, especiais ou particulares o quanto necessário para a formalização das coberturas de riscos.

Ensina a professora Maria Helena de Mello Franco[49]

A proposta deve conter todos os dados referentes ao interesse segurado, como a natureza dos riscos garantidos e demais dados que possam ser utilizados para avaliar o interesse e os riscos sobre ele inci-

---

49. Op; cit., p. 307.

dentes. Embora, em regra, a proposta advenha em formulário redigido pela seguradora, do ponto de vista jurídico, é qualificada como oferta de contrato, e não como aceitação.

(...)

As declarações do segurado nesta proposta são básicas para o contrato, já que a seguradora basear-se-á nas informações prestadas para avaliar os riscos e fixar o prêmio devido. Daí porque os dados fornecidos pelo segurado deverão ser absolutamente corretos, pois qualquer declaração inexata poderá influir no contrato, quer por levar a um cálculo indevido da estipulação do prêmio ou da indenização, quer por poder alterar a feição do risco coberto, induzindo a seguradora a uma aceitação indevida. (...)

Assim, embora o *caput* do artigo possibilite que o segurador, por intermédio de seus representantes, efetue a proposta cabe ao segurado, seu representante legal, corretor, tomador ou estipulante, fornecer os dados sobre o risco, da forma mais completa que for possível, como medida de proteção ao próprio segurado, como explica o desembargador Cláudio Luiz Bueno de Godoy:[50]

(...) impende compreender a exigência de proposta prévia como uma medida de proteção ao segurado, garantindo-se que a apólice depois de emitida não destoe das condições que se tenham levado à proposta remetida ao segurador, mas sem que sua ausência comprometa, de alguma forma, a validade do seguro. (...) Isso não significa, contudo, que, uma vez efetuada a proposta, esteja o segurado livre da obrigação básica de boa-fé, impondo-se plena veracidade das declarações então efetivadas, uma vez que, com base nelas, calculará a seguradora o risco a garantir. De qualquer maneira, havida a proposta, deve ela conter fundamentalmente o que comporá a apólice, ou seja, o interesse segurável, o risco garantido, as condições das partes e o prazo do seguro, tudo de acordo com as normas regulamentares da SUSEP.

O fornecimento dos dados completos do risco para análise, subscrição, cálculo dos valores máximos de coberturas e prêmio pela seguradora, com consequente formação do contrato de seguro é altamente relevante, razão pela qual, aquele que em nome próprio, ou como representante do segurado assume essa responsabilidade, deve estar ciente das consequências negativas que poderão advir de informações inverídicas, incompletas ou ausentes da proposta, seja essa física/impressa quanto verbal ou por meios remotos.

O *parágrafo único* do artigo em comento permite que o corretor de seguros represente o proponente na formação do contrato, nos termos da lei, e com a especial consequência de assumir a responsabilidade pelas informações fornecidas à seguradora que viabilizarão cálculos de valor máximo de indenização e de prêmio a ser pago pelo segurado.

> **Art. 42.** A proposta feita pela seguradora não poderá ser condicional e deverá conter, em suporte duradouro, mantido à disposição dos interessados, todos os requisitos necessários para a contratação, o conteúdo integral do contrato e o prazo máximo para sua aceitação.
>
> § 1º Entende-se por suporte duradouro qualquer meio idôneo, durável e legível, capaz de ser admitido como meio de prova.

---

50. Op. cit., p. 745.

§ 2º A seguradora não poderá invocar omissões em sua proposta depois da formação do contrato.

§ 3º A aceitação da proposta feita pela seguradora somente se dará pela manifestação expressa de vontade ou por ato inequívoco do destinatário.

COMENTÁRIO:

A melhor interpretação a ser dada ao *caput* do artigo, é que a proposta feita pelo segurador não pode ser condicional, mas a cotação do seguro sim, por ser fornecida com prazo de validade para a aceitação do segurado ou de seu representante.

A cotação do seguro apresentada pelo segurador guarda relação direta com os preços de mercado: da variação da moeda estrangeira nos seguros de transporte, ao custo de eletroeletrônicos nos seguros de garantia estendida, passando pelo valor de mercado máquinas e equipamentos industriais, tudo tem preço flutuante no mercado e as atualizações devem ser realizadas em benefício do próprio segurado, que ao contratar o seguro precisa ter valores de cobertura compatíveis com os riscos contra os quais pretende cobrir o interesse legítimo, ou valores que entende adequados para os casos de morte ou invalidez nos seguros de pessoas.

Assim, tão logo o segurado ou seu representante concordem com a cotação apresentada pela seguradora, a proposta é então finalizada em suporte duradouro, meio que deve ser interpretado não só como a proposta física, em papel, mas também como qualquer outro meio remoto passível de envio e guarda da proposta, como arquivos PDF, e-mail, gravação telefônica, SMS, *whatsapp*, documentos em aplicativos/*sites* e outros meios que possam surgir e que resultem em arquivos passíveis de guarda e comprovação da proposta.

De outro lado, é relevante ressaltar que o conteúdo integral dos contratos de diferentes ramos de seguro poderá estar disponível nos portais de cada segurador, com liberdade de acesso para os proponentes, segurados, tomadores ou estipulantes conferirem cláusulas e condições, antes de optarem pela contratação.

O *parágrafo 1º* corrobora o quanto afirmado acima sobre a compreensão do que seja meio duradouro, que será todo aquele que possa ser apresentado quando necessário de forma impressa ou, com uma reprodução de documentos obtidos por meios remotos, como arquivos PDF, e-mail, gravação telefônica, SMS, *whatsapp*, tela de aparelho celular ou computador.

O *parágrafo 2º* determina que o segurador não poderá invocar omissões em sua proposta após a formação do contrato. Em razão da grande relevância que os dados possuem na formação do contrato de seguro, e como as partes desse contrato são obrigadas a agir com a mais estrita boa-fé e veracidade, o segurador poderá invocar omissões de responsabilidade do segurado, tomador ou estipulante ou de seus representantes legais. Os cálculos realizados pelo segurador com vistas à garantia que é sua principal obrigação no contrato, só podem ser formulados com precisão e gerar coberturas securitárias redigidas de forma correta se o segurado fornecer todos os aspectos relevantes dos riscos aos quais está sujeito seu interesse legítimo. Na atualidade, o uso intensivo de novas tecnologias nos setores economicamente produtivos e as peculiaridades de cada tecnologia utilizada, obriga aqueles que as utilizam a fornecer os aspectos de risco.

Por exemplo, os segurados que utilizam tecnologias como inteligência artificial ou inteligência artificial generativa, ou sistemas de *blockchain* ou *smart contracts*, devem fornecer dados objetivos sobre os riscos decorrentes da utilização dessas tecnologias, muitas das quais com utilização tão específica que fogem à avaliação de risco usualmente utilizada pelos seguradores.

O *parágrafo 3º* determina a obrigatoriedade da manifestação expressa da vontade da seguradora para a aceitação da proposta, ou ato inequívoco do destinatário, sem definir a amplitude essa expressão. No contexto das atuais novas tecnologias de comunicação, como e-mail, SMS, whatsapp, login/senha em sites e aplicativos, notificações de aplicativos etc., é correto admitir que os meios remotos *são suficientes para caracterizar o ato inequívoco* do destinatário.

Já a manifestação expressa da seguradora para aceitação da proposta pode ocorrer não só pelos meios remotos como também pelo lançamento da cobrança do prêmio do seguro em conta corrente ou cartão de titularidade do segurado, ou emissão de boleto para pagamento do valor.

> **Art. 43.** A proposta feita pelo potencial segurado ou estipulante não exige forma escrita.
>
> **Parágrafo único.** O simples pedido de cotação à seguradora não equivale à proposta, mas as informações prestadas pelas partes e por terceiros intervenientes integram o contrato que vier a ser celebrado.

COMENTÁRIO:

A proposta não exige forma escrita, mas exige clareza de conteúdo para que a descrição dos dados seja correta e objetiva, de forma a permitir que o segurador execute seu trabalho com eficiência. No contexto das novas tecnologias de comunicação, a proposta pode ser feita por telefone, com uso de aplicativos de telefones celulares, sites, whatsapp, SMS, entre outros meios, sendo plenamente e válida nesses formatos, nos termos do *caput*.

O *parágrafo único* determina que o pedido de cotação não se caracteriza como proposta, porém, as informações prestadas integrarão o contrato de seguro caso este venha a ser celebrado. Conforme mencionado anteriormente, entre o pedido de cotação e a formação do contrato, por qualquer meio lícito, cabe ao segurado apresentar proposta ou concordar com aquela apresentada pelo segurador.

Ainda que o texto legal não exija a apresentação da proposta escrita como meio válido para a formação do contrato de seguro, é inafastável a relevância da proposta como documento em que se encontram as informações essenciais para que a garantia possa ser prestada pelo segurador. Simples cotação não é proposta, mas esta precisa ser apresentada por algum meio, físico ou remoto, para que o segurador possa realizar as tarefas essenciais para prestar corretamente a obrigação de garantia que lhe cabe no contrato.

Art. 44. O potencial segurado ou estipulante é obrigado a fornecer as informações necessárias à aceitação da proposta e à fixação da taxa para cálculo do valor do prêmio, de acordo com o questionário que lhe submeta a seguradora.

§ 1º O descumprimento doloso do dever de informar previsto no *caput* importará em perda da garantia, sem prejuízo da dívida de prêmio e da obrigação de ressarcir as despesas efetuadas pela seguradora.

§ 2º O descumprimento culposo do dever de informar previsto no *caput* deste artigo implicará a redução da garantia proporcionalmente à diferença entre o prêmio pago e o que seria devido caso prestadas as informações posteriormente reveladas.

§ 3º Se, diante dos fatos não revelados, a garantia for tecnicamente impossível, ou se tais fatos corresponderem a um tipo de interesse ou risco que não seja normalmente subscrito pela seguradora, o contrato será extinto, sem prejuízo da obrigação de ressarcir as despesas efetuadas pela seguradora.

COMENTÁRIO:

O contrato de seguro requer o cumprimento da mais estrita boa-fé e veracidade entre as partes, desde a fase preliminar até a fase pós-contratual, conforme aqui já mencionado. A apresentação do questionário pelo segurador para que o proponente especifique quais são os riscos que podem afetar o interesse legítimo que ele deseja proteger é essencial para que o contrato se forme, porque ali serão obtidas as informações que viabilizarão o cálculo do prêmio e os valores máximos de responsabilidade do segurador em caso de materialização do risco.

É fato que as especificidades dos diferentes interesses legítimos que podem ser segurados são muito mais conhecidas do segurado do que do segurador, principalmente quando o interesse legítimo recai sobre atividade de caráter econômico, profissional, com uso de tecnologias sofisticadas ou de segredos do negócio que precisam ser satisfatoriamente protegidos. Nessas circunstâncias, cabe ao segurado oferecer informações sobre o interesse legítimo de forma completa, suprindo eventuais lacunas que possam existir no questionário apresentado pelo segurador.

É nisso que reside a cooperação que deve se estabelecer entre segurado e segurador, ou de forma geral entre as partes nos contratos bilaterais. Nesse sentido, afirma Adalberto Pasqualotto[51]

---

51. Obra citada, p. 49.

Do ponto de vista social, o seguro tem importante repercussão, pois homogeniza interesses individuais e promove uma cooperação positiva no sentido da sua preservação. O pagamento dos prêmios representa um esforço comum e solidário da comunidade de segurados. A necessária formação da massa de segurados como condição econômica da atividade securitária comunica ao contrato características de cooperação e solidariedade. A solidariedade, na concepção de Durkheim é o elemento moral pressuposto nas relações de cooperação. O contrato de seguro, segundo Raphael de Almeida Magalhães, é um ponto de convergência entre o interesse individual e o interesse coletivo, pois a perda patrimonial irreparável de um indivíduo empobrece a coletividade como um todo.

Assim, se o potencial segurado ou estipulante identifica que existem pontos relevantes sobre o interesse legítimo ou sobre os riscos aos quais este se encontra exposto e que não constam do questionário apresentado pelo segurador, é dever de cooperação embasado na boa-fé, que apresente esses aspectos e os leve ao conhecimento do segurador para que todas as informações relevantes estejam disponíveis.

O *parágrafo 1º* do artigo determina a perda da garantia pelo segurado, ou seja, o contrato será extinto de pleno direito em razão da prática dolosa, que não é admitida nos contratos de seguro em respeito ao princípio da boa-fé que sustenta a formação do mutualismo. Em razão da prática dolosa o segurado deverá cumprir o dever de pagamento do prêmio, assim como ressarcir ao segurador as despesas havidas com os trâmites de contratação do seguro, em especial a vistoria prévia, utilização de peritos ou técnicos para avaliação de riscos, entre outras inerentes às etapas de contratação dos seguros, sobretudo aqueles em que os riscos possuem maior complexidade.

Importa ressaltar que o dolo se equipara à culpa grave quando a ausência de prudência, perícia e atenção for grosseira, que qualquer pessoa teria tido o cuidado de não permitir que ocorresse. Nesse sentido, a jurisprudência consolidada no Superior Tribunal de Justiça – STJ, aponta que:

EDcl no AgInt no AREsp 2496335 / PR

Embargos de Declaração no Agravo Interno no Agravo em Recurso Especial 2023/0407924-4

Relator Ministro Moura Ribeiro (1156)

Órgão Julgador T3 – Terceira Turma

Data do Julgamento 07.10.2024

Data da Publicação/Fonte DJe 09.10.2024

(...)

3. A matéria aqui tratada foi objeto de exame pela eg. Terceira Turma desta Corte no julgamento do REsp n. 1.485.717/SP, de relatoria do em. Min. Ricardo Villas Bôas Cueva, que firmou orientação de que (i) o agravamento do risco não se dá somente quando o próprio segurado se encontra alcoolizado na direção do veículo, mas abrange também os condutores principais (familiares, empregados e prepostos). O agravamento intencional de que trata o art. 768 do CC/02 envolve tanto o dolo quanto a culpa grave do segurado, que tem o dever de vigilância (culpa in vigilando) e o dever de escolha adequada daquele a quem confia a prática do ato (culpa in eligendo); (ii) o seguro automotivo não pode servir de estímulo para a aceitação de riscos excessivos que, repetidamente, beiram o abuso

de direito, a exemplo da embriaguez ao volante. A função social desse negócio jurídico o torna instrumento de valorização da segurança viária, colocando-o em posição de harmonia com as leis penais e administrativas que criaram ilícitos a fim de proteger a segurança pública no trânsito; (iii) pode-se concluir, à luz do princípio da boa-fé, que o segurado, ao ingerir bebida alcoólica e assumir a direção do veículo ou emprestá-lo a alguém desidioso, que irá, por exemplo, fazer uso de álcool (culpa in eligendo ou in vigilando), frustra a justa expectativa das partes contratantes na execução do seguro, pois rompe-se com os deveres anexos do contrato, como os de fidelidade e de cooperação; e (iv) constatado que o condutor do veículo estava sob influência do álcool (causa direta ou indireta) quando se envolveu em acidente de trânsito – ônus probatório que compete à seguradora –, há presunção relativa de que o risco da sinistralidade foi agravado, a ensejar a aplicação da pena do art. 768 do CC/02.

No *parágrafo 2º*, não mais existe a possibilidade de se resolver o contrato na hipótese de descumprimento culposo (culpa simples) do dever de informar. Em caso de descumprimento culposo desse dever, apenas poderá ocorrer a cobrança da diferença de prêmio, podendo haver redução da garantia proporcionalmente à diferença entre o prêmio pago e o que seria devido caso prestadas as informações posteriormente reveladas. De acordo com o disposto no § 2º, a regra será a redução proporcional da garantia e não a negativa no pagamento da indenização.

Quanto ao *parágrafo 3º*, há previsão de extinção do contrato se, diante dos fatos não revelados, a garantia for tecnicamente impossível, ou se tais fatos corresponderem a um tipo de interesse ou risco que não seja normalmente subscrito pela seguradora. Pode-se entender como garantia tecnicamente impossível, a ausência de massa crítica para operacionalizar o seguro, a ausência de operação em determinado ramo quando o preço do seguro for próximo à cobertura/capital segurado, quando houver alta de capacidade de resseguro, ausência de limite de crédito, exclusão do contrato de resseguro, entre outros.

> **Art. 45.** As partes e os terceiros intervenientes no contrato, ao responderem ao questionário, devem informar tudo de relevante que souberem ou que deveriam saber a respeito do interesse e do risco a serem garantidos, de acordo com as regras ordinárias de conhecimento.

COMENTÁRIO:

O artigo corrobora a interpretação dada ao artigo 44, de forma a deixar claro que as partes e os terceiros intervenientes no contrato de seguro, diante do questionário apresentado pelo segurador, devem informar tudo o que for relevante, o que sabem e o que deveriam saber a respeito do interesse legítimo e dos riscos aos quais ele está sujeito, porque os potenciais segurados conhecem muito mais sobre os riscos do que o segurador.

O correto cumprimento dessa obrigação, ou seja, de informar e eventualmente, aprimorar o questionário oferecido pelo segurador, concretiza a boa-fé e consagra o contrato de seguro como contrato de cooperação entre as partes.

Art. 46. A seguradora deverá alertar o potencial segurado ou estipulante sobre quais são as informações relevantes a serem prestadas na formação do contrato de seguro e esclarecer, em suas comunicações e questionários, as consequências do descumprimento do dever de informar.

COMENTÁRIO:

As informações relevantes a serem prestadas são aquelas a partir das quais o segurador poderá efetuar os procedimentos necessários para cumprir a obrigação de garantir o interesse legítimo do segurado. Essas informações relevantes são as mesmas que levaram o segurado a contratar o seguro, porque são as informações a respeito dos riscos aos quais o interesse legítimo está exposto e que, uma vez materializados, poderão levar a danos materiais e imateriais.

Adalberto Pasqualotto[52] ressalta sobre a proposta de seguro

O instrumento embrionário do contrato de seguro é a proposta. O pretendente segurado leva ao segurador o conhecimento do risco, definindo os elementos essenciais do interesse que deseja ver garantido.

As relações caracterizadas como de consumo serão sempre regidas pelo disposto na Lei 8.078, de 1990, que referência o consumidor como a parte vulnerável da relação. No entanto, o texto de lei ora em análise não se destina apenas a consumidores, mas também a empresas de porte, nacionais e transnacionais, de diversos setores produtivos, que conhecem profundamente os riscos aos quais seus diferentes interesses legítimos estão expostos, muitos deles decorrentes das tecnologias utilizadas. Assim, é dever do proponente, potencial segurado, levar ao segurador de forma objetiva, porém, minuciosa, a descrição do interesse legítimo e dos riscos que poderão atingi-lo, de forma que os cálculos a serem executados pelo segurador sejam corretos e tragam segurança para o fundo mutual.

Por fim, se o potencial segurado ou estipulante não prestarem corretamente as informações no questionário de avaliação de risco, perderão a garantia, conforme art. 44, § 1º da lei, desde que esta penalidade esteja descrita no referido questionário.

Art. 47. Quando o seguro, por sua natureza ou por expressa disposição, for do tipo que exige informações contínuas ou averbações de globalidade de riscos e interesses, a omissão do segurado, desde que comprovada, implicará a perda da garantia, sem prejuízo da dívida do prêmio.

§ 1º A sanção de perda da garantia será aplicável ainda que a omissão seja detectada após a ocorrência do sinistro.

§ 2º O segurado poderá afastar a aplicação dessa sanção consignando a diferença de prêmio e provando a casualidade da omissão e sua boa-fé.

---

52. Op. cit., p. 90.

COMENTÁRIO:

Há seguros que por sua natureza ou disposição legal, demandam informações contínuas ou comunicados por averbação, ao longo da relação contratual.

Isso acontece corriqueiramente nos seguros de obras de engenharia em relação ao acompanhamento do projeto, ou nos seguros de transporte de carga com informações sobre a carteira segurada, nos seguros garantia em relação ao contrato ou obrigação principal, dentre outros.

Essa situação especial, que praticamente inexiste nos seguros classificados como massificados, é de fundamental relevância para que o segurador tenha acesso aos dados essenciais que viabilizam o dever de garantir o interesse legítimo. Sem essas informações, os valores de prêmio pago pelo segurado poderão ser insuficientes para o pagamento de indenizações, o que, por sua vez, poderá comprometer a solvência do fundo mutual.

Na disposição do *parágrafo 1º*, é possível identificar a especial relevância da obrigação do segurado em prestar informações contínuas ou realizar as averbações, inclusive quando ocorrer o sinistro verificado o dano. Nesse momento, se for apurado que o segurador não detinha todas as informações relevantes sobre o interesse legítimo e, provado que essas não foram transmitidas no tempo devido pelo segurado que tinha o dever legal de fazê-lo, a aplicação da perda da garantia independentemente do dever de pagar o prêmio é correta, em face da grave falta de diligência do segurado e das consequências dessa falta.

O *parágrafo 2º*, por sua vez, demanda reflexão cautelosa e deve ser considerada principalmente a efetiva prova do seu trecho final. De fato, se a omissão do segurado no fornecimento de informações for resultante de uma causa relevante, que não tenha sido fruto de uma falta do dever de boa-fé, a solução pode ser o pagamento da diferença do prêmio e a consequente cobertura do sinistro com o pagamento do valor da indenização devida. Mas, o simples pagamento da diferença do valor do prêmio não é suficiente, por si só, para gerar o dever de indenizar do segurador, pois o segurado precisa provar a causalidade da omissão e que ela não decorreu de má-fé.

Em outras palavras, a consignação só ocorrerá se provada a omissão e sua causalidade e boa-fé, pois, do contrário, os segurados estariam favorecidos por uma situação oposta aos princípios do contrato de seguro: contratar a cobertura com omissão de informações e, se materializado o risco e ocorrido o dano, proceder a consignação do valor do prêmio e receber a indenização. E se não ocorrido o risco, locupletar-se indevidamente com o prêmio pago a menor em decorrência da omissão nas informações. Com efeito, a interpretação adequada é aquela que se faz com a inversão do texto, ou seja, primeiro a prova da omissão com causalidade que não transborde a boa-fé e, em seguida, o pagamento do valor diferencial do prêmio.

Novamente nesse aspecto, importa ressaltar que o dolo se equipara à culpa grave quando a ausência de prudência, perícia e atenção for grosseira, que qualquer pessoa teria tido o cuidado de não permitir que ocorresse. O Superior Tribunal de Justiça – STJ, conforme já mencionado, tem posição unânime sobre a culpa grave equivaler ao dolo nos contratos de seguro, conforme mencionado no REsp n. 1.485.717/SP.[53]

Por fim, para não haver a perda da garantia, cabe ao segurado provar a casualidade da sua omissão e sua boa-fé. Só poderá ser alegada omissão em caso de culpa simples, não cabendo para culpa grave ou dolo eventual.

> **Art. 48.** O proponente deverá ser cientificado com antecedência sobre o conteúdo do contrato, obrigatoriamente redigido em língua portuguesa e inscrito em suporte duradouro, nos termos do § 1º do art. 42.
>
> § 1º As regras sobre perda de direitos, exclusão de interesses, prejuízos e riscos, imposição de obrigações e restrições de direitos serão redigidas de forma clara, compreensível e colocadas em destaque, sob pena de nulidade.
>
> § 2º Serão nulas as cláusulas redigidas em idioma estrangeiro ou que se limitem a referir-se a regras de uso internacional.
>
> § 3º O contrato celebrado sem atender ao previsto no *caput* deste artigo, naquilo que não contrariar a proposta, será regido pelas condições contratuais previstas nos modelos que vierem a ser tempestivamente depositados pela seguradora no órgão fiscalizador de seguros, para o ramo e a modalidade de garantia constantes da proposta, prevalecendo, quando mencionado na proposta o número do processo administrativo, o clausulado correspondente cuja vigência abranja a época da contratação do seguro, ou o mais favorável ao segurado, caso haja diversos clausulados depositados para o mesmo ramo e modalidade de seguro e não exista menção específica a nenhum deles na proposta.

---

53. Superior Tribunal de Justiça – STJ. REsp n. 1.485.717/SP, de relatoria do em. Min. Ricardo Villas Bôas Cueva, que firmou orientação de que (i) o agravamento do risco não se dá somente quando o próprio segurado se encontra alcoolizado na direção do veículo, mas abrange também os condutores principais (familiares, empregados e prepostos). O agravamento intencional de que trata o art. 768 do CC/02 envolve tanto o dolo quanto a culpa grave do segurado, que tem o dever de vigilância (*culpa in vigilando*) e o dever de escolha adequada daquele a quem confia a prática do ato (*culpa in eligendo*); (ii) o seguro automotivo não pode servir de estímulo para a aceitação de riscos excessivos que, repetidamente, beiram o abuso de direito, a exemplo da embriaguez ao volante. A função social desse negócio jurídico o torna instrumento de valorização da segurança viária, colocando-o em posição de harmonia com as leis penais e administrativas que criaram ilícitos a fim de proteger a segurança pública no trânsito; (iii) pode-se concluir, à luz do princípio da boa-fé, que o segurado, ao ingerir bebida alcoólica e assumir a direção do veículo ou emprestá-lo a alguém desidioso, que irá, por exemplo, fazer uso de álcool (*culpa in eligendo* ou *in vigilando*), frustra a justa expectativa das partes contratantes na execução do seguro, pois rompe-se com os deveres anexos do contrato, como os de fidelidade e de cooperação; e (iv) constatado que o condutor do veículo estava sob influência do álcool (causa direta ou indireta) quando se envolveu em acidente de trânsito – ônus probatório que compete à seguradora –, há presunção relativa de que o risco da sinistralidade foi agravado, a ensejar a aplicação da pena do art. 768 do CC/02. Disponível em: https://processo.stj.jus.br/SCON/pesquisar.jsp?preConsultaPP=&pesquisaAmigavel=+culpa+grave+com+dolo+com+contrato+-com+seguro&acao=pesquisar&novaConsulta=true&i=1&b=ACOR&livre=culpa+grave+com+dolo+-com+contrato+com+seguro&filtroPorOrgao=&filtroPorMinistro=&filtroPorNota=&data=&operador=e&-thesaurus=JURIDICO&p=true&tp=T&processo=&classe=&uf=&relator=&dtpb=&dtpb1=&dtpb2=&dt-de=&dtde1=&dtde2=&orgao=&ementa=&nota=&ref=. Acesso em: 27 jan. 2025.

COMENTÁRIO:

O contrato de seguro deverá ser redigido em língua portuguesa para atender ao dever de informar, próprio das relações geridas pela boa-fé, e deverá estar disponível para consulta do proponente, por exemplo, em meio digital acessível no portal do segurador, do corretor de seguros ou em aplicativos disponibilizados para essa finalidade. Os meios remotos ou digitais, amplamente utilizados na oferta de produtos, serviços, operações financeiras e de seguros, são de suporte duradouro, pois permitem o arquivamento em equipamentos de informática do segurado (notebook, tablets e celulares), em serviços de armazenagem digital também conhecidos como *nuvens.*, e em *pen drives* ou em discos rígidos externos de propriedade do segurado.

O *parágrafo 1º* consagra regras claramente determinadas pela jurisprudência brasileira a respeito da necessidade de clareza, objetividade e facilidade de compreensão sobre as cláusulas que podem causar maior impacto para os segurados, que são aquelas que tratam, principalmente, de perda ou restrição de direitos, exclusão de interesses ou riscos não contemplados como determinados no contrato, e obrigações que deverão ser cumpridas para exercer direitos contratuais.

A obrigatoriedade de que tais cláusulas sejam colocadas em destaque também é fruto do incessante trabalho da magistratura brasileira, que desde há muito reconhece que a escrita em negrito no contrato é suficiente para destacar ao segurado a necessidade de leitura, atenção e compreensão dessas cláusulas.

Nesse sentido, em 31 de março de 2022, no julgamento do AREsp 1832587 – DF, o Ministro Moura Ribeiro destacou:

> *"(...) Por derradeiro, a alegação de que a avença não foi transparente quanto à eventual diferenciação acerca das incapacidades contempladas na apólice, deixando margem à interpretação de que a invalidez permanente era correlata ao grupo profissional a qual deu azo ao consumidor firmar o contrato de seguro de vida grupo, ou seja, o serviço militar, motivo por que se torna ineficaz qualquer cláusula limitativa que possua interpretação diversa, não vinga porque o TJDFT, soberano na análise fático-probatória, ressaltou que, da leitura atenta de toda a documentação trazida aos autos pelo próprio LUIZ CARLOS, se extrai que, para efeito da garantia de Invalidez Permanente Total ou Parcial por Acidente, todas as cláusulas estavam destacadas e em negrito (e-STJ, fl. 1.275). Desse modo, qualquer outra análise acerca do dever de informação, da forma como tratada no recurso especial, é, aqui, inviável por força do óbice da Súmula nº 7 do STJ."*

O destaque em negrito das cláusulas restritivas dos contratos por adesão, sejam eles de caráter consumerista ou não, já é praticado desde longa data e aceito pelos tribunais como suficiente para que o aderente tenha ciência de que nelas estão contidas determinações relevantes, com condão de impactar os direitos decorrentes da contratação e, por isso, merecem ser lidas com especial atenção pelos segurados, no caso dos contratos de seguros.

Nesse sentido, o parágrafo 1º determina que as cláusulas sobre perda de direitos, exclusão de interesses, prejuízos e riscos, imposição de obrigações e restrições de direitos sejam colocadas – em destaque nas condições contratuais para que os contratantes de seguros tenham a dimensão da relevância do seu conteúdo.

O *parágrafo 2º* consagra entendimento pacificado no cenário contratual brasileiro a respeito da nulidade das cláusulas redigidas em idioma estrangeiro ou que se limitem a mencionar regras de uso internacional, objetivando a compreensão dos contratantes.

No que se refere ao parágrafo 3º, o contrato de seguro celebrado entre as partes deverá estar disponível para o segurado no portal do segurador para livre acesso, inclusive para eventual impressão caso o segurado deseje fazê-lo.

A expressão *modelo de contrato* deve ser interpretada como referência às condições gerais. As condições especiais e particulares que possam vir a ser contratadas não se confundem com as condições gerais e não precisam ser depositadas junto ao órgão fiscalizador. Também não precisam obrigatoriamente ser apresentadas ao órgão fiscalizador as notas técnicas e atuariais.

Assim, se houver divergência entre a garantia delimitada no contrato e a prevista nas condições gerais ou nas notas técnicas e atuariais disponibilizadas ao órgão fiscalizador competente, prevalecerá o texto mais favorável ao segurado.

Art. 49. Recebida a proposta, a seguradora terá o prazo máximo de 25 (vinte e cinco) dias para cientificar sua recusa ao proponente, ao final do qual será considerada aceita.

§ 1º Considera-se igualmente aceita a proposta pela prática de atos inequívocos, tais como o recebimento total ou parcial do prêmio ou sua cobrança pela seguradora.

§ 2º A seguradora poderá solicitar esclarecimentos ou produção de exames periciais, e o prazo para a recusa terá novo início, a partir do atendimento da solicitação ou da conclusão do exame pericial.

§ 3º Em qualquer hipótese, para a validade da recusa, a seguradora deverá comunicar sua justificativa ao proponente.

COMENTÁRIO:

O prazo de 25 (vinte e cinco) dias para análise e eventual recusa da proposta deverá ser contado da data em que o segurador, de forma inequívoca, recebeu a proposta do segurado, seu representante legal, tomador ou interveniente. Conforme já mencionado, a lei não exige proposta escrita, porém, é fundamental que o proponente possa comprovar que encaminhou efetivamente a proposta para o segurador.

Em especial nos casos de seguros de danos o ideal é a seguradora se manifestar sobre a aceitação da proposta dentro do prazo de 25 (vinte e cinco) dias, caso em que não haverá dúvidas quanto à formação do contrato com a manifestação expressa da seguradora. Apenas se ultrapassado o prazo de 25 (vinte e cinco) dias sem manifestação da seguradora sobre a aceitação ou recusa da proposta é que a aceitação será tácita.

O *parágrafo 1º* deve ser lido em conjunto com o art. 50, que trata da cobertura provisória, devendo constar da proposta que o prêmio antecipado é para aquela cobertura e não para a aceitação definitiva do negócio. Tal dispositivo também se conjuga com o art. 19, § 2º, que dispõe ser vedado o recebimento do prêmio antes de formado o contrato, salvo no caso de cobertura provisória.

O *parágrafo 2º* prevê a possibilidade do segurador, durante a subscrição do risco e no cumprimento de suas obrigações legais, solicitar esclarecimentos ao segurado sobre o risco, informações da proposta ou providenciar vistorias do risco segurável por peritos, com o objetivo de ter conhecimento circunstanciado do interesse legítimo do segurado e dos riscos aos quais está exposto, de forma a predeterminar objetivamente aqueles riscos que poderão ser cobertos pelo contrato e os que não serão.

O *parágrafo 3º* exige que o segurador justifique a recusa da proposta do segurado, sendo essa uma prática compatível com a livre iniciativa e com a livre concorrência, princípios constitucionais da ordem econômica, não podendo, em hipótese alguma, o segurador ser obrigado a aceitar o risco pela simples vontade do segurado.

A justificativa do segurador na recusa de um risco pode ocorrer, por exemplo, pela ausência de instrumentos usuais de segurança nas dependências da indústria; ou falta de equipamentos de prevenção de incêndio no prédio comercial; ou, falta de alarme de segurança nas dependências da loja situada em rua comercial; dentre outros tantos exemplos.

É dever do segurador proteger a mutualidade de práticas de fraude, e essas podem ser detectadas no momento da análise técnica da proposta, mas não poderão ser mencionadas na justificativa, sob pena de criarem conflito ou até incentivo às práticas fraudulentas. De igual maneira, cabe ao segurador proteger segredos do negócio, em especial aqueles que lhe dão relevância em relação à concorrência. Nessas situações, é imprescindível que a justificativa para a recusa da proposta contenha todas as informações necessárlas, porém, preserve a proteção da mutualidade e da atividade empresarial.

Nesse sentido, a lição de Nelson Nery e Rosa Maria de Andrade Nery:[54]

O segredo do negócio é o direito do qual é titular a empresa e se configura como bem de natureza imaterial, que integra o estabelecimento empresarial (C.C 1.142).

(...)

(...) o segredo do negócio reúne uma série de fenômenos que podem gerar posições jurídicas de vantagem para a pessoa, podendo alcançar patamar de proteção geral da propriedade. Esse fenômeno merece tutela do ordenamento jurídico porque integra o patrimônio da empresa e revela um aspecto relevantíssimo do exercício da liberdade civil.

---

54. Op. cit., p. 123.

(...)

Em suma, o "segredo do negócio abrange as informações confidenciais técnicas, comerciais, administrativas, contábeis, financeiras; enfim, todos os dados que possam interessar e revelar um conteúdo econômico a uma determinada empresa ou atividade", e é tema que perpassa as disciplinas jurídicas, pela importância que revela ao aspecto da liberdade civil de empreender e do direito de criar.

Assim, importa a interpretação da lei proteger o proponente para que não fique sem uma justificativa para a recusa da proposta, mas também é relevante que a justificativa não tenha que ser tão detalhada a ponto de tornar conhecidos segredos do negócio que possam colocar em risco os interesses econômicos e concorrenciais do segurador.

Art. 50. A seguradora poderá garantir provisoriamente o interesse, sem obrigar-se à aceitação definitiva do negócio.

COMENTÁRIO:

O artigo contém uma regra geral que deverá ser aplicada a todas as modalidades de seguro, ou seja, que poderá ser contratada garantia provisória sem que esta represente a obrigatoriedade da aceitação definitiva do negócio.

Assim, em situações específicas e acordadas entre as partes contratantes, o segurador poderá garantir a cobertura de interesse legítimo do segurado por um tempo predeterminado como provisório, até que se concluam a análise dos riscos e dos documentos a ele pertinentes. Essa cobertura provisória tem a natureza jurídica de um pré-contrato e como tal não obriga as partes a firmarem um contrato, salvo se expressamente assim desejarem após a fase provisória.

Essa regra geral aplica-se igualmente ao parágrafo 1º do artigo 49 porque a aceitação total ou parcial do valor do prêmio poderá não representar, em situações específicas, a aceitação integral do segurador, mas se caracterizar apenas como a contrapartida para a garantia provisória permitida pelo artigo 50.

Nos casos em que o segurador receber o prêmio parcial ou integralmente em caráter provisório, essa circunstância deverá estar claramente colocada entre as partes contrantes por qualquer dos meios de comunicação que habitualmente mantenham.

Art. 51. Os critérios comerciais e técnicos de subscrição ou aceitação de riscos devem promover a solidariedade e o desenvolvimento econômico e social, vedadas políticas técnicas e comerciais conducentes à discriminação social ou prejudiciais à livre iniciativa empresarial.

COMENTÁRIO:

O artigo reitera o dever de boa-fé e veracidade que deve ser praticado pelos contratantes do seguro, ao mesmo tempo que reforça o dever anexo de cooperação entre as partes.

Trata-se de cláusula geral ou cláusula aberta a ser preenchida e aplicada pelo julgador diante do caso concreto e, nessa perspectiva, caberá ao contratante demonstrar que os critérios comerciais e técnicos são prejudiciais ou discriminatórios, salvo os casos do inciso VIII do artigo 6º da Lei n. 8.078, de 1990.

Ademais, o artigo se encontra em consonância com o disposto na Constituição Federal em relação à vedação de práticas discriminatórias e obstáculos às práticas da livre iniciativa, o que protege tanto os contratantes de seguro como os seguradores.

Por fim, é relevante destacar que a utilização de critérios comerciais e técnicos de subscrição ou aceitação para distinguir riscos, por si só, não é discriminar, mas sim, é exercer a atividade seguradora. A distinção realizada pela seguradora é atividade lícita e faz parte do seu negócio, enquanto discriminar é utilizar critérios para fins ilícitos e abusivos.

> **Art. 52.** O contrato presume-se celebrado para vigorar pelo prazo de 1 (um) ano, salvo quando outro prazo decorrer de sua natureza, do interesse, do risco ou da vontade das partes.

COMENTÁRIO:

Deve prevalecer a liberdade das partes contratantes para fixarem o prazo de vigência do contrato de seguro, com presunção do artigo em relação ao prazo de 1 ano, salvo se diversamente pactuado pelas partes ou se outro prazo decorrer da natureza do risco ou interesse. Importante ressaltar que os contratos de seguros são instrumentos aplicados a uma realidade dinâmica, que pode se modificar em pouco tempo, razão pela qual devem conter cláusulas que permitam seu aditamento por endosso, formalizando alteração de valores, prazos de vigência ou de tipificação de risco.

> **Art. 53.** Nos seguros com previsão de renovação automática, a seguradora deverá, em até 30 (trinta) dias antes de seu término, cientificar o contratante de sua decisão de não renovar ou das eventuais modificações que pretenda fazer para a renovação.
>
> § 1º. Se a seguradora for omissa, o contrato será automaticamente renovado.
>
> § 2º. O segurado poderá recusar o novo contrato a qualquer tempo antes do início de sua vigência, comunicando-o à seguradora, ou, caso não tenha promovido averbações de riscos, simplesmente deixando de efetuar o pagamento da única ou da primeira parcela do prêmio.

COMENTÁRIO:

Nos termos do *caput* do artigo, o segurador deverá comunicar em até 30 (trinta) dias anteriores ao término do contrato, sua decisão de não renovar, ou sobre eventuais modificações que sejam necessárias para que a renovação do seguro ocorra. Essa comunicação poderá ser realizada de diferentes formas, desde que haja comprovação expressa de que ela foi realizada e recebida pelo segurado. Também poderá ser feita para o corretor de seguros que representa o segurado perante o segurador e possui capacidade técnica para compreender a comunicação de não renovação ou de eventuais adequações que possam ser necessárias.

O artigo ora em análise é aplicável especificamente para os seguros com previsão contratual de renovação automática, sendo inaplicável para os seguros em que não exista essa previsão.

Além disso, é relevante destacar que o dispositivo não restringe a renovação automática do seguro a uma única vez, podendo existir sucessivas renovações, sempre que o contrato tiver essa previsão.

Quando não for contemplada a renovação automática, como acontece em seguros de automóvel, não serão aplicáveis as disposições desse artigo.

O *parágrafo 1º* é expresso em determinar que a omissão do segurador, nos seguros com previsão contratual de renovação automática, gerará como efeito a renovação automática do contrato. Porém, é relevante destacar que o segurado deve comunicar ao segurador sua intenção de não renovar, embora possa fazê-lo simplesmente com o não pagamento da parcela única do prêmio ou da primeira parcela, nos termos do que dispõe o *parágrafo 2º* do artigo.

Considerando que a exigência de o segurador notificar o segurado sobre o não pagamento gera custos operacionais que não serão suportados pelo segurado que está deixando o fundo mutual, mas pela mutualidade que ali permanece referido parágrafo deve ter a mesma interpretação do caput do art. 20 quanto à dispensa de notificação.

De qualquer forma, por se tratar de contrato de boa-fé e de cooperação entre as partes, é fortemente recomendável que o dever de boa-fé seja aplicado para exigir que o segurado notifique por qualquer meio válido e comprovável seu interesse em não renovar, o que implica em custos de mínima monta para ele e nenhuma repercussão para a mutualidade.

SEÇÃO IX
DA PROVA DO CONTRATO

Art. 54. O contrato de seguro prova-se por todos os meios admitidos em direito, vedada a prova exclusivamente testemunhal.

COMENTÁRIO:

O artigo ora em análise coloca o texto de lei em linha com as novas tecnologias, que ampliaram significativamente as formas de comunicação e contratação de produtos e serviços, especialmente com a utilização de telefonia, mensagens eletrônicas, *sites*, *whatsapp* e aplicativos. Todos esses novos instrumentos de comunicação e contratação podem ser utilizados como prova da existência do contrato de seguro e dos principais aspectos a ele pertinentes, em especial, vigência, coberturas e valores máximos de cobertura.

Art. 55. A seguradora é obrigada a entregar ao contratante, no prazo de até 30 (trinta) dias, contado da aceitação, documento probatório do contrato, do qual constarão os seguintes elementos:

I – a denominação, a qualificação completa e o número de registro da seguradora no órgão fiscalizador de seguros;

II – o nome do segurado e, caso distinto, o do beneficiário, se nomeado;

III – o nome do estipulante;

IV – o dia e o horário do início e fim de vigência do contrato, bem como o modo de sua determinação;

V – o valor do seguro e a demonstração da regra de atualização monetária;

VI – os interesses e os riscos garantidos;

VII – os locais de risco compreendidos pela garantia;

VIII – os interesses, os prejuízos e os riscos excluídos;

IX – o nome, a qualificação e o domicílio do corretor de seguro que intermediou a contratação do seguro;

X – em caso de cosseguro organizado em apólice única, a denominação, a qualificação completa, o número de registro no órgão fiscalizador de seguros e a cota de garantia de cada cosseguradora, bem como a identificação da cosseguradora líder, de forma destacada;

XI – se existir, o número de registro do produto no órgão fiscalizador competente;

XII – o valor, o parcelamento e a composição do prêmio.

§ 1º A quantia segurada será expressa em moeda nacional, observadas as exceções legais.

§ 2º A apólice conterá glossário dos termos técnicos nela empregados.

COMENTÁRIO:

O artigo ao utilizar a expressão *entregar* consolida o dever de informação recíproca entre as partes, ao mesmo tempo que consagra as múltiplas possibilidades de entrega do documento probatório do contrato de seguro que as novas tecnologias viabilizaram.

A expressão "*documento probatório*" significa a apólice, bilhete ou certificado emitido pela seguradora, que não precisa equivaler exclusivamente a documento impresso, podendo ser acessado por *link* enviado ao segurado, ou documento disponibilizado no *site* em área de acesso restrito ao segurado, ou, documento enviado por mensagem eletrônica, e-mail, SMS, *whatsapp* ou de aplicativo. Todos esses novos formatos de documentos, apólices, certificados e bilhetes são passíveis de gerar comprovação da existência do contrato e de suas cláusulas.

Quando se tratar de contratação de seguro por bilhete ou por adesão em contratos coletivos de pessoas com emissão de certificados, esses serão os documentos suficientes para provar a existência do contrato e suas principais cláusulas.

De forma geral, os incisos do artigo incluem informações mínimas das apólices, bilhetes e certificados de seguro exigidas pela regulamentação vigente.

Contudo, a interpretação do *inciso XII* – o valor, o parcelamento e a composição do prêmio –, deve ser interpretado de forma restritiva em respeito à preservação do segredo do negócio, pois não se pode obrigar o segurador a demonstrar seus cálculos atuariais de forma a expor técnicas desenvolvidas com recursos intelectuais e tecnológicos decorrentes de sua iniciativa e capacidade. Ao mesmo tempo, o segurador não é obrigado a informar na composição do valor do prêmio o percentual da comissão de corretagem do intermediário legalmente habilitado, na medida em que a informação deve ser solicitada pelo segurado diretamente ao corretor de seguros.

SEÇÃO X
DA INTERPRETAÇÃO DO CONTRATO

Art. 56. O contrato de seguro deve ser interpretado e executado segundo a boa-fé.

COMENTÁRIO:

O artigo consagra a essência do contrato de seguro: ser regido pela mais absoluta e estrita boa-fé entre as partes contratantes, terceiros, beneficiários e intervenientes. Todas as partes que participam direta ou indiretamente da relação jurídica contratual de seguros têm dever de agir de boa-fé em benefício da mutualidade.

Nos contratos de seguro deve prevalecer a colaboração e a confiança entre as partes como elementos essenciais para a construção e administração do fundo mutual, para que o segurador possa cumprir a determinação legal de garantir o segurado contra os danos decorrentes dos riscos predeterminados que possam ocorrer ao longo do período de vigência do contrato. De fato, não há como compartilhar resultado de riscos entre diferentes pessoas senão por meio da colaboração e da confiança entre as partes. Por isso, desde a fase pré-contratual, há para as partes o dever de agir de boa-fé, que se estende durante o período de execução do contrato e, também, para a etapa pós-contratual.

Clóvis Bevilaqua já advertia que o contrato de seguro não é um *contrato de malícia,* de mentiras ou de aproveitamento indevido de uma parte frente a outra.[55] Não é um contrato que admita a quebra da confiança entre as partes ou terceiros direta ou indiretamente envolvidos.

A boa-fé sempre foi elemento nuclear dos contratos de seguro. O Código Civil de 1916 e o de 2002 trataram da boa-fé adjetivando como "a mais estrita boa-fé e veracidade", para destacar que, nessa modalidade de contratos não se trata de opção do segurador ou do segurado, mas dever de conduta a ser rigorosamente observado em todo o processo.

A conduta proba, objetivamente correta e adequada à situação concreta, é exigida não apenas na execução dos contratos, mas também durante a fase negocial que a antecede e na fase posterior ao fim da vigência. A Lei de Seguros trata da boa-fé também no artigo 37, ao determinar que todos os intervenientes no contrato deverão prestar informações completas e verídicas sobre todas as questões envolvendo a formação e execução do contrato.

Cumpre destacar, por fim, que a fase pós-contratual, ainda que não tenha sido expressamente tratada no texto de lei, também impõe o respeito à boa-fé, em especial nos contratos que naturalmente se prolongam pelo período de prescrição, como acontece comumente com os seguros de responsabilidade civil em suas diferentes coberturas.

> **Art. 57.** Se da interpretação de quaisquer documentos elaborados pela seguradora, tais como peças publicitárias, impressos, instrumentos contratuais ou pré-contratuais, resultarem dúvidas, contradições, obscuridades ou equivocidades, elas serão resolvidas no sentido mais favorável ao segurado, ao beneficiário ou ao terceiro prejudicado.

COMENTÁRIO:

É dever do segurador viabilizar que as informações sejam claras, objetivas e compreensíveis para todos os segurados, independentemente de serem estes consumidores ou contratantes empresariais. Essa forma de proceder concretiza o dever de boa-fé do segurador.

O segurado, por sua vez, tem o dever de se informar sobre os aspectos essenciais do contrato de seguro, pois se trata de um ato de vontade, e não há meio de informar uma pessoa que se recuse a receber informações. Sendo ou não consumidor nos termos da lei, o segurado tem que buscar todos os meios ao seu alcance para compreender o que está sendo contratado, especialmente junto ao corretor de seguros que tiver intermediado o negócio e serviços de atendimento ao cliente e/ou ouvidoria, que são serviços obrigatórios para o setor de seguros privados no Brasil.

Em conformidade com as decisões reiteradas dos tribunais brasileiros, a interpretação dos contratos de adesão deverá ser sempre mais favorável aos segurados, beneficiários ou

---

55. BEVILAQUA, Clóvis. *Código Civil dos Estados Unidos do Brasil.* 2. tir., Edição Histórica. Rio de Janeiro: Rio, 1977, p. 573.

terceiros, em decorrência do fato de que eles não tiveram a oportunidade de participar da redação das cláusulas. A medida reitera o quanto disposto no *caput* do artigo 56, que o contrato de seguro está sob a égide da boa-fé, tanto em sua interpretação como na fase de execução.

Art. 58. As condições particulares do seguro prevalecem sobre as especiais, e estas, sobre as gerais.

COMENTÁRIO:

O artigo consagra a prática da realidade dos contratos de seguro, tanto massificados quanto para riscos complexos, como Riscos Nomeados ou Riscos Operacionais., Riscos de Responsabilidade Civil, dentre outros. Os contratos são divididos em cláusulas gerais, especiais e particulares, sendo as particulares prevalentes em relação às especiais e gerais quando houver um conflito.

Assim, se nas cláusulas gerais há expressa exclusão para cobertura de algum tipo de risco, como por exemplo, risco de contaminação, e na cláusula particular esse risco está coberto, prevalece a cobertura particular em relação à exclusão da cláusula geral. O mesmo em relação às cláusulas especiais, ou seja, prevalecem em relação às gerais.

São as cláusulas especiais e particulares que permitem aos seguradores atender às especificidades dos riscos aos quais o interesse legítimo do segurado está sujeito.

Art. 59. As cláusulas referentes a exclusão de riscos e prejuízos ou que impliquem limitação ou perda de direitos e garantias são de interpretação restritiva quanto à sua incidência e abrangência, cabendo à seguradora a prova do seu suporte fático.

COMENTÁRIO:

Os riscos excluídos são sempre um tema tormentoso para os segurados e seguradores e, não raro, são a causa principal dos conflitos que os tornam tormentosos também para o Poder Judiciário.

Pedro Alvim[56] esclarece as questões de ordem técnica que tornam alguns riscos excluídos de um contrato de seguro:

Apesar de sua denominação genérica, os riscos não são da mesma natureza. Não ocorrem com a mesma frequência nem com a mesma regularidade. Produzem resultados também diversos. Alguns têm repercussão profunda para o meio social, como, por exemplo, o risco de guerra, de terremoto, de epidemia etc. Outros afetam apenas os interesses individuais, variando sua intensidade de acordo com sua própria característica.

---

56. Op. cit., p. 253.

Não obstante essa diversidade, todos eles são em princípio seguráveis. Dividem-se em dois grupos: riscos ordinários e riscos extraordinários. Os primeiros apresentam um comportamento estatístico regular, com uma variação escalonada dentro de limites que permitem calcular os coeficientes matemáticos necessários à organização técnica dos planos de seguro. Os segundos carecem dessa regularidade. Não se submetem a uma análise estatística eficiente. Suas causas e seus efeitos são incontroláveis e imprevisíveis, reduzindo ou anulando as possibilidades técnicas de estabilização através da lei dos grandes números.

Os riscos extraordinários reclamam, então, um tratamento especial do segurador para sua cobertura, através do estabelecimento de padrões técnicos que possam compensar sua instabilidade. O prêmio pago pelo segurado é sensivelmente maior.

Por força dessas condições especiais dos riscos extraordinários, sua cobertura é geralmente feita separadamente. São excluídos expressamente das coberturas de riscos ordinários. Podem ser admitidos no mesmo contrato, mediante o pagamento de prêmio especial, além do que é devido para os riscos normais.

Se fossem incluídos na cobertura dos riscos ordinários, haveria um aumento substancial do prêmio a ser pago pelo segurado. Sua garantia em caráter excepcional atende àqueles que desejarem a cobertura sem prejuízo para os demais que se contentam com o seguro dos riscos ordinários.

Além dos riscos extraordinários, também são necessariamente excluídos das coberturas de seguro os riscos decorrentes de práticas ilegais ou dolosas, que se fossem cobertos confrontariam o dever de boa-fé dos contratantes e a função social dos contratos de seguro.

A interpretação restritiva para os riscos excluídos deve levar em conta esses dois relevantes aspectos: (i) o dever de boa-fé e os deveres anexos decorrentes, em especial, o dever de colaboração entre as partes; e, (ii) a função social do contrato de seguro que não pode se tornar uma licença para que pessoas naturais e jurídicas atuem à margem das práticas lícitas.

Riscos excluídos nos contratos de seguro devem ser prévia e amplamente divulgados, tanto quanto os riscos cobertos e, na atualidade, o conteúdo dos contratos se encontra disponível nos portais dos seguradores de forma a permitir que sejam consultados tanto por proponentes como por corretores de seguro.

Há que se considerar, ainda, que na sociedade contemporânea, também denominada comumente como sociedade de informação, em que os instrumentos de busca permitem obter dados e referências sobre qualquer assunto, a vulnerabilidade dos contratantes está sujeita a um gradiente de possibilidades que inclui aqueles que não têm informação e nem acesso a ela – casos raros –, até aqueles que possuem mais informações que os próprios fornecedores, como acontece com os consumidores mais jovens quando contratam serviços de tecnologia, games ou similares.

Nessa perspectiva contemporânea muito diferente daquela dos contratantes de seguro de poucos anos atrás, quando as informações sobre contratos ainda eram de acesso reduzido, as coberturas e restrições podem ser conhecidas por diferentes formas, disponíveis nos portais dos seguradores e no portal do órgão supervisor de seguros no Brasil, a SUSEP.

A restrição deve ser compreendida, também, em relação aos próprios riscos cobertos pelo contrato de seguro porque pode haver exclusão para alguns riscos em cada modalidade determinada de seguro, e essas exclusões não são automaticamente aplicadas a outras modalidades.

As características específicas do caso concreto fornecerão, com toda certeza, os elementos necessários para que, dentro do propósito social e de boa-fé dos contratos de seguro, sejam analisadas as práticas do segurado e a aplicação da cláusula de riscos excluídos.

Não há meio viável de informar aquele que não deseja ser informado e, quando se trata de contratos de seguro, a informação sobre riscos excluídos é tão ou mais relevante que aquela sobre riscos cobertos.

Destaque-se que o artigo 48 determina expressamente, que as cláusulas dos contratos de seguro deverão ser escritas em língua portuguesa, e o artigo 55 que o documento probatório do contrato é entregue ao contratante, o que o torna plenamente acessível para leitura e compreensão.

No tocante à prova a ser produzida nunca é demais recordar que o dever de boa-fé e cooperação, impõe ao segurado provar que o fato ocorrido com seu interesse legítimo protegido se adequa com precisão à cobertura securitária contratada. Esse dever é do segurado, como determina o artigo 66, inciso III da lei, que dispõe que cabe ao segurado quando ocorrer o sinistro, *"prestar todas as informações de que disponha sobre o sinistro, suas causas e consequências, sempre que questionado a respeito pela seguradora."*

SEÇÃO XI
DO RESSEGURO

Art. 60. Pelo contrato de resseguro, a resseguradora, mediante o pagamento do prêmio equivalente, garante o interesse da seguradora contra os riscos próprios de sua atividade, decorrentes da celebração e da execução de contratos de seguro.

§ 1º O contrato de resseguro é funcional ao exercício da atividade seguradora e será formado pelo silêncio da resseguradora no prazo de 20 (vinte) dias, contado da recepção da proposta.

§ 2º Em caso de comprovada necessidade técnica, a autoridade fiscalizadora poderá aumentar o prazo de aceitação pelo silêncio da resseguradora estabelecido no § 1º deste artigo.

COMENTÁRIO:

Os contratos de resseguro são regidos pela Lei Complementar n.º 126, de 2007, que dispõe sobre a política de resseguro, retrocessão e sua intermediação, as operações de cosseguro, as contratações de seguro no exterior e as operações em moeda estrangeira do setor securitário.

O resseguro é a operação técnica e jurídica por meio da qual o segurador transfere riscos assumidos perante um segurado ou uma carteira de seguros para um ressegurador, que disponibiliza sua capacidade de aceitação do risco, bem como atua na cooperação técnica em relação ao segurador. Além de ser utilizado para a expansão da capacidade de subscrição de riscos pelos segurados, o resseguro é essencial para a garantia dos grandes riscos, como riscos nomeados, operacionais, aeronáuticos, marítimos, transportes, engenharia, responsabilidade civil, garantia, petróleo, nucleares e crédito interno/externo à exportação para pessoas jurídicas, por permitir a pulverização deles no mercado. A rigor, esses seguros protegem áreas essenciais para a economia em geral, o que torna a operação de resseguro ainda mais relevante para o desenvolvimento econômico e social do país.

Em razão das características das partes contratantes – segurador(es) e ressegurador(es) –, que não são vulneráveis, tampouco hipossuficientes, os contratos de resseguro são, em todo o mundo, caracterizados pela ampla liberdade das partes contratantes e pelos usos e costumes internacionais.

Nesse aspecto, ressalta a professora Vera Helena de Mello Franco[57]

É um contrato, segundo os especialistas (...) no qual a liberdade de contratar seria a regra, escapando do dirigismo costumeiro aos contratos de seguros. Nele a ênfase ao princípio da autonomia da vontade seria soberana, apesar de, por natureza, contrato internacional, no qual tem peso, como fontes, os usos, costumes internacionais. O argumento é ponderável e merece respeito.

E acrescenta a mesma autora para perfeita caracterização do contrato de resseguro

O resseguro é um seguro de danos (cobre a responsabilidade da cedente-seguradora), independente do objeto segurado na origem (coisa ou pessoa), posto que a finalidade é cobrir a responsabilidade da seguradora, pois o risco assumido não é o risco do contrato original, mas as consequências patrimoniais para a seguradora. Assim o risco protegido no contrato de resseguro é o da seguradora. Não a recobertura do interesse segurado. Mas cobertura de outro risco.

O interesse protegido também é distinto. No seguro o interesse protegido é igualmente distinto, pois no seguro, o interesse protegido decorre da relação entre o segurado e o bem ou pessoa submetida a risco, e do sinistro decorre o dever da seguradora indenizar. No resseguro o interesse protegido é da seguradora e o sinistro não determina, por si mesmo, o dever de indenizar.

Essas considerações são necessárias para a análise do parágrafo 1º e 2º do artigo ora em comento.

De fato, o contrato de resseguro é *funcional ao exercício da atividade seguradora,* no sentido de que torna essa atividade mais ampla e mais segura, o que é benéfico para o segurado e para o desenvolvimento econômico e social do país. Quanto mais obras de infraestrutura estiverem seguradas e resseguradas, maior segurança terão os investidores para aportar recursos.

Porém, não se adequa perfeitamente à complexidade dos contratos de resseguro o prazo de 20 (vinte) dias para aceitar ou recusar a proposta do segurador, tampouco que o silêncio seja suficiente para a formação do contrato dessa operação que é tão relevante.

---

57. Op. cit., p. 360.

A previsão dos *parágrafos 1º e 2º* são inovadoras no texto da lei de seguros, sem correspondência em textos legais anteriores.

Assim, o *parágrafo 1º* estabelece um prazo de 20 (vinte) dias, contado da recepção da proposta, para formação do contrato de resseguro pelo silêncio da resseguradora.

O *parágrafo 2º*, por sua vez, dispõe que a autoridade fiscalizadora poderá, mediante comprovada necessidade técnica, aumentar o prazo de aceitação pelo silêncio da resseguradora estabelecido no parágrafo anterior.

A previsão do parágrafo 1º é inovadora no texto da lei de seguros, sem correspondência em textos legais anteriores. O prazo de 20 (vinte) dias para que o ressegurador aceite a proposta formulada pelo segurador tem por objetivo a agilidade na formação do contrato, sempre um imperativo das atividades econômicas na atualidade.

A fixação de um prazo legal poderá contribuir para tornar a relação entre seguradores e resseguradores mais próxima, com alargamento das oportunidades para diálogo na perspectiva de construção conjunta de soluções para riscos que imponham maiores desafios técnicos e negociais.

Valioso registrar que não existe norma semelhante em outros países do mundo, muitos dos quais muito mais experientes em práticas de resseguro, como os da Europa continental e o Reino Unido.

Após mencionar a experiência legislativa de Espanha, Portugal, Argentina, Chile e Peru, o professor Dr. Ilan Goldberg[58] afirma *"Como se observa em diversos ordenamentos jurídicos na Europa e na América Latina, todos de matriz continental (...), o contrato de resseguro foi objeto de tratamento sucinto por parte de seus legisladores. Ora, quanto mais empresarial a relação entre os contratantes, menor deverá ser o nível de interferência do Estado".*

O *parágrafo 2º* do mesmo artigo, determina que a autoridade fiscalizadora poderá, mediante comprovada necessidade técnica, aumentar o prazo de aceitação pelo silêncio da resseguradora estabelecido no parágrafo anterior.

As necessidades técnicas de cada operação de seguro e cessão de resseguro específica poderão determinar a necessidade de aumento do prazo determinado pelo parágrafo 1º. A norma determina que o aumento do prazo seja concedido pela autoridade fiscalizadora que, para isso, deverá ser previamente consultada, caso não aprove norma infralegal para essa finalidade específica com regramento geral que torne desnecessária a consulta prévia em cada caso, individualmente considerado.

Importante ressaltar, ainda, que havendo concordância entre as partes sobre a necessidade de alargamento do prazo para solução de questões práticas como obtenção de documentos, realização de perícia prévia, consulta a especialistas ou outras da mesma

---

58. GOLDBERG, Ilan. O contrato de resseguro no PLC 29/2017 e seus substitutivos. Disponível em: https://www.conjur.com.br/2023-out-23/seguros-contemporaneos-contrato-resseguro-plc-292017-substitutivos/. Acesso em?: 26 set. 2024.

natureza, segurado, segurador e ressegurador poderão ampliar o período de tempo destinado a manifestação final do ressegurador, com fundamento na autonomia da vontade das partes garantida pelo direito brasileiro e, sempre que o contrato de seguro e de resseguro estiverem classificados como simétricos e paritários.

Aí está, portanto, a possibilidade de o Brasil se adequar às práticas e costumes internacionais na área de resseguro e para além da comprovada necessidade técnica sempre mais difícil, permitir por meio da autoridade fiscalizadora que segurador e ressegurador possam alargar o prazo mediante acordo entre as partes, e que a operação possa ser pactuada por meio digital em qualquer formato – correio eletrônico, aplicativo de texto, gravação de conversas ou reuniões online –, entre outros.

A livre manifestação da vontade entre segurador e ressegurador está em consonância com o disposto na Constituição Federal e na Lei de Liberdade Econômica, e não representa risco para o segurado porque a relação contratual dele é com o segurador e não com o ressegurador.

É correto interpretar que as partes possam, mediante acordo prévio e firmado por qualquer meio válido – escrito, telefônico, aplicativo de mensagens, mensagem por correio eletrônico ou outro –, ampliar o prazo para que o ressegurador formule sua resposta, sempre que houver necessidade técnica para avaliação do risco a ser subscrito, independentemente de autorização da autoridade supervisora por se tratar de aplicação do princípio da autonomia da vontade das partes.

> **Art. 61.** A resseguradora, salvo disposição em contrário, e sem prejuízo do § 2º do art. 62 desta Lei, não responde, com fundamento no negócio de resseguro, perante o segurado, o beneficiário do seguro ou o terceiro prejudicado.
>
> **Parágrafo único.** É válido o pagamento feito diretamente pela resseguradora ao segurado, quando a seguradora se encontrar insolvente.

COMENTÁRIO:

Como explicitado nos comentários ao artigo anterior, os contratos de seguro e resseguro não se confundem. Assim, a principal obrigação do ressegurador é assumir e responder por obrigações perante o segurador e não ao segurado.

Quando caracterizada a insolvência do segurador e, tendo sido cumpridos todos os requisitos do contrato de resseguro, em especial, o completo pagamento do valor do prêmio de resseguro sob responsabilidade do segurador, os pagamentos dos valores de indenização poderão ser feitos pelo ressegurador diretamente ao segurado.

É preciso considerar, ainda, que existindo previsão contratual expressa no contrato de seguro e no contrato de resseguro, o ressegurador poderá efetuar o pagamento diretamente ao segurado para atender exigências de agilidade e praticidade, sempre tão necessárias nas reparações de danos.

De fato, não somente em situações de insolvência, mas também nos contratos simétricos e paritários, formalizados entre partes capazes para o exercício da autonomia da vontade, é aceitável que conste previsão expressa que autorize o pagamento diretamente do ressegurador para o segurado com anuência do segurador.

A medida é benéfica para o segurado e não prejudica seguradores e resseguradores.

> **Art. 62.** Demandada para revisão ou cumprimento do contrato de seguro que motivou a contratação de resseguro facultativo, a seguradora, no prazo da resposta, deverá promover a notificação judicial ou extrajudicial da resseguradora, comunicando-lhe o ajuizamento da ação, salvo disposição contratual em contrário.
>
> § 1º A resseguradora poderá intervir na causa como assistente simples.
>
> § 2º A seguradora não poderá opor ao segurado, ao beneficiário ou ao terceiro o descumprimento de obrigações por parte de sua resseguradora.

COMENTÁRIO:

Esse artigo regula somente o resseguro facultativo, com exclusão do resseguro automático, também denominado "tratado", que é a operação em que o segurador cedente acorda com o ressegurador a cessão de uma carteira de riscos previamente definidos que compreende um conjunto de apólices subscritas em determinado período predeterminado do contrato.

Desse modo, o caput do artigo é aplicável somente aos resseguros facultativos, e nos contratos de resseguro automático não há obrigatoriedade de o segurador comunicar ao ressegurador a existência da ação judicial, salvo se as partes assim tiverem pactuado, o que ressalta, mais uma vez, a ampla liberdade que segurador e ressegurador possuem nas transações que estabelecem.

O *parágrafo 1º* estabelece que eventual participação do ressegurador se fará exclusivamente como assistente simples, afastada a hipótese de denunciação da lide e o *parágrafo 2º* consagra a premissa fundante de que o contrato de resseguro se estabelece entre o segurador e o ressegurador e não pode trazer resultado negativo para o segurado. Seguro e resseguro são contratos independentes, firmados com objeto diferentes e não se intercomunicam.

> **Art. 63.** As prestações de resseguro adiantadas à seguradora a fim de provê-la financeiramente para o cumprimento do contrato de seguro deverão ser imediatamente utilizadas para o adiantamento ou o pagamento da indenização ou do capital ao segurado, ao beneficiário ou ao terceiro prejudicado.

COMENTÁRIO:

Nas situações em que o ressegurador face à grande extensão dos danos causados pelo risco materializado ao segurado, ou por outra razão pertinente, adiantar verbas ao segurado estas deverão ser imediatamente utilizadas para adiantamento ou pagamento da indenização ou capital segurado para o segurado, terceiro ou beneficiário.

De fato, não há outra destinação possível às verbas adiantadas pelo ressegurador, que não seja o cumprimento da obrigação do segurador para com o segurado. adiantamento ocorre, quase sempre, em sinistros de grandes proporções nos quais o adiantamento é essencial para evitar a continuidade ou a severidade dos danos, como acontece na remoção de entulho em caso de incêndio ou desmoronamento; ou, no recolhimento de terra contaminada em casos de vazamento de produtos tóxicos e poluentes; ou, ainda, para abrigar parte a carga recuperada de acidentes de transporte, entre outras situações em que os danos são de grandes proporções.

Art. 64. Salvo disposição em contrário, o resseguro abrangerá a totalidade do interesse ressegurado, incluído o interesse da seguradora relacionado à recuperação dos efeitos da mora no cumprimento dos contratos de seguro, bem como as despesas de salvamento e as efetuadas em virtude da regulação e liquidação dos sinistros.

COMENTÁRIO:

Conforme trecho inicial do *caput* ("salvo disposição em contrário"), o segurador e ressegurador têm liberdade para determinar como será feito o compartilhamento do risco entre elas, ou seja, para estabelecer contratualmente o percentual de responsabilidade de cada uma e como essa responsabilidade será aplicada à indenização, despesas de salvamento, custos de sinistro e outras.

Caso não dispuserem de forma diversa, aplicar-se-á o resseguro à totalidade do interesse segurado como determina o artigo ora em análise.

Art. 65. Sem prejuízo do disposto no parágrafo único do art. 14 da Lei Complementar nº 126, de 15 de janeiro de 2007, os créditos do segurado, do beneficiário e do terceiro prejudicado têm preferência absoluta perante quaisquer outros créditos em relação aos montantes devidos pela resseguradora à seguradora, caso esta se encontre sob direção fiscal, intervenção ou liquidação.

COMENTÁRIO:

O artigo 14 da Lei Complementar n.º 126, de 2007, determina que resseguradores e retrocessionários não responderão diretamente perante o segurado e outros mencionados, sendo os cedentes-seguradores integralmente responsáveis pelo pagamento das indenizações.

O parágrafo único do mesmo artigo determina que na hipótese de insolvência, decretação de liquidação ou de falência da cedente, será permitido o pagamento direto, desde que o pagamento não tenha sido realizado pelo cedente, nem pelo ressegurador à cedente, nos casos de (i) contrato de resseguro facultativo; ou, (ii) nos demais casos, se houver previsão contratual de pagamento direto.

SEÇÃO XII
DO SINISTRO

Art. 66. Ao tomar ciência do sinistro ou da iminência de seu acontecimento, com o objetivo de evitar prejuízos à seguradora, o segurado é obrigado a:

I – tomar as providências necessárias e úteis para evitar ou minorar seus efeitos;

II – avisar prontamente a seguradora, por qualquer meio idôneo, e seguir suas instruções para a contenção ou o salvamento;

III – prestar todas as informações de que disponha sobre o sinistro, suas causas e consequências, sempre que questionado a respeito pela seguradora.

§ 1º O descumprimento doloso dos deveres previstos neste artigo implica a perda do direito à indenização ou ao capital pactuado, sem prejuízo da dívida de prêmio e da obrigação de ressarcir as despesas efetuadas pela seguradora.

§ 2º O descumprimento culposo dos deveres previstos neste artigo implica a perda do direito à indenização do valor equivalente aos danos decorrentes da omissão.

§ 3º Não se aplica o disposto nos §§ 1º e 2º deste artigo, no caso dos deveres previstos nos incisos II e III do *caput* deste artigo, quando o interessado provar que a seguradora tomou ciência oportunamente do sinistro e das informações por outros meios.

§ 4º Incumbe também ao beneficiário, no que couber, o cumprimento das disposições deste artigo, sujeitando-se às mesmas sanções.

§ 5º As providências previstas no inciso I do *caput* deste artigo não serão exigíveis se colocarem em perigo interesses relevantes do segurado, do beneficiário ou de terceiros, ou se implicarem sacrifício acima do razoável.

COMENTÁRIO:

Sinistro é o risco coberto pelo contrato de seguro que se materializa em algum momento, durante a vigência do contrato. Sua materialização gera danos patrimoniais ou extrapatrimoniais que devem ser indenizados pelo segurador, até o limite previsto no contrato.

Pontes de Miranda[59] afirma que:

"Sinistro é o evento danoso que se previu como possível. Devido a ele, há o valor negativo, a diminuição do patrimônio, ou do corpo humano, inclusive a perda da vida."

E ao comentar o artigo 771 do Código Civil de 2002, sobre o dever do segurado comunicar ao segurador a ocorrência do sinistro e tomar as providências necessárias para minorar as consequências, Adalberto Pasqualotto[60] construiu uma reflexão que perfeitamente se adequa à redação do *caput* do artigo 66, ora em análise:

A regra tributa ao segurado dois deveres de conduta, o de informar e o de cooperar. Ambos são derivados da função integrativa da boa-fé e se inserem entre os deveres de lealdade. O dever de informar exige do segurado que comunique ao segurador a ocorrência do dinistro. A comunicação deve ser feita de imediato, assim que o segurado tome conhecimento da ocorrência. A exigência "logo que o saiba" é para permitir que o segurador tome as providências que julgar oportunas em tempo útil, visando limitar os efeitos danosos do sinistro.

O segundo dever do segurado é o de cooperação. O sinistro é o fato futuro e incerto previsto no contrato e que institui a garantia contra o risco. A sua ocorrência transforma o segurador em devedor e o segurado em credor da indenização, cujo valor será medido pela extensão do dano até o limite previsto na apólice. O dever de cooperação exige do credor uma conduta que não onere desnecessariamente o devedor. O segurado deve tomar as providências imediatas que estiverem ao seu alcance para evitar danos maiores do que aqueles causados direta e imediatamente pelo sinistro. São as chamadas medidas de salvamento.

As lições de Pasqualotto são integralmente aplicáveis ao novo texto legal, ora em comento, que substituiu a expressão *"logo que o saiba"* por *"tomar ciência do sinistro"*, o que demonstra que existe uma exigência legal para o segurado, que é a de comunicar a ocorrência do sinistro ou a iminência de sua concretização e apresentar o quanto antes possível, os documentos necessários para a comprovação do fato ou da sua iminência, e dos danos materiais e imateriais decorrentes.

Não se trata, portanto, de mera comunicação, mas de ato legal a ser praticado com todos os cuidados pertinentes para comprovação do fato – ocorrido ou em risco iminente de ocorrer –, e dos danos materiais e imateriais dele decorrentes. Em situações mais complexas como incêndios, alagamentos, desabamentos ou acidentes com vítimas fatais ou de danos corporais, a comprovação requer sempre atenção redobrada para a caracterização da extensão dos danos havidos.

O artigo 86 da lei ora em comento, ao determinar o prazo para que o segurador se manifeste sobre a cobertura do risco que originou o sinistro, fixa claramente que a contagem terá início a partir da apresentação da reclamação ou aviso de sinistro pelo segurado,

---

59. MIRANDA, Pontes de. *Direito das Obrigações. Contrato de Transportes. Contrato de Parceria. Jogo e Aposta. Contrato de Seguro. Seguros Terrestres, Marítimos, Fluviais, Lacustres e Aeronáuticos.* São Paulo: RT, 2021, p. 498.

60. Op. cit., p. 121.

devidamente acompanhado de todos os elementos necessários à decisão sobre o cabimento da cobertura, ou seja, de todos os documentos, imagens, vídeos, e tudo o quanto seja útil para comprovar a materialização do risco e as consequências dele advindas.

O *caput* do artigo utiliza as expressões "tomar ciência" e "iminência" para se referir ao sinistro, pois é esperado que o segurado tenha interesse em comunicar o fato com a maior brevidade possível.

Há que ser considerado, ainda, o contexto atual em que o referido comando legal será aplicado: a sociedade contemporânea que tem como uma de suas características principais a rapidez nas comunicações decorrente das significativas mudanças tecnológicas ocorridas nos últimos 20 (vinte) anos, que facilitaram as comunicações, que podem ser feitas de formas diferentes e em curto espaço de tempo por telefone, correio eletrônico, aplicativos, serviços de atendimento ao cliente, entre outros.

Mesmo se considerados os riscos cobertos pelo contrato de seguro situados em locais distantes e de acesso restrito, como algumas obras de infraestrutra – estradas, pontes, viadutos, hidrelétricas e similares –, ainda assim é possível constatar com rapidez a ocorrência de um sinistro devido a utilização de equipamentos que utilizam novas tecnologias, como fotos de satélite, drones ou a comunicação instantânea por aparelhos celulares, alguns dos quais independem da existência de torres de transmissão porque utilizam sinais de satélite de baixa órbita terrestre.

Por outro lado, quanto mais rapidamente o sinistro for comunicado ao segurador, mais adequadas serão as condições objetivas para a regulação e liquidação do sinistro, o que pode acelerar o pagamento da indenização e, consequentemente, beneficiar o próprio segurado.

A obrigação do segurado se aplica a todas as modalidades e ramos de seguro, inclusive àqueles à base de ocorrência e à base de reclamação, comumente aplicadas nos seguros de responsabilidade civil.

Assim, as obrigações previstas nos *incisos I, II e III* do artigo 66 traduzem apenas medidas compatíveis com os deveres de boa-fé e cooperação, como *tomar as providências necessárias e úteis para evitar ou minorar seus efeitos (inciso I); avisar prontamente a seguradora, por qualquer meio idôneo, e seguir suas instruções para a contenção ou salvamento (inciso II); e, prestar todas as informações de que disponha sobre o sinistro, suas causas e consequências, sempre que questionado a respeito pela seguradora (inciso III).*

Dois destaques são relevantes e merecem um comentário ampliado.

A medida contemplada no inciso I – tomar as providências necessárias e úteis para evitar ou minorar seus efeitos –, está em total consonância com o princípio do *duty to mitigate the loss* que, no Brasil, foi primeiramente estudado por Véra Fradera[61]e, poste-

---

61. FRADERA, Véra. Pode o Credor Ser Instado a Diminuir o Próprio Prejuízo? *Revista Trimestral de Direito Civil.* Rio de Janeiro: Padma, v. 19, jul./set., 2004, p. 109-119.

riormente, por Daniel Dias.[62] O tema mereceu dois enunciados em Jornadas de Direito Civil do Conselho da Justiça Federal, em 2005, Enunciado 169: *"Artigo 422: O princípio da boa-fé objetiva deve levar o credor a evitar o agravamento do próprio prejuízo."* E, em 2018, na VIII Jornada de Direito Civil, o Enunciado 629 – *"Artigo 944: A indenização não inclui os prejuízos agravados, nem os que poderiam ser evitados ou reduzidos mediante esforço razoável da vítima. Os custos da mitigação devem ser considerados no cálculo da indenização."*

O *inciso II* também merece especial atenção dos intérpretes do novo marco regulatório de seguros. Ao determinar que é dever do segurado *avisar prontamente a seguradora, por qualquer meio idôneo, e seguir suas instruções para a contenção ou salvamento,* o legislador não pretendeu que o segurado fique inerte para adotar as medidas de conteção e salvamento até receber instruções do segurador, até porque, muitas vezes, essas medidas são providências de conhecimento comum, acessíveis a todos os que passem por aquela mesma situação. São os casos de colocação de segurança em lojas ou agências bancárias cujas portas de vidro quebraram ou foram arrombadas em tentativa de roubo; proteção da mercadoria contida no veículo que sofreu acidente; cobertura de bens em galpões que foram destelhados pelo vento; entre outras da mesma natureza. Cabe ressaltar, ainda, que muitas vezes as medidas técnicas são de maior conhecimento do segurado do que do segurador, como acontece no transporte de produtos químicos ou inflamáveis, em que os transportadores são maiores conhecedores das medidas de contenção do que os técnicos de sinistro do segurador. Ou, em casos de segurados que utilizam tecnologias muito específicas como *data centers,* locais em que são armazenados dados de milhares de empresas públicas e privadas. Os operadores e gestores de *data centers* conhecem muito mais as medidas protetivas e de contenção do que os seguradores, dado a especificidade da atividade.

O inciso III, por fim, também contém relevante aspecto para a interpretação do novo texto de lei, ao determinar que o segurado deverá *prestar todas as informações de que disponha sobre o sinistro, suas causas e consequências, sempre que questionado a respeito pela seguradora.* A expressão *sempre que questionado a respeito pela seguradora* evidencia que na fase de regulação e liquidação de sinistros poderão ser necessárias informações e documentos comprobatórios solicitados pelo segurador, com objetivo de viabilizar clareza e transparência para os valores a serem indenizados, na medida em que o segurador é o gestor do fundo mutual e a ele compete adotar todas as medidas necessárias para impedir pagamentos indevidos, excessivos ou desnecessários.

Há que se considerar, ainda, que a posição do segurado não pode ser passiva a ponto de se limitar a responder às indagações do segurador para que as informações sejam adequadamente prestadas. Nos contratos de boa-fé como é o contrato de seguro, as partes assumem reciprocamente o dever de colaboração em todos os aspectos pertinentes ao contrato, em especial no dever de informar. Assim, ao segurado cabe

---

62. DIAS, Daniel. *Mitigação de Danos na Responsabilidade Civil.* 2, ed. São Paulo: RT, 2024.

antes mesmo de ser questionado pelo segurador, fornecer as informações relevantes e pertinentes ao fato ocorrido, passível de ser caracterizado como um sinistro.

Em suma, o segurador terá sempre o direito de questionar o segurado a respeito, porém esse direito não exime o segurado de informar tudo o quanto seja de seu conhecimento, tampouco adotar as medidas cabíveis para que as informações sejam comprovadas e confiáveis como, por exemplo, lavratura de boletim de ocorrência, encaminhamento de cópia ao segurador, acompanhamento do desenrolar da perícia da polícia técnica e de outros órgãos públicos como os bombeiros, entre outras medidas de responsabilidade do segurado em caso de ocorrência de um sinistro.

O *parágrafo 1º do artigo 66* reforça a necessidade do cumprimento dos deveres do segurado, inclusive o da boa-fé, diante da materialização do sinistro ou de sua iminente ocorrência, porque pune o descumprimento doloso dos deveres com *a perda do direito à indenização ou ao capital pactuado, sem prejuízo da dívida de prêmio e da obrigação de ressarcir as despesas efetuadas pela seguradora.*

Importante ressaltar que, conforme entendimento pacificado no Superior Tribunal de Justiça – STJ, o dolo e a culpa grave são equivalentes quando se trata de aplicação no âmbito dos contratos de seguro, como decidiu recentemente o Superior Tribunal de Justiça no Agravo de Instrumento no AREsp 2.096.278-SP, Rel. Maria Isabel Gallotti, Dje 11.02.2023:

> *O agravamento do risco não se dá somente quando o próprio segurado se encontra alcoolizado na direção do veículo; também abrange os condutores principais (familiares, empregados e prepostos), e envolve tanto o dolo quanto a culpa grave do segurado, que tem o dever de vigilância e o dever de escolha adequada daquele a quem confia a prática do ato.*

A própria Susep trata de culpa grave como semelhante ao dolo na Resolução 397, de 2020, que determina sobre a culpa grave:

> *Culpa grave*
>
> Trata-se de conceito não existente no Código Civil brasileiro, mas que é por vezes utilizado nos tribunais civis. A culpa grave se aproxima do dolo, sendo motivo para a perda de direito por parte do Segurado. Devido ao seu caráter jurídico especial, a culpa grave somente pode ser estabelecida por sentença de corte civil.

Assim, culpa grave e dolo se equivalem no sistema de responsabilidade civil contratual.

O parágrafo 2º atenua as consequências para o descumprimento culposo dos deveres previstos no artigo, porque limita a perda do direito à indenização do valor equivalente aos danos decorrentes da omissão. Sempre relevante destacar que em situações em que o sinistro seja comunicado muito tempo depois, por exemplo, após meses de sua ocorrência, a apuração dos fatos se torna mais difícil e a mensuração dos danos também, sobretudo se se tratar de bens cujo valor de mercado tenha se elevado substancialmente como pode ocorrer com bens sazonais. Por exemplo: o valor de mercado de uma colheitadeira é diferente em períodos de colheita e fora dele, tanto para veículos novos como para usados.

A demora em comunicar o sinistro em equipamento dessa natureza poderá aumentar indevidamente a responsabilidade do fundo mutual no pagamento da indenização, o que não é compatível com a boa-fé.

A situação definida no parágrafo 2º, que trata do descumprimento culposo dos deveres do segurado ali previstos, implica a perda do direito à indenização do valor equivalente aos danos decorrentes da omissão, porém, se o contrato entre as partes tiver prosseguimento e ainda existirem valores a serem pagos, deverão ser quitados para garantia da contratação.

O *parágrafo 3º* corrobora o quanto já dito sobre as facilidades de comunicação na sociedade contemporânea porque torna inaplicáveis os parágrafos anteriormente comentados, quando o interessado provar que a seguradora tomou ciência oportunamente do sinistro e das informações por outros meios.

De fato, sinistros de grande repercussão social como alguns incêndios, quedas de aeronaves, acidentes em plataformas de petróleo ou em navios, são comumente noticiados pela imprensa e comentados em redes sociais, o que permite ao segurador tomar ciência e adotar as medidas necessárias para cumprir seus deveres de boa-fé e cooperação.

Cumpre destacar, ainda, que a expressão "informações por outros meios", utilizada no parágrafo 3º, não inclui meios de comunicação de pouca amplitude como jornais municipais ou regionais, estações de rádio ou noticiários regionais, ou, ainda, notícias veiculadas em portais de informação de pequena repercussão. O segurado tem o dever de informar o segurador da ocorrência de tudo o quanto possa ser caracterizado como sinistro e isso não é um ônus, mas um dever decorrente do princípio da boa-fé que fundamenta os contratos de seguro e dá segurança à mutualidade.

O *parágrafo 4º* obriga também o beneficiário, no que couber, ao tomar ciência do sinistro ou da iminência de seu acontecimento, a cumprir as disposições deste artigo, sujeitando-se às mesmas sanções.

E o *parágrafo 5º* determina que *não serão exigíveis providências se colocarem em perigo interesses relevantes do segurado, do beneficiário ou de terceiros, ou se implicarem sacrifício acima do razoável.* De fato, qualquer exigência dessa natureza teria o condão de contrariar o fundamento republicano constitucional de dignidade da pessoa humana, o que é inadmissível.

> **Art. 67.** As despesas com as medidas de contenção ou de salvamento para evitar o sinistro iminente ou atenuar seus efeitos, mesmo que realizadas por terceiros, correm por conta da seguradora, até o limite pactuado pelas partes, sem reduzir a garantia do seguro.

§ 1º A obrigação prevista no *caput* deste artigo subsistirá ainda que os prejuízos não superem o valor da franquia contratada ou que as medidas de contenção ou de salvamento tenham sido ineficazes.

§ 2º Não constituem despesas de salvamento as realizadas com prevenção ordinária, incluída qualquer espécie de manutenção.

§ 3º A seguradora não estará obrigada ao pagamento de despesas com medidas notoriamente inadequadas, observada a garantia contratada para o tipo de sinistro iminente ou verificado.

§ 4º Se não for pactuado limite diverso, o reembolso das despesas de contenção ou de salvamento será limitado ao equivalente a 20% (vinte por cento) do limite máximo de indenização ou capital garantido aplicável ao tipo de sinistro iminente ou verificado.

§ 5º A seguradora suportará a totalidade das despesas efetuadas com a adoção de medidas de contenção ou de salvamento que expressamente recomendar para o caso específico, ainda que excedam o limite pactuado.

COMENTÁRIO:

O *caput* do artigo cria situação inovadora para as relações entre segurados e seguradores, inexistente até então na legislação de seguros: a necessidade de serem estipuladas duas obrigações indenitárias para o segurador. Uma das indenizações será destinada às despesas de *contenção ou salvamento para evitar o sinistro iminente ou atenuar seus efeitos, mesmo que realizadas por terceiros*. E o outro valor indenitário será para a *garantia do interesse legítimo do segurado. A franquia de cobertura não afasta o pagamento pela seguradora das despesas com as medidas de contenção ou salvamento. Mesmo que não tenha franquia do risco principal, haverá pagamento das referidas despesas.*

Nos seguros de danos o custeio das despesas de contenção e salvamento efetivamente necessárias faz sentido porque evita onerar ainda mais a mutualidade. Porém, nos seguros de pessoas e de integridade física, essa obrigação deve ser interpretada de forma bastante restritiva em razão do alto grau de subjetividade que os casos reais poderão comportar. Por exemplo: o segurado contratante de um seguro de vida sofre um acidente e é atendido em um hospital público; informada do fato a família determina a remoção do segurado para hospital particular supostamente de melhor qualidade do que o hospital público, mesmo possuindo condições técnicas para atender o segurado, o segurador não poderá ser obrigado a pagar as despesas de remoção e atendimento em outro hospital, pois não são despesas de contenção e salvamento, na medida em que o segurado poderia ter sido atendido pelo hospital público, que terá direito ao ressarcimento das despesas, caso o segurado seja contratante de plano ou seguro saúde.

O mesmo poderá ocorrer, ainda, se a família decidir que o segurado tem que ser removido para um hospital no exterior com reconhecida especialidade na área de saúde de que o segurado necessita: se existirem hospitais ou equipes de saúde dessa especialidade no Brasil, a remoção para atendimento no exterior é uma subjetividade que não pode prejudicar a mutualidade. Assim, na proteção dos interesses coletivos da mutualidade a aplicação desse artigo aos seguros de pessoas e integridade física deverá ser feita em caráter *excepcional*, sob pena de tornar a proteção securitária onerosa ou sem suficiente equilíbrio econômico-financeiro.

Há que se destacar, ainda, que existem modalidades de seguro para as quais não cabe contenção e salvamento, como em seguros de responsabilidade civil profissional, seguros de responsabilidade de diretores e executivos, seguros prestamistas, paramétricos, entre outros.

O *parágrafo 1º* do artigo 67 determina que a *obrigação prevista no caput subsistirá ainda que os prejuízos não superem o valor da franquia contratada ou que as medidas de contenção ou salvamento tenham sido ineficazes.* Esses valores poderão ser ressarcidos pelo segurador perante o segurado, com vistas a que se evite a caracterização do enriquecimento sem causa.

De fato, no momento subsequente ao aviso do sinistro ocorrido com o interesse legítimo do segurado, é dever do segurador orientar o segurado para as despesas de contenção e salvamento e custeá-las conforme previsto no texto de lei. Porém, encerrada a regulação de sinistro e constatado que o valor despendido à título de despesas de contenção e salvamento foi superior ao valor da franquia ou da participação obrigatória do segurado, expressos no contrato de seguro, deverá ser feito o ajuste e a devolução dos valores gastos pelo segurador que ficaram abaixo do limite da franquia.

Ensina Pedro Alvim[63] que a franquia tem por objetivo contemplar aspectos financeiros do contrato. E ressalta: *"Exclui somente as pequenas indenizações, compensando, todavia, o segurado com uma taxa de prêmio menor. (...) Como podem ser perfeitamente suportadas pelo próprio segurado, estas pequenas indenizações são excluídas e compensadas com a diminuição do prêmio".*

Assim, se o segurador custear despesas abaixo da franquia o segurado receberá dois benefícios: (i) pagamento de prêmio a menor em razão da existência da franquia; e, (ii) pagamento de despesas que não seriam devidas em razão da existência da franquia.

Nesses casos, portanto, ao final da regulação de sinistro e iniciada a fase de liquidação, o segurador poderá reaver o que foi gasto alusivo aos valores abaixo do limite da franquia.

No *parágrafo 2º* o texto de lei determina que não constituem despesas de salvamento as realizadas com prevenção ordinária, incluída qualquer espécie de manutenção. A prevenção e a manutenção do interesse legítimo demandam despesas de exclusiva

---

63. Op. cit., p. 446.

responsabilidade do segurado. Também de caráter restritivo é o comando do *parágrafo 3º*, porque medidas comprovadamente inadequadas para salvamento ou redução dos danos não cumprem o objetivo do preconizado pelo artigo de lei.

O *parágrafo 4º* propõe um limite para o reembolso das despesas de contenção e salvamento, a ser aplicado ao valor do limite máximo de indenização ou de capital segurado. Permite, ainda, que limite diverso seja aplicado, tanto em percentual maior como menor, a depender das necessidades específicas do segurado. A cobertura do reembolso das despesas de contenção ou salvamento não pode ser maior que 20% do limite máximo de indenização ou capital garantido, a não ser que as partes estabeleçam de forma diversa. Se o reembolso for maior, haverá a cobrança do prêmio equivalente. Se não houver previsão, o reembolso será limitado ao equivalente a 20% do limite máximo de indenização ou capital garantido.

A interpretação mais adequada parece ser a de caráter restritivo em relação ao parágrafo 5º do artigo 67. O segurado é obrigado a adotar todas as medidas de contenção e salvamento que conhece e que deve conhecê-las até melhor que o segurador, pois são medidas adequadas à sua atividade empresarial, recomendáveis para todos aqueles que praticam o mesmo ramo de atividade-fim, e muitas vezes amplamente divulgadas por normas da Associação Brasileira de Normas Técnicas – ABNT ou das entidades internacionais como a *International Organization for Standardization* – Organização Internacional de Normalização – ISSO –, uma das mais conhecidas entidades de padronização e normatização do mundo. Quando, eventualmente, o segurador recomendar alguma medida além daquelas já adotadas pelo segurado e houver justificativa plausível para isso, será aplicado o parágrafo 5º do artigo 67.

Art. 68. É vedado ao segurado e ao beneficiário promover modificações no local do sinistro, bem como destruir ou alterar elementos relacionados ao sinistro.

§ 1º O descumprimento culposo do dever previsto no *caput* deste artigo implica obrigação de suportar as despesas acrescidas para a regulação e a liquidação do sinistro.

§ 2º O descumprimento doloso do dever previsto no *caput* deste artigo exonera a seguradora do dever de indenizar ou pagar o capital segurado.

COMENTÁRIO:

O local em que ocorreu o sinistro deve ser preservado para que todos os agentes envolvidos possam atuar em suas diferentes atividades: polícia militar, polícia civil, bombeiros, equipes de resgate de saúde, segurador e seus vistoriadores, e eventualmente outros. Há que se considerar, todavia, que nem sempre isso será totalmente possível, sobretudo em acidentes que causam interrupção de vias públicas, ou de situações que possam ameaçar a integridade física ou o patrimônio de outras pessoas. Não será obrigatório manter o poste ou a árvore que ameaça cair em decorrência do sinistro e, com isso, colocar em risco a vida e o patrimônio de outras pessoas. Mas, sempre que for possível manter intacto o ambiente pós-sinistro, o segurado deve fazê-lo, pois é imprescindível para que a regulação e a liquidação sejam realizadas com eficiência e celeridade pelo segurador.

Os *parágrafos 1º e 2º* preveem consequências diferentes para o descumprimento do *caput* do artigo por culpa ou por dolo. No primeiro caso, culpa, converte o segurado em responsável pelas *despesas acrescidas para a regulação e a liquidação do sinistro*, na medida em que ele próprio foi o causador dessas despesas. E na hipótese de dolo, *o segurador se desonera da obrigação de indenizar ou de pagar o capital segurado* e, em algumas situações, pode ser motivo para sustentar a rescisão unilateral do contrato a depender dos objetivos pretendidos pelo segurado na prática dolosa. De fato, o segurado que comprovadamente pretender obter lucro com o sinistro e, por essa razão, dolosamente modificou o local, não pode continuar a ser parte da mutualidade, pois lhe faltam boa-fé e cooperação, essenciais para os contratos de seguro.

> **Art. 69.** A provocação dolosa de sinistro determina a perda do direito à indenização ou ao capital segurado, sem prejuízo da dívida de prêmio e da obrigação de ressarcir as despesas incorridas pela seguradora.
>
> § 1º A conduta prevista no inciso I do parágrafo único do art. 10 desta Lei implica, além da perda do direito à indenização ou ao capital segurado, a perda da garantia, sem prejuízo da dívida de prêmio e da obrigação de ressarcir as despesas incorridas pela seguradora.
>
> § 2º Sucede a mesma consequência prevista no *caput* deste artigo quando o segurado ou o beneficiário tiver prévia ciência da prática delituosa e não tentar evitá-la.
>
> § 3º Nos seguros sobre a vida e a integridade física, o capital segurado, ou a reserva matemática devida, será pago ao segurado ou a seus herdeiros quando o sinistro for dolosamente provocado pelo beneficiário.
>
> § 4º A fraude cometida por ocasião da reclamação de sinistro leva à perda pelo infrator do direito à garantia, liberando a seguradora do dever de prestar o capital segurado ou a indenização.

COMENTÁRIO:

O *caput* do artigo reproduz determinação consagrada no Código Civil brasileiro, tanto de 1916 como de 2002, em toda a legislação especial de seguros e, ainda, nas normas infralegais. Nenhum ato doloso que provoque o sinistro pode ser indenizado e, nos seguros de pessoas e integridade física não haverá pagamento de capital segurado, exceção feita ao suicídio para o qual há prazo predeterminado, como será comentado à frente.

No contrato de seguro não há cobertura para prática de atos dolosos, especialmente nos sinistros. Assim, quando comprovadamente ocorrerem atos dolosos, esses ensejarão a perda do direito à indenização ou ao capital segurado, com manutenção da obrigação do pagamento integral do prêmio e obrigação de ressarcir despesas incorridas. Poderá ser aplicada, ainda, a perda do direito à garantia nos exatos termos do inciso II, do artigo 10, já comentado.

O ato doloso do segurado, seja prévio ao contrato, durante sua execução ou posterior ao final da vigência, contamina a relação jurídica que só pode existir por força de lei fundada em boa-fé e no dever anexo de cooperação. A prática de ato doloso provoca a ineficácia do contrato em benefício de toda a sociedade, dado que os atos dolosos contrariam frontalmente a função social do contrato.

Nessa perspectiva, é importante ponderar que a provocação dolosa do sinistro pode tornar a continuidade do contrato inviável, pela quebra da boa-fé e do dever anexo da confiança entre o segurador e o segurado.

Nesse sentido, ao comentar o artigo 762 do Código Civil de 2002 que trata da nulidade do contrato de seguro para garantia de risco proveniente de ato doloso do segurado, do beneficiário ou de representante de um ou de outro, Adalberto Pasqualotto[64] afirma com indisfarçável veemência:

> O ato doloso é antecedente ou superveniente ao contrato? Pode compreender um e outro. (...) A norma não contempla diferença, cominando a mesma sanção nos dois casos. A nulidade se abate sobre o contrato que garante o segurado contra o que não lhe seria lícito praticar.
>
> Quem age com dolo usa artimanha ou astúcia para induzir alguém à prática de um ato proveitoso para o indutor e prejudicial para o induzido. O indutor põe em marcha a causa adequada de um efeito desejado e ocultado. O segurado doloso induz a seguradora a fornecer a garantia contra um risco que ele mesmo cria ou transforma em sinistro. Como são imprestáveis os frutos da árvore do mal, se o interesse ou o agir não é legítimo, ilegítimo é o seguro. O seguro não pode (en) cobrir interesses escusos ou condutas reprováveis do segurado.

Assim, tendo o sinistro decorrido de dolo e não ensejará qualquer direito à indenização. E como efeito conexo poderá ensejar a rescisão contratual motivada por parte do segurador, que em razão do dolo se encontra prejudicado na confiança e na boa-fé que possuía em relação ao segurado.

O *parágrafo 1º* do artigo analisado reporta ao inciso I do artigo 10, que *implica, além da perda do direito à indenização ou ao capital segurado, a perda da garantia, sem prejuízo da dívida de prêmio e da obrigação de ressarcir as despesas incorridas pela seguradora.* O inciso I do artigo 10 remete à nulidade das garantias contra risco de ato doloso do segurado, beneficiário ou de representante de um ou de outro, salvo dolo do representante do segurado ou do beneficiário em prejuízo desses. Nesses casos, o segurado perderá o direito à garantia e à indenização pois o contrato será nulo (são nulas as garantias...). E para isso basta que o ato se caracterize como ilícito criminal, como, por

---

64. Op. cit., p. 97.

exemplo, no caso do segurado que guiar seu veículo comprovadamente embriagado, nos termos do artigo 306 do Código de Trânsito brasileiro.[65]

Causa alguma estranheza que o *parágrafo 1º* não tenha feito referência ao inciso II do artigo 10 que, expressamente, tipifica a nulidade das garantias contra risco de ato doloso do segurado, do beneficiário ou de representante de um ou de outro. A melhor compreensão é que nesses casos seja aplicada, também, a perda do direito à indenização em decorrência da nulidade da garantia.

Perderá o direito à indenização, ainda, nos termos do *parágrafo 2º* do mesmo artigo, aquele que *tiver prévia ciência da prática delituosa e não tentar evitá-la,* porque será cúmplice de uma prática ilícita na medida em que tinha conhecimento e não efetuou as medidas possíveis para evitá-la. Assim, no caso de contratação fraudulenta do seguro, o beneficiário indicado na apólice ou o herdeiro não receberão o capital segurado, ou a reserva matemática, se aplicável.

No *parágrafo 3º* está estipulado que nos seguros sobre a vida e a integridade física, o capital segurado ou a reserva matemática devida será pago ao segurado ou a seus herdeiros quando o sinistro for dolosamente provocado pelo beneficiário.

O parágrafo se aplica a situações em que o beneficiário, ciente dessa condição, pratica ato doloso para se beneficiar de seus resultados, por exemplo, ao cometer homicídio do segurado ou qualquer ato que torne o segurado dependente de terceiros. Nessas condições bastante específicas o valor da reserva técnica, se houver, ou o capital segurado quando devido, deverão ser destinados ao segurado ou a seus herdeiros.

Por fim, o *parágrafo 4º* contempla hipótese que igualmente se alicerça na necessidade de preservação da mutualidade, porque determina que a fraude cometida por ocasião da reclamação de sinistro leva à perda pelo infrator do direito à garantia e, em consequência, libera o segurador do dever de pagar o capital segurado ou pagar a indenização. De fato, a reclamação fundamentada em fraude não pode produzir resultado benéfico, tampouco a validade do contrato porque ferido estará o alicerce da boa-fé, essencial para a relação contratual entre segurado e segurador.

> **Art. 70.** A seguradora responde pelos efeitos do sinistro caracterizado na vigência do contrato, ainda que se manifestem ou perdurem após o seu término.

COMENTÁRIO:

Os contratos de seguro se estruturam tecnicamente com dados de estatísticas e probabilidades calculados a partir da frequência e severidade de um risco predetermi-

---

65. Art. 306. Conduzir veículo automotor com capacidade psicomotora alterada em razão da influência de álcool ou de outra substância psicoativa que determine dependência: Penas – detenção, de seis meses a três anos, multa e suspensão ou proibição de se obter a permissão ou a habilitação para dirigir veículo automotor.

nado. É a partir desses dados que o segurador organiza e administra o fundo mutual de onde sairão os valores para pagamento das indenizações ao segurado e aos terceiros nos seguros de responsabilidade civil ou de vida.

Assim, responder pelos danos decorrentes de sinistros que ocorrem durante o período de vigência do contrato, mas cujos efeitos possam vir a se manifestar ou prolongar após o término da vigência, é situação excepcional que precisa ser tratada com atenção para impedir prejuízos ao fundo mutual.

Nos contratos de seguro de responsabilidade civil, por exemplo, o sinistro ocorrido durante o período de vigência e reclamado pela vítima no prazo prescricional será regularmente assumido pelo segurador sempre que tiver sido comunicado na vigência. Há, no entanto, a hipótese de contratação do seguro de responsabilidade civil à base de reclamação, quando o segurado contrata prazos de retroatividade e adicionais para que a cobertura alcance sinistros ocorridos em períodos anteriores àqueles de vigência, em conformidade com as cláusulas específicas desses contratos.

Nos contratos de seguro de vida com cobertura para invalidez permanente por acidente ou por doença, não é incomum que o sinistro ocorra durante a vigência do contrato, porém seus efeitos só se manifestem após o término da vigência. Se o fato ocorrido e determinante do efeito da invalidez tiver sido comunicado pelo segurado durante a vigência do contrato, o pagamento do capital segurado poderá ser devido após a regulação do sinistro.

Contudo, nas hipóteses em que a comunicação do fato não seja feita, o segurador não responderá pelos efeitos, devido a impossibilidade de saber se ocorrido durante a vigência ou fora dela.

Art. 71. Salvo disposição em contrário, a seguradora não responde pelos efeitos manifestados durante a vigência do contrato quando decorrentes de sinistro anterior.

COMENTÁRIO:

Os seguradores respondem pelos fatos ocorridos durante a vigência do contrato, o período de prescrição nos contratos de seguros de responsabilidade civil e, nos seguros com contratação de cláusula de anterioridade ou, ainda, de prazo suplementar ou complementar. Salvo essas hipóteses que deverão estar expressamente previstas na apólice, o segurador só responde pelos fatos ocorridos e avisados durante o período de vigência, se estiverem cobertos pela apólice.

A expressão *"salvo disposição em contrário"* que inicia a redação do artigo 71 consagra os princípios da livre iniciativa e da liberdade econômica aplicados aos contratos e, por consequência, o valor do princípio da autonomia da vontade das partes quando se trata de mediar e decidir sobre os aspectos que formam o interesse econômico comum entre elas.

Art. 72. Salvo disposição em contrário, a ocorrência de sinistros com efeitos parciais não importa em redução do valor da garantia.

COMENTÁRIO:

Os seguros privados preveem limites máximos de indenização e de garantia conhecidos, habitualmente, pelas siglas LMI (Limite Máximo de Indenização) e LMG (Limite Máximo de Garantia). O LMI, corresponde à obrigação financeira máxima que o segurador terá que suportar em cada sinistro ocorrido ao longo do período de vigência do contrato; e o LMG é o limite máximo da garantia que o contrato possui para todos os sinistros ocorridos ao longo do período de vigência, se estiverem cobertos pela apólice.

Algumas modalidades de contratos de seguro estipulam a aplicação de reintegração, que é definido como *"Restabelecimento da importância segurada, após o sinistro e o pagamento da indenização. Essa reintegração é prevista em alguns ramos de seguro e também é aplicável nos contratos de resseguro em Excesso de Danos."*

Outras modalidades de seguro não aplicam a reintegração do limite máximo após a ocorrência do sinistro, porém, sendo medida que pode ser pactuada em razão da vontade das partes contratantes.

No artigo ora em análise, fica garantido às partes contratantes que estabeleçam com liberdade de manifestação da vontade se desejam que haja redução do valor da garantia em caso de sinistros parciais, ou se não haverá redução – hipótese em que será aplicada a reintegração –, com a consequente incidência de majoração do prêmio.

Fica mantida a possibilidade de cláusula de rateio, prática consagrada desde antes do Código Civil de 2002, que permite ao segurado ampliar suas possibilidades de contratação participando de parte do prejuízo quando ocorrer o sinistro.

O segurado, no seguro de danos, deve declarar o valor em risco do interesse legítimo e se o faz em valor menor do que aquele que o bem possui no mercado, assume a responsabilidade pelo rateio quando houver dano total ou parcial a esse interesse legítimo.

As partes poderão pactuar em sentido contrário, no entanto, a cláusula de rateio parcial ou total é uma prática positiva que ocorre no mercado de seguros de danos, e permite que o seguro possa ser contratado na medida da possibilidade que o segurado possui para pagar o valor da contrapartida (prêmio), posto que nem sempre consegue contratar pelo valor integral, mas o faz em percentual menor para garantir ao menos uma parte da proteção securitária ao interesse legítimo.

Em relação à cláusula de rateio a Prof. Vera Helena de Mello Franco[66] afirma

A aplicação da regra tem fundamento, pois a exclusão da cláusula de rateio levaria ao enriquecimento indevido do segurado, em virtude da insuficiência do prêmio perante a indenização paga. A cláusula não tem aplicação nos seguros de pessoas e naqueles de danos, restringe-se aos danos diretos. (...)

Art. 73. A seguradora poderá opor ao segurado e ao beneficiário todas as defesas e exceções fundadas no contrato e anteriores ao sinistro e, salvo o caso dos seguros em que o risco coberto seja a vida ou a integridade física, também as posteriores ao sinistro.

COMENTÁRIO:

As defesas e exceções que os seguradores poderão opor aos segurados e beneficiários são aquelas referentes às cláusulas contratuais, anteriores ou posteriores ao sinistro, nos seguros de danos.

De fato, algumas defesas e exceções constantes do contrato só poderão ser opostas ao segurado ou ao beneficiário após ocorrido o sinistro, quando o segurador poderá ter acesso a fatos e dados que permitirão avaliar se existem defesas ou exceções a serem apresentadas.

Nos seguros de danos, aspectos posteriores ao sinistro podem ser contrários aos termos do contrato, como o uso de recursos econômicos para suposta minimização dos prejuízos que, em verdade, foram utilizados para reformar as instalações do segurado ou para realizar manutenção em máquinas e equipamentos às custas do fundo mutual. Essa prática não pode ser aceita porque não é prevista na lei, no contrato, e fere pressuposto básico da boa-fé, de que o sinistro não pode ser fonte de lucro para o segurado.

O mesmo pode ocorrer com os seguros de responsabilidade civil em que após o sinistro o segurador toma ciência de que foram realizadas, pelo segurado, promessas de pagamento que não poderão ser cumpridas à luz das cláusulas contratuais e/ou da regulação específica para aquela modalidade de seguro.

A restrição de oposição de defesas e exceções somente a fatos anteriores ao sinistro nos seguros de vida e integridade física, é contrária ao princípio constitucional da ampla defesa e à obrigação legal do segurador garantir o interesse legítimo por meio da organização e administração do fundo mutual.

Como garantir a solvência e o equilíbrio econômico-financeiro do fundo mutual sem a possibilidade de alegar, posteriormente ao sinistro e com fatos comprovados por meios legais, defesas e exceções fundamentadas na lei, na regulação ou no contrato se

---

66. Op. cit., p. 331.

elas são suficientemente relevantes para demonstrar, por exemplo, uma prática ilícita ou irregular do segurado após a ocorrência do sinistro? Ou fatos que só se tornaram conhecidos após o sinistro e que se tivessem sido apresentados anteriormente teriam o condão de modificar os termos do contrato ou, até mesmo a decisão de subscrever o risco por parte do segurador?

Criar barreiras para exceções e defesas não é proteção para o segurado, ao contrário, é ameaça para a mutualidade e a lei não pode compactuar com essa possibilidade.

Nos seguros de vida ou integridade física determina o texto do artigo 73 que o segurador só poderá opor ao segurado e ao beneficiário as defesas e exceções fundadas no contrato e anteriores ao sinistro, o que conflita com o princípio constitucional do contraditório e com o princípio da boa-fé. Fatos ocorridos posteriormente ao sinistro podem estar marcados por dolo ou culpa grave, serem praticados com má-fé e, evidentemente, não poderão ser aceitos pelo segurador que organiza e administra o fundo mutual para garantir interesses legítimos dos segurados e não os ilegítimos.

Existem exceções que podem e devem, obrigatoriamente, ser aplicáveis após o sinistro, como por exemplo, a utilização de laudos falsos, adulterações em documentos; e a falta de documentos necessários para a regulação e liquidação do sinistro. São situações que prejudicam a higidez do fundo mutual e devem ser questionadas pelo segurador no cumprimento de seu dever legal de garantia.

> **Art. 74.** Apresentados pelo interessado elementos que indiquem a existência de lesão ao interesse garantido, cabe à seguradora provar que a lesão não existiu ou que não foi, no todo ou em parte, consequência dos riscos predeterminados no contrato.

COMENTÁRIO:

Ocorrido risco que resulte em dano ao interesse legítimo garantido pelo contrato de seguro, é necessária a comprovação, pelo segurado, de risco ser coberto pelo contrato. Essa prova é de responsabilidade do segurado ou de quem têm o interesse legítimo sob sua guarda ou cuidado. O segurador nem sempre terá acesso ao interesse legítimo de modo a poder comprovar que houve lesão, que ela decorre de risco coberto, ou, que não ocorreu a alegada lesão. Para isso dependerá da possibilidade de ter acesso ao local em que se encontra o interesse segurado e realizar exame técnico e/ou pericial. Se não houver autorização do interessado e/ou segurado, ou se não for garantida a viabilidade de acesso ao segurador em tempo hábil, não será possível cumprir o dispositivo ora em análise.

Assim, a interpretação mais recomendável a ser dada ao artigo é que não se trata de dever absoluto do segurador, mas sim que poderá ser relativizado diante das circunstâncias específicas e comprovadas do caso concreto, como, por exemplo, se o interesse legítimo estiver inacessível para verificação pelo segurador.

Um bom exemplo são os seguros de acidentes pessoais: o segurado pode alegar ao segurador que sofreu um acidente e teve como consequência a redução ou perda de membro ou função, porém, apresenta documentos incompletos ou pouco confiáveis, e impede o acesso do segurador ao prontuário médico com o histórico do atendimento logo após o acidente. Nesse caso, não há como o segurador cumprir a determinação do artigo ora em análise, de modo que a relativização do comando legal pelo intérprete se impõe como medida de equidade.

O dever de colaboração do segurado na realização de diligências como perícias, junta médica ou outras, com o objetivo de definir de forma técnica se o fato ocorrido é ou não um risco coberto pelo contrato de seguro, é um dever anexo ao da boa-fé. O artigo de lei não tem o condão de suprimir do segurado o dever de colaborar na realização das provas técnicas indispensáveis para a caracterização do risco.

SEÇÃO XIII
DA REGULAÇÃO E DA LIQUIDAÇÃO DE SINISTROS

Art. 75. A reclamação de pagamento por sinistro, feita pelo segurado, pelo beneficiário ou pelo terceiro prejudicado, determinará a prestação dos serviços de regulação e liquidação, que têm por objetivo identificar as causas e os efeitos do fato comunicado pelo interessado e quantificar em dinheiro os valores devidos pela seguradora, salvo quando convencionada reposição em espécie.

COMENTÁRIO:

A regulação e liquidação do sinistro são momentos relevantes nas relações contratuais entre segurados e seguradores e, concretizam o cumprimento de duas obrigações essenciais do segurador: (i) garantir o interesse legítimo contra riscos predeterminados; e, (ii) proteger a solvência do fundo mutual para que nenhum valor indevido seja subtraído dessa fonte de custeio.

A regulação de sinistro definida no artigo como aquela que tem por objetivo identificar as causas e os efeitos do fato comunicado pelo interessado e, quantificar em dinheiro os valores devidos pelo segurador, comporta, em verdade, muitas outras atividades que foram bastante resumidas no texto de lei.

Regular o sinistro é aferir os fatos, a causas, o nexo de causalidade, a cobertura do risco, a extensão dos danos, os tipos de danos, os valores necessários para indenizar os danos, a existência de franquia ou participação obrigatória do segurado, a possibilidade de ressarcimento ao fundo mutual e, os atos praticados com intuito de minimizar o sinistro e suas consequências, caso tenham ocorrido.

Ernesto Tzirulnik com a colaboração de Alessandro Octaviani[67] define

---

67. TZIRULNIK, Ernesto. OCTAVIANI, Alessandro. *Estudos de Direito do Seguro. Regulação de Sinistro (Ensaio Jurídico). Seguro e Fraude.* São Paulo: Max Limonad, 1999, p. 25.

(...) regulação de sinistro é uma atividade voltada à revelação (existência e conteúdo), quantificação e cumprimento da obrigação indenizatória que exsurge da obrigação de garantia a cargo do segurador. Atividade que integra o objeto da obrigação.

(...)

(...) a atividade de regulação de sinistro compreende, antes de mais nada, o cotejo do fato ou evento noticiado com o risco assegurado e demais estipulações contratuais. Se o resultado da operação for positivo, isto é, houver identidade, ainda que parcial, entre o fato e o risco garantido pelo segurador, então haverá sinistro.

(...)

Dependerá da imediata ação regulatória, sempre que possível, identificar se o aviso do evento feito à seguradora efetivamente potencializa-se como sinistro, pois, caso positivo, deve ser considerado para efeito de comprometimento de ativos vinculados para reserva de sinistro a liquidar e, na hipótese contrária, não haverá despicienda constrição de ativos. Ainda neste particular poderá a intervenção imediata da regulação calibrar o montante do prejuízo em expectativa.

Como se pode depreender, regulação de sinistro é trabalho técnico e complexo que exige cooperação entre segurador e segurado, que atuarão juntos para que a regulação e a liquidação sejam céleres, objetivas e alcancem o melhor resultado.

A reposição em espécie é mais rara na sociedade contemporânea em que o valor monetário tem sido muito mais comumente utilizado. De todo modo, caso haja interesse do segurado e possibilidade pelo segurador, a reposição em espécie poderá ser contratada.

Art. 76. Cabem exclusivamente à seguradora a regulação e a liquidação do sinistro.

Parágrafo único. A seguradora poderá contratar regulador e liquidante de sinistro para desenvolverem a prestação dos serviços em seu lugar, sempre reservando para si a decisão sobre a cobertura do fato comunicado pelo interessado e o valor devido ao segurado.

COMENTÁRIO:

Como já afirmado nos comentários ao artigo antecedente, a regulação e a liquidação de sinistro se constituem em momentos técnicos, em especial para os sinistros mais complexos que envolvem perdas materiais de grandes proporções ou humanas. Os dados essenciais para a caracterização de um risco coberto pelo contrato de seguro deverão ser buscados por ambas as partes contratantes, segurador e segurado, em conjunto, para que os melhores resultados sejam obtidos na regulação e liquidação do sinistro, em especial no tocante à celeridade e objetividade.

Há que se considerar, no entanto, que em muitas situações da vida prática o acesso aos dados, informações e formas de comprovar a materialização do risco e os danos decorrentes é de acesso exclusivo do segurado como acontece, entre outros, no seguro de vida em que o acesso ao prontuário médico é exclusivo do paciente ou dos familiares próximos; ou, ainda, no seguro garantia em que cabe ao segurado comprovar o prejuízo – sobrecusto ou multa -, com documentos aos quais somente o segurado tem acesso.

Nessas situações o dever de cooperação do segurado é maior porque somente ele ou as pessoas por ele autorizadas poderão ter acesso aos documentos, ou condições objetivas de comprovar que os riscos cobertos no contrato de seguro realmente se materializaram e geraram danos indenizáveis.

A contratação de reguladores e liquidantes de sinistro para prestação de serviços ao segurador não subtrai deste a responsabilidade pela condução das operações de regulação e liquidação, o que restringe o sentido da expressão do *caput* do artigo ora em análise, de que o regulador e o liquidante *"desenvolvem a prestação dos serviços em lugar do segurador"*. Em sentido lato essa expressão poderia conduzir o intérprete a erro porque o regulador e o liquidante prestam serviço ao segurador, o auxiliam na tarefa de regular o sinistro e promover à liquidação dos danos, mas não atuam em lugar do segurador porque essa condição contratual é intransferível, salvo para outro segurador.

A tomada de decisão pela liquidação do sinistro com o pagamento dos valores compatíveis aos danos comprovados é exclusivamente do segurador, ou seguradores em caso de cosseguro. Os prestadores de serviços contratados não substituem o segurador em razão do comando legal que determina que é o segurador quem garante o interesse legítimo.

> **Art. 77.** A regulação e a liquidação do sinistro devem ser realizadas, simultaneamente, sempre que possível.
>
> **Parágrafo único.** Apurando a existência de sinistro e de quantias parciais a pagar, a seguradora deverá adequar suas provisões e efetuar, em favor do segurado ou beneficiário, no prazo máximo de 30 (trinta) dias, adiantamentos por conta do pagamento final.

COMENTÁRIO:

A regulação e a liquidação de sinistro como determina o artigo, devem ser realizadas com simultaneidade, embora isso nem sempre seja possível. A experiência demonstra que alguns sinistros, em especial de danos materiais a segurados e/ou terceiros, possuem grande complexidade para a correta avaliação dos fatos e dos danos, o que torna obrigatório que a liquidação seja feita somente ao final da apuração, ou seja, da regulação de sinistro.

Em outras situações, no entanto, efetivamente isso ocorre em muitos seguros de danos com cobertura para incêndio, danos decorrentes de vendaval ou de queda de raio, ou outros da mesma natureza, à medida em que o segurador realiza a regulação do sinistro já é possível adiantar ao segurado ou terceiros parte dos valores indenitários para que tenha início o trabalho de recolhimento do entulho, reconstrução das partes atingidas, de forma que a atividade pessoal ou econômica do segurado possa ser retomada o quanto antes.

O que deve ser destacado é que a interpretação do artigo 77 precisa ser realizada em consonância com o artigo 86, que prevê, expressamente, que o segurador tem 30 (trinta) dias para se manifestar sobre a cobertura securitária, contados da data da apresentação da reclamação ou do aviso de sinistro pelo interessado, acompanhado de todos os elementos necessários à decisão a respeito da existência da cobertura.

A interpretação sistemática aplicada aos artigos 77 e 86 permite compreender que o segurador terá 30 (trinta) dias como prazo máximo para se manifestar sobre a cobertura do seguro, contados da data em que receber a informação do segurado devidamente acompanhada dos elementos necessários para a decisão. Tomada a decisão pela cobertura do sinistro, o segurador deverá adequar suas provisões e efetuar adiantamentos parciais em no máximo 30 (trinta) dias, contados da data em que o segurador definir que existe a cobertura do seguro para aquele caso específico.

Os prazos de 30 (trinta) dias não se confundem e tampouco podem ser minimizados. O segurador tem 30 (trinta) dias para decidir pela cobertura (artigo 86) e outros 30 (trinta) a partir da data da decisão para adequar suas provisões e efetuar pagamentos parciais se, eventualmente, forem devidos.

Há que se ressaltar, ainda, que por se tratar de contrato de boa-fé e, por consequência, de colaboração, as partes deverão agir com diligência e cuidado para que todas as etapas sejam cumpridas com rapidez, por essa razão o segurado deve encaminhar o mais brevemente possível a informação sobre o sinistro e todos os elementos necessários para sua comprovação, bem como para a correta comprovação dos danos decorrentes do risco.

> **Art. 78.** O regulador e o liquidante do sinistro devem prontamente informar à seguradora as quantias apuradas a fim de que possam ser efetuados os pagamentos devidos ao segurado ou beneficiário.
>
> **Parágrafo único.** O descumprimento da obrigação prevista no *caput* deste artigo acarretará a responsabilidade solidária do regulador e do liquidante pelos danos decorrentes da demora.

COMENTÁRIO:

A regulação de sinistro quando realizada por agente externo ao segurador, pessoa natural ou jurídica contratada para essa finalidade, tem relação jurídica contratual de prestação de serviços e cláusulas previamente definidas sobre procedimentos e prazos em que deverão ser executados. Também há previsão sobre danos decorrentes da incorreta prestação de serviços e o dever de repará-los.

Nos sinistros de menor complexidade a celeridade na regulação e liquidação é de interesse de todos os envolvidos, ou seja, segurador, segurado, corretor de seguros e terceiros, se eventualmente tiverem relação com o fato danoso. Nos sinistros mais complexos, no entanto, é interesse de todas as partes envolvidas, e muito em especial do próprio segurado, que a regulação e a liquidação sejam eficientes, tecnicamente realizadas e que viabilizem a apuração de todos os danos, das despesas de mitigação e salvamento, a mensuração do valor dos salvados, entre outros aspectos essenciais que ao final permitirão que a indenização a ser pago pelo segurador atinja os objetivos buscados pelo segurado.

Em sinistros de incêndio, queda de aeronaves, perda de mercadorias transportadas, acidentes em plantas de fábrica, enchentes, poluição, responsabilidade civil por produtos defeituosos introduzidos no mercado, entre outros, a troca de informações entre seguradores e seus reguladores e liquidantes deve ser feita de forma contínua, comprovada, para que as orientações do segurador possam ser cumpridas rigorosamente. De toda forma, na atualidade, o uso intensivo de tecnologias favorece a troca de informações, envio e recebimento de documentos, imagens, vídeos e tudo o que possa facilitar a regulação e a liquidação dos sinistros.

Os contratos de prestação de serviços entre seguradores e seus prestadores de serviços devem conter todo detalhamento necessário para que as atividades sejam desenvolvidas com boa técnica, profissionalismo e eficiência, medidas imperativas para salvaguarda dos interesses do segurado e da mutualidade.

O descumprimento da obrigação pelo regulador e/ou liquidante, assim como os danos expressamente decorrentes da demora, que caracterizam a responsabilidade solidária prevista no parágrafo primeiro do artigo em análise, deverão ser provados pelo segurado, na medida em que para caracterização dessa modalidade de responsabilidade não se aceitam meras ilações ou alegações desprovidas de comprovação cabal. Destaque-se, ainda, que a prova deverá ser sobre a ausência de troca de informações sobre quantias apuradas para pagamento da indenização de seguro, que na letra do artigo e seu parágrafo, são ensejadores da responsabilidade solidária.

> **Art. 79.** O regulador e o liquidante de sinistro atuam por conta da seguradora.
>
> **Parágrafo único.** É vedada a fixação da remuneração do regulador, do liquidante, dos peritos, dos inspetores e dos demais auxiliares com base na economia proporcionada à seguradora.

COMENTÁRIO:

O regulador e o liquidante do sinistro poderão ser empregados do segurador ou, pessoas naturais ou jurídicas que prestam serviços mediante contratação expressa em contrato para essa finalidade. Atendem, portanto, às determinações legais do contrato de prestação de serviços regulado pelo Código Civil ou, na hipótese de empregados atendem à legislação trabalhista.

Em ambas as hipóteses deverão ser remunerados pelo trabalho técnico que executarem com objetivos predeterminados pelo segurador, qual sejam, identificar causas e consequências do fato que gerou o sinistro cujos danos serão indenizados em razão da existência do contrato de seguros.

Assim, a expressão *"atuam por conta do segurador"*, merece interpretação restritiva na medida que devem atuar em estrita consonância com as orientações que receberam, inclusive no tocante a prazos que deverão ser cumpridos e rotinas e formas de comunicação que deverão ser atendidas.

> **Art. 80.** Cumpre ao regulador e ao liquidante de sinistro:
>
> I – exercer suas atividades com probidade e celeridade;
>
> II – informar os interessados de todo o conteúdo de suas apurações, quando solicitado, respeitada a exceção prevista no parágrafo único do art. 83 desta Lei;
>
> III – empregar peritos especializados, sempre que necessário.

COMENTÁRIO:

O regulador e o liquidante de sinistros podem não ser a mesma pessoa natural ou jurídica, a depender das escolhas do segurador e/ou cosseguradores e/ou resseguradores, únicos responsáveis pela realização de ambas as etapas e pelo pagamento do valor da indenização aplicável ao caso concreto.

O exercício da atividade com probidade é dever decorrente do princípio da boa-fé que deve nortear todas as relações no âmbito dos contratos de seguro.

Quanto à celeridade ela é, sem dúvida, um dever do segurador e um direito do segurado, dependente, no entanto, a circunstâncias objetivas que permitam que seja exercida sem deixar perder a qualidade técnica e a segurança jurídica que a operação de regulação e liquidação impõem.

Ernesto Tzirulnik[68] afirma

A atuação do segurador, em fase de regulação, deve ser caracterizada pela rapidez e funcionalidade requerendo especial empenho. A verificação da existência e circunstâncias do sinistro, bem como sobre danos e valores dos prejuízos, não deve extrapolar os limites da razoabilidade.

Nessa fase a mais estrita boa-fé persiste como elemento retor do comportamento dos sujeitos da obrigação.

Não há dúvida de que é sempre necessária atenção para com os interesses transindividuais, especialmente no sentido de que o fundo coletivo não seja desfalcado imotivadamente. Esse dever do

---

68. Op. cit., p. 58.

regulador, entretanto, é de ser cumprido à medida do possível de modo a não prejudicar o pleno cumprimento da prestação indenizatória porventura devida que, como antes mencionado, inclui o fator temporal.

Há necessidade de equilíbrio entre a proteção do interesse individual do segurado oriunda do contrato e a proteção da mutualidade, para com a qual o segurador tem o dever de correta administração para salvaguarda da garantia a quem têm direito todos os segurados.

O *inciso II* do artigo em análise determina que compete ao regulador e ao liquidante informarem os interessados de todo o conteúdo de suas apurações, quando solicitado, exceção feita aos ditames do parágrafo único do artigo 83. Relativamente ao interessado, terá que ser provado o seu legítimo interesse, para que tenha acesso ao conteúdo da apuração.

Há que se ponderar, no entanto, que as informações devem ser prestadas, primeiramente, ao segurador, que cuidará de transmiti-las aos cosseguradores e resseguradores, caso estejam contratados, e ao próprio segurado, na medida em que o dever de garantir é do segurador e não dos terceiros que lhe prestam serviços.

Além disso, sendo o segurador o responsável pela reparação civil de atos ilícitos praticados por seus prepostos nos termos do disposto no artigo 932 do Código Civil, inciso III, é dele a responsabilidade de prestar informações ao segurado sobre o andamento da regulação e liquidação do sinistro.

Assim, cabe ao regulador e ao liquidante a obrigação de prestarem informações de modo contínuo ao segurador e a este, o dever de informar o segurado em decorrência da responsabilidade contratual e legal que decorre de sua posição jurídica.

No tocante ao disposto no *inciso II do artigo 80*, cumpre observar que todos os envolvidos na regulação e liquidação de sinistros se obrigam a respeitar a Lei 13.709, de 2018, Lei Geral de Proteção de Dados – LGPD, de forma a não compartilhar dados pessoais e/ou dados pessoais sensíveis, salvo nas hipóteses permitidas pela referida lei.

E, ainda em respeito à LGPD, aos direitos de personalidade protegidos no Código Civil e na Constituição Federal, bem como ao princípio da dignidade da pessoa humana, a informação a ser prestada pelo segurador nos termos do mencionado *inciso II do artigo 80*, será permitida apenas àquelas partes que comprovarem de forma clara e objetiva que possuem interesse legítimo nas informações como, por exemplo, o terceiro vítima do dano causado pelo segurado nos contratos de seguro de responsabilidade civil; ou o beneficiário indicado expressamente nos seguros de vida, entre outros.

Por derradeiro, o *inciso III* corrobora o pressuposto de que as atividades de regulação e liquidação nem sempre serão simples e de fácil execução, porque dependerão, não raras vezes, da existência de peritos especializados no conhecimento técnico específico necessário para ser aplicado ao caso concreto.

Por vezes, será necessário encontrar peritos fora do país que tenham conhecimento detalhado sobre máquinas e equipamentos fabricados em seus países de origem, e que ainda são pouco conhecidos no Brasil, país importador de muitas tecnologias que ainda não são produzidas aqui. Em outras situações reais poderá ser necessário contratar profissionais que não são facilmente encontrados no mercado, dado às especificidades de seu conhecimento técnico.

Vale salientar, que a indicação do perito é do segurador nos termos do disposto no *caput* e no parágrafo único do artigo 76. De fato, se é responsabilidade do segurador regular e liquidar o sinistro, é de igual modo de sua responsabilidade indicar peritos, reguladores, liquidantes e técnicos com formação e experiência adequadas para a realização do trabalho.

> **Art. 81.** Em caso de dúvida sobre critérios e fórmulas destinados à apuração do valor da dívida da seguradora, serão adotados aqueles que forem mais favoráveis ao segurado ou ao beneficiário, vedado o enriquecimento sem causa.

COMENTÁRIO:

O artigo 81 determina que se existirem dúvidas sobre os critérios e fórmulas destinados à apuração do valor da dívida do segurador, deverão ser adotados aqueles que melhor atenderem aos interesses do segurado ou do beneficiário, vedado expressamente o enriquecimento sem causa.

O artigo precisa ser interpretado de forma sistêmica com a Lei 8.078, de 1990, o Código de Proteção e Defesa do Consumidor, e com a Lei 13.874, de 2019, a Lei de Liberdade Econômica.

De fato, sendo o segurado um consumidor nos termos da Lei 8.078, de 1990, artigo 2º e outros, a apuração dos valores a serem pagos pelo segurador deverá atender aos critérios de objetividade e clareza para que o consumidor vulnerável e hipossuficiente possa compreender. Não sendo os critérios satisfatoriamente informativos nos termos do que determina o artigo 6º da Lei 8.078, de 1990, o consumidor terá direito a receber o valor cujos critérios e fórmulas melhor se adequem às suas necessidades.

De outro lado, em contratos simétricos e paritários, em que as partes tenham tido a oportunidade de dialogar sobre diferentes aspectos das coberturas contratuais e, ao final, deliberarem sobre os riscos cobertos, valores indenitários e cálculos para a concretização desses valores quando da ocorrência dos sinistros, nesses contratos há de prevalecer o quanto tenha sido pactuado pelas partes, sem proteção ao contratante segurado que, além de não ser vulnerável e nem hipossuficiente, também pode se fazer acompanhar por equipe de profissionais internos ou externos que garantam segurança na compreensão dos termos contratuais pactuados.

A cautela recomenda, vivamente, que existindo dúvidas fundadas sobre os critérios ou fórmulas adotadas pelo segurador, o segurado deverá buscar os esclarecimentos necessários de forma direta ou por meio de seu corretor de seguros, e, em contrapartida, o segurador terá o dever de explicar de forma minuciosa as razões de eleição para os critérios e fórmulas utilizados, inclusive com a participação dos peritos e técnicos que contribuíram para a realização dos cálculos.

A mera incompreensão ou discordância do segurado não é motivo para desconsiderar as fórmulas e critérios adotados pelo segurador, sempre que este possa comprovar que foram utilizados em respeito a melhor e mais adequada técnica e, com fundamento na boa-fé que rege as relações contratuais.

Melhor teria sido que o artigo contivesse essa distinção, ou seja, que a dúvida do segurado deverá ser fundamentada em argumentos técnicos compatíveis com a complexidade do sinistro ocorrido. A mera divergência sem fundamentação representa ameaça de enriquecimento ilícito e de prejuízo ao fundo mutual, que compete ao segurador, com exclusividade, organizar e administrar.

Também teria sido mais compatível com o corpo da norma que o artigo não tivesse utilizado a palavra *dívida* porque, a rigor, o segurador não tem uma dívida com o segurado, mas sim uma obrigação de garantia que se torna líquida apenas e tão somente quando não existem mais circunstâncias a serem esclarecidas sobre o fato, a cobertura contratual, os danos comprovados e a titularidade do crédito. Em fase de debate sobre critérios e fórmulas não existe dívida a ser paga pelo segurador, mas dever de garantia a ser transformado em direito líquido e certo do segurado.

Art. 82. O relatório de regulação e liquidação do sinistro é documento comum às partes.

COMENTÁRIO:

A responsabilidade e as despesas para realização da regulação e liquidação de sinistro competem ao segurador e/ou cosseguradores. Cabe a ele(s) a escolha dos reguladores e liquidantes, sua contratação, a remuneração dos profissionais e o pagamento das despesas havidas no curso do trabalho, a determinação das diretrizes essenciais para que os melhores resultados possam ser obtidos e, finalmente, o pagamento dos danos decorrentes do sinistro ocorrido.

A relação entre o segurador(es) e prestadores de serviços de regulação e liquidação é contratual e, por vontade das partes, estabelecerá a forma como esse serviço será prestado. Assim, o contrato de prestação de serviços do segurador(es) com os reguladores e liquidantes poderá conter cláusula expressa e legal que determine que o relatório deverá ser entregue ao segurador que, quando necessário, o compartilhará com o segurado.

A responsabilidade de garantir o interesse legítimo do segurado é legalmente do segurador e/ou cosseguradores e, no exercício dessa obrigação devem agir de forma a proteger os direitos do segurado, individualmente considerado, e os da mutualidade que possui os recursos para pagamento dos valores indenitários decorrentes do sinistro.

Essa obrigação é de tal ordem relevante que o segurador deve ser o primeiro a conhecer os resultados da apuração realizada pelos peritos e, se estiverem presentes as condições adequadas, compartilhar esses resultados com o próprio segurado, considerada a exceção contida no parágrafo único do artigo 83.

A interpretação mais adequada para o artigo 82 é pelo método sistemático. A esse respeito, a lição de Carlos Maximiliano[69]

> *Para aplicar bem uma norma jurídica, é insuficiente o esforço adstrito ao propósito de lhe conhecer o sentido objetivo, a significação verdadeira. Há casos em que esta se adota com maior amplitude; outros, em que se exigem restrições cautelosas. A Hermenêutica oferece os meios de resolver, na prática, as dificuldades todas, embora dentro da relatividade das soluções humanas; guia o executor para descobrir e determinar também o alcance, a extensão de um preceito legal, ou dos termos de ato de última vontade, ou de simples contrato.*
>
> *(...)*
>
> *Não se encontra um princípio isolado, em ciência alguma; acha-se cada um em conexão íntima com outros. O Direito objetivo não é um conglomerado caótico de preceitos; constitui vasta unidade, organismo regular, sistema, conjunto harmônico de normas coordenadas, em interdependência metódica, embora fixada cada uma no seu lugar próprio. De princípios jurídicos mais ou menos gerais deduzem corolários; uns e outros se condicionam e restringem reciprocamente, embora se desenvolvam de modo que constituem elementos autônomos operando em campos diversos.*
>
> *(...)*
>
> *Aplica-se modernamente o processo tradicional, porém com amplitude maior do que a de outrora: atende à conexidade entre as partes do dispositivo, e entre este e outras prescrições da mesma lei, ou de outras leis; bem como à relação entre uma, ou várias normas, e o complexo das ideias dominantes na época. A verdade inteira resulta do contexto, e não de uma parte truncada, quiçá defeituosa, mal redigida; examine-se a norma na íntegra, e mais ainda: o Direito todo, referente ao assunto. Além de comparar o dispositivo com outros afins, que formam o mesmo instituto jurídico, e com os referentes a institutos análogos; força é, também, afinal pôr tudo em relação com os princípios gerais, o conjunto do sistema em vigor.*

O artigo em análise cotejado com os anteriores e posteriores, muito especialmente com o artigo 76, que atribui com exclusividade ao segurador o dever de regular e liquidar o sinistro, com obrigação legal de decidir sobre a cobertura do fato, torna relativo o dever de atribuir ao relatório de regulação e liquidação o caráter de documento comum às partes. Se o segurador e/ou cosseguradores cumpriram os deveres legais que lhes foram atribuídos, não podem ser compelidos a apresentar o relatório final de forma compartilhada como documento comum, seja para proteger dados pessoais e/ou dados pessoais sensíveis nos termos da Lei Geral de Proteção de Dados Pessoais – LGPD; seja em razão de limites de sigilo impostos por lei ou contrato; ou, ainda, porque algumas informações poderão afetar terceiros, como prevê o parágrafo único do artigo 83.

Assim, o relatório de regulação e liquidação será comum às partes sempre que não existir impedimento alegado pelo segurador que, quando assim o fizer, assume

---

69. MAXIMILIANO, Carlos. *Hermenêutica e Aplicação do Direito.* 23. ed. Rio de Janeiro: Gen Forense, 2022, p. 15; 116-117.

integralmente a responsabilidade pelo não compartilhamento, em específico para os termos do parágrafo único do artigo 83.

Cumpre destacar, ainda, que trocas internas de documentos e expedientes, fazem parte do processo de regulação do sinistro, mas não do relatório de regulação e liquidação, e, portanto, não devem ser exibidos ou compartilhados. O segurador também não se obriga a entregar mensagens eletrônicas ou obtidas por qualquer outro meio digital, em especial se estiverem protegidas por sigilo.

Cumpre destacar, ainda, que em decisão recente do Superior Tribunal de Justiça – STJ, no Recurso Especial n. 1.836.910-SP, ficou decidido que:

> *Recurso especial. Processual civil, direito securitário e direito do consumidor. Ação civil pública manejada pelo ministério público. Causa de pedir apontando vício, à luz do CDC, de redação de cláusulas de contratos de adesão da ré, além de que há descumprimento do dever de informação do fornecedor. Legitimidade do ministério público. Existência. Pretensão de limitação dos efeitos da sentença à competência territorial do órgão judicante. Inviabilidade. Regulação de sinistro. Voltada à revelação, quantificação e cumprimento da obrigação indenizatória. Atividade essencial ao setor. Regulação pela susep abrangendo o tema litigioso. Comunicação formal, em caso de recusa de indenização securitária, do motivo. Livre iniciativa e livre exercício da atividade econômica. Proteção constitucional. Cláusulas contratuais prevendo excludentes de cobertura. Utilização de grifos. Caracterização do devido destaque.*
>
> *(...)*
>
> *3. A regulação de sinistro é uma atividade voltada à revelação (existência e conteúdo), quantificação e cumprimento da obrigação indenizatória que exsurge da obrigação de garantia a cargo do segurador. A operação pode ser assim sintetizada: a) uma vez ocorrido e avisado o sinistro, cabe ao segurador apurar os fatos para o cumprimento da obrigação de garantia, o que se desenvolve pela regulação do sinistro; b) constitui procedimento conduzido pelo segurador para determinar a existência de sinistro coberto e a extensão da cobertura, com a mensuração da extensão dos danos e o cálculo da quantia a ser paga ao segurado; c) consiste numa atividade complexa, na qual o fato comunicado como sinistro será confrontado com a realidade e com as coberturas contratadas; d) a comparação entre o dano e o interesse segurado permitirá conhecer o prejuízo, relevando o prejuízo indenizável; e) apura-se o valor a indenizar em conformidade com a extensão dos danos, o interesse e o capital segurado; f) todas as etapas formam um processo único e contínuo e nem sempre podem ser totalmente distinguidas, sobrepondo-se eventualmente, sem prejuízo da precisa definição das finalidades de cada uma delas.*
>
> *4. A atividade é essencial para o setor, uma vez que, a par de constituir obrigação acessória de fazer do segurador, por vezes necessária até mesmo para salvamentos para redução das consequências danosas do sinistro, é fundamental para prevenir e reprimir fraudes que oneram o custo dos prêmios.*

Assim, o relatório de regulação e liquidação de sinistro é documento que fundamenta a decisão do segurador em relação à cobertura do risco. As informações contidas nesse documento serão comuns às partes sempre que o compartilhamento delas não representem nenhum risco para a mutualidade, ou seja, para a função de garantia que o segurador assume por força de lei.

Art. 83. Negada a cobertura, no todo ou em parte, a seguradora deverá entregar ao interessado os documentos produzidos ou obtidos durante a regulação e liquidação do sinistro que fundamentem sua decisão.

Parágrafo único. A seguradora não está obrigada a entregar documentos e demais elementos probatórios que sejam considerados confidenciais ou sigilosos por lei ou que possam causar danos a terceiros, salvo em razão de decisão judicial ou arbitral.

COMENTÁRIO:

É dever do segurador e/ou cosseguradores apresentar a fundamentação técnica e/ou jurídica da negativa total ou parcial do sinistro, como forma de dar cumprimento integral ao princípio da boa-fé e ao dever anexo de confiança e cooperação que deve, obrigatoriamente, vigorar entre as partes. Fundamentação genérica ou inconsistente não cumpre o papel de informar adequadamente o segurado, razão pela qual se impõe que a negativa total ou parcial esteja ancorada em fundamentos claros, objetivos e lógicos, que possam levar o segurado a compreender os argumentos, ainda que não concorde com eles.

Em outras palavras, nem sempre será necessária a apresentação de documentos, mas sempre será imprescindível que sejam apresentados argumentos consistentes e plausíveis, com a expressa referência ao texto de lei ou do contrato que deixou de ser atendido no sinistro em questão.

O segurador e/ou cosseguradores não se obrigam, ainda, a entregar documentos que tenham sido fornecidos pelo próprio segurado no curso da tramitação da regulação e liquidação de sinistro, embora se obriguem a fazer expressa referência aos elementos desses documentos que subsidiaram a decisão de não indenizar no todo ou em parte.

Relevante destacar, ainda, que o Poder Público possui classificação própria para documentos sigilosos e confidenciais, nos termos do Decreto n. 7.845, de 2021, que regulamenta procedimentos para credenciamento de segurança e tratamento de informação classificada em qualquer grau de sigilo, e dispõe sobre o Núcleo e Segurança e Credenciamento do Estado brasileiro. Além disso, é preciso levar em conta as disposições da Lei n. 13.105, de 2015, o Código de Processo Civil brasileiro, em especial no artigo 404.

Determina o mencionado artigo do CPC que a parte e o terceiro se escusam de exibir em juízo o documento ou a coisa se (i) concernente a negócios da própria vida da família; (ii) sua apresentação puder violar dever de honra; (iii) sua publicidade redundar em desonra à parte ou ao terceiro, bem como a seus parentes consanguíneos ou afins até o terceiro grau, ou lhes representar perigo de ação penal; (iv) sua exibição acarretar a divulgação de fatos a cujo respeito, por estado ou profissão, deva guardar sigilo; (v) subsistirem outros motivos graves que, segundo o prudente arbítrio do juiz, justifiquem a recusa da exibição; (vi) houver disposição legal que justifique a recusa da exibição.

A respeito, especificamente, do inciso II, o professor Dr. Daniel Amorim Assumpção Neves[70] afirma

---

70. NEVES, Daniel Amorim Assumpção. *Código de Processo Civil Comentado*. 9. ed. São Paulo: JusPodivm, 2024, p. 794.

Quando o legislador se preocupa em preservar a honra da parte tem-se a consagração da tutela do patrimônio moral da parte, representado pela reputação, bom nome, imagem etc. Justamente por isso, a proteção ora analisada aplica-se também à pessoa jurídica, que tem reputação e confiabilidade a serem preservadas. Se a parte tiver o dever de honra de não divulgar a coisa ou documento, tornando seu conteúdo de conhecimento público, sacrifica-se a produção da prova em favor da preservação do patrimônio moral da parte.

Assim, se a parte produzir documento técnico que evidencie prática ilícita ou indevida do segurado e tiver motivos para proteger com sigilo esse documento, de forma que não seja possível apresentá-lo ao segurado ou a terceiro, poderá fazê-lo e o segurador e/ou cosseguradores estarão obrigados a não compartilhar o documento. Sendo necessário, em juízo, poderá o magistrado da causa aplicar o disposto no parágrafo 4º do artigo 447, ouvir a testemunha impedida por sigilo profissional sem que esta seja obrigada a prestar compromisso.

O mesmo se aplica às relações entre segurado e segurador na esfera não processual. Se o segurador tem fundamentos para colocar documentos sob sigilo e não os compartilhar com o segurado e/ou terceiro, poderá fazê-lo, desde que negada a cobertura e apresentados os fundamentos da referida negativa.

O sigilo para documentos obtidos durante a regulação de sinistro não caracteriza um prejuízo ao segurado, mas sim instrumentaliza a proteção à mutualidade organizada e administrada pelo segurador e, por vezes, à própria sociedade, na medida em que, quando for o caso, as informações sigilosas devam ser levadas primeiramente ao conhecimento das autoridades públicas (federais, estaduais ou municipais) para a apuração de eventuais práticas delituosas.

Cumpre destacar, ainda, que o compartilhamento de documentos por parte do segurador pode causar danos a terceiros, direta ou indiretamente envolvidos no sinistro, ou que mantenham relações pessoais ou empresariais com o segurado, o que redobra a necessidade de sigilo pelo segurador. Sejam os terceiros pessoas naturais ou jurídicas, públicas ou privadas, o segurador não está autorizado por lei a causar danos a outrem, razão pela qual lhe compete o máximo cuidado no compartilhamento de documentos e informações obtidos durante a fase de regulação de sinistro.

Por derradeiro, importante destacar que o interessado, nos termos do que determina o *caput* do artigo, deverá previamente comprovar sua condição porque, a rigor, a relação contratual se estabelece entre segurador, cosseguradores e resseguradores se houver, e segurado e beneficiários, se houver. Se, em situações específicas o interessado comprovar a necessidade de ter acesso a documentos relativos à regulação do sinistro, caberá ao segurador, com exclusividade em decorrência da responsabilidade legal que possui, decidir se o acesso será viabilizado.

Art. 84. Correm por conta da seguradora todas as despesas com a regulação e liquidação do sinistro, salvo as realizadas para a apresentação dos documentos predeterminados para comunicação da ocorrência e para prova da identificação e legitimidade do interessado, além de outros documentos ordinariamente em poder do interessado.

COMENTÁRIO:

As despesas com a regulação e liquidação do sinistro são custeadas pela mutualidade e, na preservação do interesse comum de todos os segurados, devem ficar restritas àquilo que seja efetivamente necessário, imprescindível, para que os fatos e as consequências fiquem satisfatoriamente demonstrados. Despesas do beneficiário ou do herdeiro legal para comprovarem a legitimidade de sua posição não serão suportadas pelo segurador, porque cabe à parte interessada provar que tem legitimidade para isso.

Art. 85. A execução dos procedimentos de regulação e liquidação de sinistro não importa em reconhecimento de nenhuma obrigação de pagamento do valor do seguro por parte da seguradora.

COMENTÁRIO:

Os procedimentos necessários para a regulação e liquidação do sinistro são parte dos deveres assumidos pelo segurador e/ou cosseguradores para garantir o interesse legítimo do segurado, contra riscos predeterminados. Se no curso da regulação restar comprovado que o fato não se enquadra entre os riscos cobertos, ou que ocorreu em razão de agravação de risco pelo segurado, ou, ainda, que tenha sido resultante de fraude, entre outras possibilidades, não haverá dever de indenizar.

Assim, a abertura dos procedimentos de regulação de sinistro não implica, automaticamente, em reconhecimento do dever de indenizar, o que torna ainda mais impróprio o termo *dívida*, utilizado pelo legislador no artigo 81 comentado acima. Não há dívida do segurador, salvo após o reconhecimento expresso da existência de fato decorrente de risco coberto e de comprovação dos danos e de sua extensão.

Art. 86. A seguradora terá prazo máximo de 30 (trinta) dias para manifestar-se sobre a cobertura, sob pena de decair do direito de recusá-la, contado da data da apresentação da reclamação ou do aviso de sinistro pelo interessado, acompanhados de todos os elementos necessários à decisão a respeito da existência de cobertura.

§ 1º Os elementos necessários à decisão sobre a cobertura devem ser expressamente arrolados nos documentos probatórios do seguro.

§ 2º A seguradora ou o regulador do sinistro poderão solicitar documentos complementares, de forma justificada, ao interessado, desde que lhe seja possível produzi-los.

§ 3º Solicitados documentos complementares dentro do prazo estabelecido no *caput* deste artigo, o prazo para a manifestação sobre a cobertura suspende-se por no máximo 2 (duas) vezes, recomeçando a correr no primeiro dia útil subsequente àquele em que for atendida a solicitação.

§ 4º O prazo estabelecido no *caput* deste artigo somente pode ser suspenso 1 (uma) vez nos sinistros relacionados a seguros de veículos automotores e em todos os demais seguros em que a importância segurada não exceda o correspondente a 500 (quinhentas) vezes o salário mínimo vigente.

§ 5º A autoridade fiscalizadora poderá fixar prazo superior ao disposto no *caput* deste artigo para tipos de seguro em que a verificação da existência da cobertura implique maior complexidade na apuração, respeitado o limite de 120 (cento e vinte) dias.

§ 6º A recusa de cobertura deve ser expressa e motivada, não podendo a seguradora inovar posteriormente o fundamento, salvo quando, depois da recusa, vier a tomar conhecimento de fatos que anteriormente desconhecia.

COMENTÁRIO:

O *caput* do artigo contém dever a ser cumprido pelo segurado e/ou interessado, qual seja, o de apresentar, quando do aviso de sinistro, todos os documentos e elementos necessários para que sejam apurados, pelo segurador – após deter as informações e documentos necessários – o fato, a existência de cobertura contratual, a extensão dos danos, a identidade daqueles que deverão ser indenizados, entre outros aspectos essenciais para a regulação e liquidação do sinistro.

Não terá início a contagem do prazo de decadência se os elementos fundamentais para que o segurador cumpra seu dever de regular e liquidar o sinistro não estiverem presentes, razão pela qual o segurador pode recusar o recebimento de documentos incompletos sempre que tenham sido consignados expressamente no contrato e não tenham sido apresentados pelo interessado e/ou segurado.

O contrato de seguro deverá conter cláusula que especifique detalhadamente os documentos que o interessado e/ou segurado deverá apresentar para a regulação e liquidação do sinistro e, sem que esteja completo o rol de documentos solicitados, o segurador não se obriga a recebê-los em razão do início da contagem do prazo e da restrição contida no *parágrafo 3º*, que faz referência apenas a documentos complementares e não a *documentos faltantes*.

A entrega de documentos incompletos pelo interessado e/ou segurado ao segurador não dá início a contagem do prazo decadencial, ou seja, somente quando todos os documentos mencionados no contrato de seguro estiverem em poder do segurador a contagem do prazo se inicia.

O segurador, por sua vez, nos termos do disposto no *parágrafo 1º*, tem o dever de especificar detalhadamente quais os documentos que, necessariamente, o segurado e/ou interessado deverá apresentar desde logo, inicialmente, para que a regulação e a liquidação do sinistro sejam possíveis de serem realizadas. Há que se considerar, no entanto, que no curso das tarefas de regulação e liquidação poderão ser necessários outros documentos, de caráter complementar a que faz expressa referência o *parágrafo 2º* do mesmo artigo.

A estipulação de limite de oportunidades para a solicitação de documentos complementares consignada no *parágrafo 3º*, duas vezes no máximo para suspensão de contagem do prazo de decadência, cria para o segurador a obrigação de aferir cuidadosamente os documentos apresentados e avaliar a necessidade de outros, de caráter complementar. Além disso, se os documentos solicitados não forem entregues pelo interessado, haverá negativa por falta de apresentação da documentação.

O *parágrafo 4º* prevê que o prazo de 30 dias só pode ser suspenso uma vez nos sinistros relacionados a seguros de veículos automotores e em todos os demais seguros em que a importância segurada não exceda o correspondente a quinhentas vezes o salário-mínimo vigente. Assim, a importância segurada deve ser verificada para cada uma das coberturas contratadas.

Nos casos em que a importância segurada exceda 500 (quinhentas) vezes o salário mínimo vigente e o seguro seja do ramo automóvel, responsabilidade civil facultativa de veículos ou de acidentes pessoais de passageiros, é admissível que o prazo ultrapasse os 30 (trinta) dias fixados na parágrafo 4º, exatamente porque serão situações que envolvem maior volume de recursos da mutualidade e, avultam a relevância do papel do segurador na garantia que a lei lhe atribui. Serão situações que em razão dos valores envolvidos, superiores a 500 (quinhentas) vezes o valor do salário mínimo, imporão maiores cuidados na regulação do sinistro, inclusive na apuração das causas e da extensão dos danos.

A afirmação acima se coaduna com o disposto no *parágrafo 5º* que determina que a autoridade fiscalizadora poderá *fixar prazo superior àquele definido no caput – 30 (trinta) dias, para seguros em que a verificação da existência de cobertura implique maior complexidade.*

Nos seguros de grandes riscos destinados a obras de infraestrutura, grandes obras civis públicas ou privadas, transporte terrestre, aéreo ou marítimo, garantia em obras licitadas, riscos cibernéticos, entre outros da mesma natureza, é comprovado, pela experiência, que 30 (trinta) dias pode ser um prazo exíguo, em especial quando são necessárias vistorias técnicas, realização de perícia, acesso a documentos que precisam ser traduzidos por tradutor juramentado, entre outras situações que a realidade comprova que são recorrentes.

Mas, há que se destacar que também para seguros supostamente de menor complexidade como, por exemplo, de automóvel ou de responsabilidade civil facultativa de veículos, a depender das circunstâncias concretas em que tenham ocorrido, será necessário que o prazo seja alongado para que a regulação e a liquidação ocorram com respeito à boa técnica, à boa-fé e, em especial, em respeito ao equilíbrio econômico e financeiro da mutualidade.

Um segurado que provoca um acidente de carro que causa danos materiais e imateriais para várias pessoas naturais e jurídicas, como acontece, frequentemente, em acidentes envolvendo caminhões ou veículos de passeio que abalroam vários outros veículos, cria uma situação que nem sempre poderá ser analisada e concluída pelo segurador no prazo de 30 (trinta) dias. As vítimas de danos físicos precisarão ser localizadas e identificadas, o que sempre é complexo quando são enviadas para diferentes hospitais; a extensão do dano físico nem sempre é rapidamente aquilatada como acontece, por exemplo, nos casos de traumatismos cranianos; as perdas materiais de estabelecimentos comerciais atingidos pelo abalroamento nem sempre são fáceis de serem apuradas em razão da complexidade dos produtos comercializados; essas e outras tantas situações fáticas já ocorridas na história da atividade de seguros no Brasil, demonstram que alta complexidade nem sempre decorre de seguros de maior valor de cobertura, podendo ser encontrada também em coberturas mais modestas, como aquelas contratadas nos seguros de veículos.

Nesse sentido, o próprio limite de 120 (cento e vinte dias) poderá ser pequeno a depender da complexidade do fato, razão pela qual a autoridade supervisora deverá poder renovar o prazo por pelo menos mais um período de até 120 (cento e vinte) dias, sempre com o objetivo de viabilizar que a regulação e liquidação atendam, rigorosamente, a boa-técnica, a proteção ao fundo mutual e os interesses das vítimas de danos materiais e imateriais.

Prazos exíguos nem sempre atendem satisfatoriamente a qualidade técnica necessária para a obtenção dos melhores resultados nas relações contratuais e, não raro, são ensejadores de conflitos entre as partes.

O parágrafo 6º do artigo 86 determina que a recusa a cobertura deverá ser expressa e motivada, o que já era determinado pelas decisões dos tribunais brasileiros e, determina ainda que o segurador não poderá inovar no fundamento *a posteriori,* salvo se vier a tomar conhecimento de fatos que desconhecia.

A determinação deve ser interpretada em estrita consonância com a Constituição Federal brasileira, que permite às partes o direito de livre manifestação, o exercício do direito à ampla defesa e ao contraditório.

Não faz sentido que o segurador inove sucessivamente em seus argumentos de recusa, de forma a impedir o segurado de apresentar seus argumentos para contestá-la, ainda que em fase administrativa. De outro lado, não faz sentido que, tendo o segurador identificado argumentação complementar àquela primeiramente exposta ao segurado, não possa inclui-la em eventual reanálise solicitada pelo mesmo.

A regulação de sinistros é um momento propício ao diálogo entre as partes contratantes e seus representantes legais, seja para ampliação da compreensão das cláusulas contratuais, seja para o aprimoramento das relações, em especial nos seguros com cobertura para riscos mais complexos.

Art. 87. Reconhecida a cobertura, a seguradora terá o prazo máximo de 30 (trinta) dias para pagar a indenização ou o capital estipulado.

§ 1º Os elementos necessários à quantificação dos valores devidos devem ser expressamente arrolados nos documentos probatórios do seguro.

§ 2º A seguradora ou o liquidante do sinistro poderão solicitar documentos complementares, de forma justificada, ao interessado, desde que lhe seja possível produzi-lo.

§ 3º Solicitados documentos complementares dentro do prazo estabelecido no *caput* deste artigo, o prazo para o pagamento da indenização ou do capital segurado suspende-se por no máximo 2 (duas) vezes, recomeçando a correr no primeiro dia útil subsequente àquele em que for atendida a solicitação.

§4º O prazo estabelecido no *caput* deste artigo somente pode ser suspenso 1 (uma) vez nos sinistros relacionados a seguros de veículos automotores e seguros de vida e integridade física, assim como em todos os demais seguros em que a importância segurada não exceda o correspondente a 500 (quinhentas) vezes o salário mínimo vigente.

§ 5º A autoridade fiscalizadora poderá fixar prazo superior ao disposto no *caput* deste artigo para tipos de seguro em que a verificação da existência de cobertura implique maior complexidade na apuração, respeitado o limite máximo de 120 (cento e vinte) dias.

§ 6º O valor devido apurado deve ser apresentado de forma fundamentada ao interessado, não podendo a seguradora inovar posteriormente, salvo quando vier a tomar conhecimento de fatos que anteriormente desconhecia.

COMENTÁRIO:

O *caput* do artigo determina prazo de 30 (trinta) dias para que o segurador cumpra a obrigação de pagar a garantia contratada, porém deixa de especificar clara e objetivamente a data do início da contagem desse prazo. Permite concluir, no entanto, por interpretação sistemática e teleológica que o prazo terá início no momento em que o segurador comunicar ao segurado que reconhece que o fato ocorrido se caracteriza como risco coberto e, em consequência, como passível do pagamento da garantia contratada. Essa é a interpretação que faz sentido sistemática e teleologicamente, se considerado que compete ao segurador a realização da regulação e da liquidação do sinistro. Sendo o segurador o protagonista desses dois momentos que antecedem o pagamento da garantia, a ele competirá comunicar a conclusão e, consequentemente, o prazo terá início a partir desse momento.

Há se que considerar, também, que o segurador terá prazo de 30 (trinta) dias nos termos do artigo 86 para *manifestar-se sobre a cobertura, sob pena de decair do direito de recusá-la, contado da data da apresentação da reclamação ou do aviso de sinistro pelo interessado, acompanhados de todos os elementos necessários à decisão a respeito da existência de cobertura*; e, prazo de 30 (trinta) dias para pagar a indenização ou o capital segurado. É recomendável que a regulação e a liquidação do sinistro ocorram de forma simultânea, porém, não sendo isso possível por quaisquer razões de ordem fática ou técnica, será assegurado prazo máximo de 30 (trinta) dias para cada uma das etapas.

O *parágrafo 1º* do artigo determina que os elementos necessários à quantificação dos valores devidos devem ser expressamente arrolados nos documentos probatórios do seguro. Mas, a experiência demonstra que os sinistros possuem peculiaridades que, por vezes, tornam necessária a solicitação de outros documentos, que o *parágrafo 2º* do mesmo artigo denominou como complementares, mas que por vezes são fundamentais para a compreensão da dinâmica do evento e impactam nos resultados de danos, cujos valores deverão ser indenizados pelo segurador.

Os documentos complementares poderão ter essa denominação somente porque não estavam mencionados expressamente no documento probatório da contratação do seguro, mas não porque sejam complementares como elemento de prova dos fatos e dos danos causados ao interesse legítimo. Não é de se supor que o segurador consiga em todos os diferentes ramos de seguro fixar, taxativamente, quais os documentos necessários para aferição de fatos e danos cujos resultados serão objeto da obrigação de garantia. Assim, a justificativa deverá, obrigatoriamente, guardar pertinência com o fato e os danos, porém não há que se exigir seja detalhada a ponto de tornar o processo de regulação e liquidação mais lento do que o desejável.

O parágrafo 3º do artigo em análise supre a lacuna do caput que não determinou qual a data do início da contagem do prazo de 30 (trinta) dias. Ao mesmo tempo, o referido parágrafo terceiro determina que o prazo poderá ser suspenso apenas por duas vezes. Assim, parece correto interpretar que o segurador poderá solicitar documentos complementares quando houver comprovada necessidade, porém, o prazo só poderá ser suspenso por duas vezes.

O *parágrafo 4º* do artigo 87 estabelece que nos contratos de seguros de automóvel, de vida e integridade física e em todos os demais ramos, quando o valor da garantia não exceder 500 (quinhentas) vezes o valor do salário-mínimo, o prazo do caput poderá ser suspenso por uma única vez.

Muitos casos de menor valor de indenização demandam complexidade para comprovação dos danos, por isso é recomendável que segurado e segurador alinhem corretamente seus objetivos de forma que os prazos sejam atendidos em todos os sinistros. Prevalece como diretriz a aplicação da boa-fé objetiva e, consequentemente, de colaboração entre as partes tanto na apresentação de documentos, como na agilidade no pagamento da indenização.

Além disso, um único caso em valor igual ou inferior a 500 (quinhentos) salários-mínimos, se for pago indevidamente pelo segurador, pode não provocar maiores consequências para o fundo mutual, mas a experiência aponta que os sinistros não ocorrem isoladamente, ao contrário, são centenas ou milhares de sinistros semelhantes que ocorrem no cotidiano dos seguros de automóvel, residenciais, prestamistas, ou de vida e integridade física.

Centenas ou milhares de sinistros que não possam ter sua extensão de danos adequadamente comprovada poderão gerar impactos negativos para os fundos mutuais, o que, com toda certeza, não foi a intenção do legislador. Desse modo, lícito concluir que se o consumidor concordar com a suspensão do prazo por mais de uma vez em decorrência da complexidade da apuração dos danos, ainda que em valor inferior ao limite proposto pelo legislador, a expressa concordância será o suficiente para que as partes prossigam na avaliação para que o pagamento seja justo para o segurado e para o fundo mutual.

Em conformidade com o *parágrafo 5º* a autoridade fiscalizadora terá liberdade para fixar prazo superior àquele consignado no *caput* do artigo em análise, sempre que a liquidação dos valores implicar em maior complexidade na apuração e, respeitado o limite de 120 (cento e vinte) dias.

Em contratos simétricos e paritários, entende-se que é possível que as partes deliberem sobre a extensão desses prazos nas situações em que ficar constatada a complexidade da apuração dos valores.

Por fim, o *parágrafo 6º* determina, ainda, que o valor apurado após a regulação do sinistro deverá ser apresentado ao segurado de forma fundamentada, ficando o segurador proibido de inovar sobre esse valor, *salvo se* vier a tomar conhecimento de fatos que anteriormente desconhecia ou, acrescente-se à luz da realidade, fatos que houverem sido deliberadamente ocultados pelo segurado ou por seus prepostos e/ou representantes.

> **Art. 88.** A mora da seguradora fará incidir multa de 2% (dois por cento) sobre o montante devido, corrigido monetariamente, sem prejuízo dos juros legais e da responsabilidade por perdas e danos desde a data em que a indenização ou o capital segurado deveriam ter sido pagos, conforme disposto nos artigos 86 e 87 desta Lei.

COMENTÁRIO:

Caracterizada a mora do segurador, ou seja, o inadimplemento da obrigação positiva e líquida, no seu termo, conforme define o artigo 397 do Código Civil brasileiro, incidirão as consequências previstas no artigo 88, supramencionado.

A interpretação do *caput* do artigo 88 precisa ser lido à luz do que dispõe a Lei nº 14.905, de 2024, que alterou o Código Civil para dispor sobre atualização monetária e juros, em especial os artigos 389 e 406, que assim dispõe:

Artigo 389. Não cumprida a obrigação, responde o devedor por perdas e danos, mais juros, atualização monetária e honorários de advogado.

Parágrafo único. Na hipótese de o índice de atualização monetária não ter sido convencionado ou não estar previsto em lei específica, será aplicada a variação do Índice Nacional de Preços ao Consumidor Amplo (IPCA), apurado e divulgado pela Fundação Instituto Brasileiro de Geografia e Estatística (IBGE), ou do índice que vier a substituí-lo."

Art. 406. Quando não forem convencionados, ou quando o forem sem taxa estipulada, ou quando provierem de determinação da lei, os juros serão fixados de acordo com a taxa legal.

§ 1º A taxa legal corresponderá à taxa referencial do Sistema Especial de Liquidação e de Custódia (Selic), deduzido o índice de atualização monetária de que trata o parágrafo único do art. 389 deste Código.

§ 2º A metodologia de cálculo da taxa legal e sua forma de aplicação serão definidas pelo Conselho Monetário Nacional e divulgadas pelo Banco Central do Brasil.

CAPÍTULO II
DOS SEGUROS DE DANOS
SEÇÃO I
DISPOSIÇÕES GERAIS

Art. 89. Os valores da garantia e da indenização não poderão superar o valor do interesse, ressalvadas as exceções previstas nesta Lei.

COMENTÁRIO:

É pressuposto fundamental da atividade de seguros no Brasil e no mundo que o contrato de seguro não poderá se converter em fonte de enriquecimento para o segurado. Nesse sentido, ensina Pedro Alvim[71] que o seguro

Não deve ser fonte de lucro para o segurado, por isso, quando se verifica o excesso, por motivo estranho à vontade dos contratantes, fato geralmente apurado por ocasião do sinistro, a indenização se limitará ao valor dos prejuízos. O segurado não pode, sob o pretexto de ter pago o prêmio, receber o valor integral da apólice, pretensão que se manifesta geralmente, quando os prejuízos são totais.

Conforme já foi esclarecido antes, o princípio indenitário domina os seguros de dano: o segurado não recebe mais do que perdeu. O lucro é estranho ao seguro que visa apenas à previdência e não à especulação. Qualquer pagamento além dos prejuízos desvirtuaria o contrato que se tornaria um estímulo à fraude do segurado pouco escrupuloso, razão por que interessa à ordem pública proibir o seguro excessivo. E se ele ocorre, a obrigação do segurador se limitará a reparar os danos, recolocando o segurado nas condições anteriores ao sinistro, ministrando-lhe, para isso, os meios necessários.

O princípio indenitário está consagrado pela doutrina e veio a ser inscrito na legislação dos povos, quando a experiência demonstrou que a especulação era incompatível com a instituição de seguros. (...)

No mesmo sentido, a lição de Adalberto Pasqualotto:[72]

A indenização, no seguro de dano, pode ficar aquém do valor do interesse segurado, mas não pode ir além. Se ocorrer valorização do interesse entre a conclusão do contrato e a ocorrência do sinistro, a indenização ficará limitada ao valor da apólice. Mas, se houver desvalorização do interesse, a indenização acompanhará a perda de valor e ficará abaixo do limite da apólice, pois o cálculo será coincidente com o momento do sinistro.

Assim, a norma do artigo em análise contempla um pressuposto fundamental da relação jurídica securitária, ou seja, o interesse legítimo objeto do contrato não pode se converter em fonte de lucro para o segurado em caso de ocorrência de um risco predeterminado.

---

71. Op. cit., p. 443.

72. Op. cit., p. 136.

Art. 90. A indenização não poderá exceder o valor da garantia, ainda que o valor do interesse lhe seja superior.

COMENTÁRIO:

Ensina a Prof.ª Dra. Vera Helena de Mello Franco[73] que a garantia e não a indenização, é a principal prestação do segurador. E complementa a professora:

"O pagamento da indenização reporta-se sempre ao prejuízo efetivamente sofrido pelo segurado, até o limite do valor segurado, pois a finalidade é ressarcir os danos sofridos, e não atribuir qualquer lucro."

Fixado o valor da garantia como limite máximo de cobertura no contrato de seguro, nenhuma indenização de sinistro decorrente de risco coberto poderá ultrapassar o valor do limite, sob pena de trazer enfraquecer a mutualidade.

Art. 91. Na hipótese de sinistro parcial, o valor da indenização devida não será objeto de rateio em razão de seguro contratado por valor inferior ao do interesse, salvo disposição em contrário.

§ 1º Quando expressamente pactuado o rateio, a seguradora exemplificará na apólice a fórmula para cálculo da indenização.

§ 2º A aplicação do rateio em razão de infrasseguro superveniente será limitada aos casos em que for expressamente afastado na apólice o regime de ajustamento final de prêmio, e o aumento do valor do interesse lesado decorrer de ato voluntário do segurado.

COMENTÁRIO:

O Prof. Dr. Adalberto Pasqualotto[74] resgata a trajetória histórica do instituto da cláusula de rateio, ao destacar que o Código Civil de 1916 não continha regra sobre o tema e o Código Civil de 2002 inovou ao determinar a proporcionalidade como regra, que poderia vir a ser afastada mediante convenção em contrário das partes.

O artigo em análise propõe que a regra seja a não aplicação da cláusula de rateio, salvo disposição em contrário firmada entre as partes no contrato de seguro.

Comumente, na atividade dos seguradores brasileiros, não se aplica cláusula de rateio nos sinistros parciais quando o seguro for contratado por valor inferior ao do interesse legítimo do segurado, também chamado de *infrasseguro*. Nos casos em que ocorrer o sinistro e seja devida a indenização integral, esta ocorrerá com observância do limite máximo de garantia.

---

73. Op. cit., p. 326.

74. Op. cit., p. 140.

Determina o *parágrafo 1º* que nos casos em que o rateio for expressamente pactuado entre as partes, caberá ao segurador inserir no contrato a fórmula que será aplicada para o cálculo de indenização.

Trata-se, a rigor, de fórmula que pode ser expressa da seguinte forma:

$$\frac{Valor\ do\ dano\ x\ valor\ segurado = indenização}{Valor\ segurável}$$

Suponha-se que o valor segurável seja 200, o valor segurado 120 e o valor do dano 100. Nesse caso, a indenização será de 60, ou seja, a diferença entre o valor segurado e o valor segurável é de 60%, mesmo percentual que será aplicado ao valor final da indenização.

O *parágrafo 2º* trata de casos em que a situação de *infrasseguro*, ou seja, valor da garantia fixada inferior àquele do interesse legítimo, seja resultante de fato superveniente ao início de vigência do contrato, quando, então, a aplicação da cláusula de rateio só será possível se: (i) o contrato contiver previsão expressa de não aplicação do regime de ajustamento final de prêmio; e, (ii) o aumento do interesse lesado for decorrente de ato voluntário do segurado. As duas situações devem ocorrer de forma concomitante para que seja possível a aplicação da cláusula de rateio.

> **Art. 92.** É lícito contratar o seguro a valor de novo.
>
> § 1º É lícito convencionar a reposição ou reconstrução paulatina com pagamentos correspondentes, salvo quando esse regime impedir a reposição ou a reconstrução.
>
> § 2º Nos seguros de que trata este artigo, não são admitidas cláusulas de rateio.

COMENTÁRIO:

A contratação do seguro pelo valor de novo conforme determinada no *caput* do artigo em análise é uma exigência dos setores econômicos produtivos, mas não pode se tornar uma estratégia para ferir o princípio indenitário que se constitui em fundamento essencial dos contratos de seguro.

Assim, é lícito às partes contratantes estabelecerem percentuais ou valores bases que serão fixados no contrato de seguro para viabilizar a difícil tarefa de estimar valor de novo futuro para interesses seguráveis diversos, em instrumentos contratuais firmados em data anterior àquela em que se concretizará o dever de indenizar.

Dessa forma, será lícito às partes contratantes fixar em 50%, por exemplo, o percentual a ser aplicado em caso de perda total do interesse legítimo e, consequente necessidade de indenização pelo valor de novo. Ocorrido o sinistro e verificada a perda total do interesse, o segurador deverá indenizar o valor integral determinado para o interesse, acrescido de 50% estimado para o valor de novo. Outra alternativa para a contratação de valor de novo é estimar o interesse no momento da contratação e pactuar que haverá atualização do valor da indenização e do prêmio, a serem apurados no momento do sinistro em caso de perda total. Ao revés, se o interesse estimado no momento da contratação tiver seu valor diminuído no momento da liquidação do sinistro, caberá ao segurador o ajuste do valor do prêmio com devolução dos valores cobrados do segurado na contratação.

A possibilidade de contratação de valor de novo ensejará diferentes formas de cálculo para contemplar a necessidade de antecipação do referido valor, com maior ou menor precisão, porém viabilizada pela livre manifestação de vontade das partes, em seguros empresariais.

O *parágrafo 1º* do artigo em análise determina que as partes contratantes poderão convencionar expressamente em contrato, que o bem objeto do interesse possa ser reposto ou reconstruído de maneira paulatina, por etapas que serão demonstradas pelo segurado ao segurador, salvo quando essa forma se tornar impeditiva da reposição ou da reconstrução.

Determina o *parágrafo 2º* ainda do mesmo artigo, que nos seguros contratados com valor de novo não será admitida a aplicação da cláusula de rateio, até por absoluta impossibilidade material de aplicação dessa cláusula a seguros cuja indenização será calculada para prover valores futuros.

> **Art. 93.** Não se presume na garantia do seguro a obrigação de indenizar o vício não aparente e não declarado no momento da contratação do seguro, nem seus efeitos exclusivos.
>
> § 1º Salvo disposição em contrário, se houver cobertura para o vício, a garantia compreende tanto os danos ao bem no qual se manifestou o vício quanto aqueles decorrentes do vício.
>
> § 2º A simples inspeção prévia pela seguradora de riscos relacionados com atividades empresariais não autoriza a presunção de conhecimento do vício.

COMENTÁRIO:

O artigo 93, em boa medida, repete o disposto no artigo 784 do Código Civil brasileiro sobre a impossibilidade de ser incluída na garantia o sinistro provocado por vício intrínseco da coisa segurada. E o parágrafo único do artigo 784 do Código Civil definiu o vício intrínseco como defeito próprio da coisa, que não se encontra normalmente em outras da mesma espécie. A redação do Código Civil parece mais adequada aos objetivos da previsão legal, porque a expressão *"não se inclui"* é mais assertiva do que a do artigo ora em análise.

De fato, os vícios intrínsecos não são admitidos exatamente por sua característica de afetarem o interesse segurado de forma interna, que sequer pode ser avaliada no momento da contratação. A estrutura de cobertura securitária é construída a partir de cálculos sobre frequência e severidade dos riscos e, para isso, é preciso que eles sejam satisfatoriamente conhecidos, para que os cálculos estatísticos, de probabilidades e de severidade dos danos a serem indenizados sejam possíveis e tecnicamente bem realizados. Como bem resume o Desembargador Cláudio Luiz Bueno de Godoy[75] *"(...) o princípio é de que não caiba indenização securitária de danos causados por fator que não seja externo, alheio à coisa segurada."*

Determina o *parágrafo 1º* que se as partes decidirem pela cobertura do vício extrínseco, a garantia se dará tanto para os danos decorrentes de causa externa como para aqueles decorrentes do próprio vício, muitas vezes pela simples impossibilidade de que sejam distinguidos uns dos outros.

Em boa medida, o *parágrafo 2º* do artigo ora em comento, determina que a simples inspeção prévia realizada pelo segurador para os riscos decorrentes das atividades empresariais que serão cobertos pela garantia contratual, não autoriza a presunção de conhecimento do vício não aparente.

> **Art. 94.** A seguradora sub-roga-se nos direitos do segurado pelas indenizações pagas nos seguros de danos.
>
> § 1º É ineficaz qualquer ato do segurado que diminua ou extinga a sub-rogação.
>
> § 2º O segurado é obrigado a colaborar no exercício dos direitos derivados da sub-rogação, respondendo pelos prejuízos que causar à seguradora.
>
> § 3º A sub-rogação da seguradora não poderá implicar prejuízo ao direito remanescente do segurado ou beneficiário contra terceiros.

COMENTÁRIO:

A sub-rogação é instituto jurídico consagrado no âmbito dos contratos de seguros de danos e inaplicável aos seguros de vida. O debate em torno da pertinência da sub-rogação foi definitivamente solucionado pelo disposto no artigo 786 do Código Civil, agora reproduzido pela lei especial de seguros.

O segurador tem por obrigação primária como já afirmado aqui, garantir o interesse legítimo do segurado contra riscos predeterminados, tendo direito, em contrapartida, ao recebimento do prêmio. Parte do valor do prêmio é destinada às despesas administrativas e operacionais do segurador, custeio das despesas de distribuição, pagamento de tributos e remuneração do capital investido; outra parte, referente ao prêmio de risco, é utilizada para organização e administração

---

75. Op. cit., p. 769.

do fundo mutual de onde sairão os recursos necessários para o pagamento das indenizações aos diferentes segurados que, ao longo do período de vigência do contrato, necessitarem desses recursos. Ao sub-rogar-se nos direitos do segurado o segurador recompõe suas despesas administrativas e operacionais, bem como os valores subtraídos do fundo mutual para pagamento da indenização, o que contempla interesse dos demais segurados.

Assim, o exercício da sub-rogação é parte da atividade de administrar o fundo mutual, que compete com exclusividade ao segurador.

> **Art. 95.** A seguradora não terá ação própria ou derivada de sub-rogação quando o sinistro decorrer de culpa não grave de:
>
> I – cônjuge ou parentes até o segundo grau, consanguíneos ou por afinidade, do segurado ou do beneficiário;
>
> II – empregados ou pessoas sob a responsabilidade do segurado.
>
> **Parágrafo único.** Quando o culpado pelo sinistro for garantido por seguro de responsabilidade civil, é admitido o exercício do direito excluído pelo *caput* deste artigo contra a seguradora que o garantir.

COMENTÁRIO:

A norma restritiva da sub-rogação quando o sinistro decorrer de culpa não grave daqueles indicados nos incisos I e II do artigo em análise, já estava consagrada no Código Civil de 2002 e é reproduzida na lei especial de seguros.

O *inciso I* perdeu a oportunidade de atualizar os ditames da lei à realidade da sociedade contemporânea na qual grande parte dos contratantes de seguros de responsabilidade civil são pessoas jurídicas e, portanto, não têm laços de família com ninguém, condição restrita aos sócios ou acionistas, que são pessoas naturais.

Pessoas jurídicas com um ou mais sócios ou acionistas não podem ser incluídas na teleologia do texto da lei que, evidentemente, buscou proteger o patrimônio do próprio segurado. De fato, não faria nenhum sentido que o segurado contratante de seguro de responsabilidade civil fosse indenizado por dano causado por seu filho, em abalroamento de veículo, por exemplo, e depois fosse obrigado a restituir ao segurador os valores indenitários dado à impossibilidade financeira do filho em custear os danos em caráter de sub-rogação. Mas se o contratante do seguro de responsabilidade civil for a pessoa jurídica, empresa da qual seja sócio o pai do causador do dano, não há razão alguma para que a sub-rogação não ocorra dado à distinção do patrimônio entre pessoa natural e pessoa jurídica.

Em razão da nova realidade das relações econômicas na sociedade contemporânea, é admissível a interpretação de que o inciso II do artigo em análise se destina exclusivamente a pessoas naturais que exercem atividade diretamente para o segurado e, por via de consequência, o dispositivo não se aplica a pessoas jurídicas porque em relação a elas a sub-rogação não terá efeito no patrimônio do segurado.

A inovação está presente no parágrafo único que prevê a possibilidade do segurador sub-rogar-se nos direitos do segurado quando o causador do dano for, ele próprio, garantido por seguro de responsabilidade civil, independente do fato de estar elencado nas hipóteses dos incisos I e II do artigo comentado.

> **Art. 96.** A seguradora e o segurado ratearão os bens atingidos pelo sinistro, na proporção do prejuízo suportado.

COMENTÁRIO:

O artigo 96 disse menos do que deveria dizer e, como consequência, poderá se tornar fonte de litígios entre as partes contratantes. Teria sido adequado que o legislador levasse em conta as especificidades das situações em que o rateio entre segurados e seguradores poderá ocorrer.

Nesse sentido, a Circular Susep 621, de 2021, ainda que venha a ser modificada para se adequar ao texto da lei especial de seguros, contém especificações que tornam mais compreensível as situações de rateio. Os seguros de danos poderão ser contratados, nos termos do que determina a autoridade supervisora, com coberturas para risco total, risco absoluto ou risco relativo. O artigo 16 da referida Circular Susep determina, ainda, que a forma de contratação deverá ser especificada no contrato de seguro e que, nos seguros contratados a risco relativo, deverá ser informado o critério de rateio dos prejuízos indenizáveis em caso de sinistro, devendo ser especificado se o valor em risco apurado (VRA) será calculado com base no valor de novo ou no valor atual do bem. (parágrafo segundo do artigo 16).

Os seguros a riscos relativos são contratados para as hipóteses em que o bem segurado, objeto do interesse legítimo, esteja em local determinado que possa ser atingido por um evento coberto, porém sem que o dano seja total. Seguros dos ramos Compreensivo e Riscos Nomeados e Operacionais comumente são contratados na modalidade primeiro risco relativo. É obrigação do segurado declarar, no momento da contratação, o valor em risco dos bens, ou seja, o valor em risco declarado ou simplesmente, VRD. Ocorrido o sinistro deverá ser apurado o valor em risco dos bens (VRA) e se esse valor for superior ao valor em risco declarado pelo segurado, será aplicada a cláusula de rateio para que a indenização seja reduzida na proporção da diferença entre o prêmio efetivamente pago pelo segurado e aquele que seria devido.

A fórmula a ser aplicada, segundo a própria Superintendência de Seguros Privados – SUSEP[76] é:

---

76. Superintendência de Seguros Privados – SUSEP. Seguros de Danos. Disponível em: https://www.gov.br/susep/pt-br/planos-e-produtos/seguros/seguro-de-danos. Acesso em: 10 out. 2024.

$$\text{Indenização} = \frac{VRD}{VRA} \times \text{Prejuízo} \qquad \text{OU} \qquad \text{Indenização} = \frac{\text{Prêmio Pago}}{\text{Prêmio Devido}} \times \text{Prejuízo}$$

Em vista das especificidades técnicas inerentes a aplicação do artigo 96, ora em análise, teria sido benéfico que contivesse maior detalhamento sobre a fórmula a ser aplicada, o que, no entanto, poderá ser feito pelos seguradores nas Condições Gerais e/ou Especiais dos contratos de seguros de danos.

Artigo 97. Os seguros contra os riscos de morte e de perda de integridade física de pessoa que visem a garantir direito patrimonial de terceiro ou que tenham finalidade indenizatória submetem-se, no que couber, às regras do seguro de dano.

Parágrafo único. Quando, no momento do sinistro, o valor da garantia superar o valor do direito patrimonial garantido, o excedente sujeitar-se-á às regras do seguro de vida, e será credor da diferença aquele sobre cuja vida ou integridade física foi contratado o seguro e, no caso de morte, o beneficiário, observando-se as disposições do Capítulo III desta Lei.

COMENTÁRIO:

Os seguros podem ser contratados como garantia de direito patrimonial de terceiro, como acontece, comumente, nos financiamentos para aquisição de imóvel em que o devedor contrata seguro para garantir o pagamento das parcelas do financiamento em caso de sua morte ou invalidez. Também é lícito a contratação de seguro dessa natureza nos casos em que o segurado pretende garantir um terceiro do qual é devedor. Nesses casos, embora o risco recaia sobre a vida ou integridade física do segurado, o tratamento jurídico a ser dado é de natureza indenitária e por essa razão, se necessário, serão aplicadas as normas pertinentes ao seguro de danos.

Nos seguros para garantia de crédito imobiliário o limite máximo de garantia fixado no contrato de seguro deve corresponder a cada mês ao valor do saldo devedor do financiamento do imóvel, consideradas as prestações e amortizações que já tiverem sido quitadas. Assim, a possibilidade de valor excedente no limite máximo de garantia é pouco provável; porém, nos seguros para garantia de outras modalidades de crédito assumidos pelo segurado, poderá ocorrer que o valor da garantia seja superior ao valor patrimonial garantido, situação em que o excedente será pago em conformidade com as regras aplicadas aos seguros de vida e integridade física.

SEÇÃO II
DO SEGURO DE RESPONSABILIDADE CIVIL

Art. 98. O seguro de responsabilidade civil garante o interesse do segurado contra os efeitos da imputação de responsabilidade e do seu reconhecimento, assim como o dos terceiros prejudicados à indenização.

§ 1º No seguro de responsabilidade civil, o risco pode caracterizar-se pela ocorrência do fato gerador, da manifestação danosa ou da imputação de responsabilidade.

§ 2º Na garantia de gastos com defesa contra a imputação de responsabilidade, deverá ser estabelecido um limite específico e diverso daquele destinado à indenização dos prejudicados.

COMENTÁRIO:

O *caput* do artigo utiliza a expressão *imputação*, que merece reflexão prévia antes que seja analisada a intencionalidade do texto.

O Prof. Dr. Adalberto Pasqualotto[77] ensina

Nexo causal e nexo de imputação são pressupostos distintos da responsabilidade civil, mas frequentemente confundidos. O nexo causal é o vínculo etiológico que explica que um determinado fato ou ato humano provocou um dano a alguém. O nexo de imputação é a razão jurídica que indicará o responsável pela obrigação de reparar o dano. A confusão deve-se à herança cultural da responsabilidade por ato ilícito. O elemento central dessa responsabilidade é a culpa, consistente em uma conduta humana negligente ou imprudente ou praticada com imperícia. A apuração do nexo causal revela não só a etiologia do dano, como de imediato indica o responsável pela indenização: o autor da conduta. A visualização do culpado tão logo percebida a causa do dano deixava na sombra a importância da imputação. Os autores clássicos da responsabilidade civil poucas linhas dedicavam e alguns limitavam o conceito de imputação à capacidade de entender e querer o resultado da ação praticada. A redação do artigo 159 do CC/1916 (em essência, mantida no Código Civil em vigor), induzia a esse entendimento: "Aquele que, por ação ou omissão voluntária, negligência ou imprudência, violar direito, ou causar prejuízo a outrem, fica obrigado a reparar o dano." A voluntariedade da ação ou da omissão era o restrito domínio da imputabilidade. Nesse esquema estrutural, causalidade e imputação, imantadas pela culpa, acabam se superpondo. O longo tempo em que o ato ilícito permaneceu como o principal e quase absoluto modelo de responsabilidade civil ainda turva a nossa visão, mesmo que já convivamos há algumas décadas com a obrigação objetiva de indenizar danos decorrentes de riscos introduzidos no meio social por atividades ilícitas. Nesses novos tempos da responsabilidade civil objetiva (já não tão novos), as ações humanas em si mesmas consideradas são apenas uma parte da causa dos danos. Outra parte decorre de atividades de cooperação e associação, embora lícitas e destinadas a fins socialmente úteis. Essas atividades produzem riscos inerentes à sua própria natureza.

Importa, ainda, analisar as reflexões do Prof. Dr. Nelson Rosenvald[78] sobre a multiplicação do nexo de imputação na obrigação objetiva de indenizar. Afirma o especialista em estudos de Responsabilidade Civil que:

---

77. PASQUALOTTO, Adalberto. Causalidade e imputação na responsabilidade civil objetiva: uma reflexão sobre os assaltos em estacionamentos. *Revista de Direito Civil Contemporâneo.* v. 7. ano 3. p. 185-206. São Paulo: Ed. RT, abr.-jun. 2016.

78. FARIAS, Cristiano Chaves de. BRAGA NETTO, Felipe. ROSENVALD, Nelson. *Novo Tratado de Responsabilidade Civil.* 2. ed. São Paulo: Saraiva Jur, 2017, p. 566.

A criação do risco é o fundamento da cláusula geral de imputação objetiva de indenizar do parágrafo único do artigo 927 do Código Civil. A doutrina do risco é ampla a ponto de abarcar várias espécies: risco criado, risco proveito, risco empresarial, risco integral e outras menos comentadas.

Se por um lado, o risco da atividade monopoliza aquele dispositivo, não consiste no fundamento exclusivo da obrigação objetiva de indenizar no direito privado como um todo. É um equívoco crer que vivemos em um sistema dicotômico de atribuição de responsabilidade: culpa/risco. Esse duplo binário sustenta a exegese do art. 927 e de seu parágrafo único, porém é incapaz de ferir todo o potencial do nexo de imputação no âmbito da teoria objetiva.

E destaca o Prof. Rosenvald[79]

Temos que compreender que, para além da cláusula geral do risco, o nosso sistema jurídico alberga um leque de hipóteses de reparação objetiva, seja no Código Civil ou na legislação especial. Uma pluralidade de critérios de imputação, conforme a escolha do ordenamento. Essas situações não se resumem a uma responsabilidade por fato próprio, mas também pelo fato de terceiro ou pelo fato da coisa – animada ou inanimada. Cada qual detêm um fundamento próprio capaz de justificar um descolamento da teoria subjetiva.

Isso significa que a evolução da matéria se revela pela admissão da multiplicidade de critérios de imputação da obrigação de ressarcir, perpassando as noções de culpa e risco, sem recíproca exclusão, além de mecanismos coletivos de reparação, como os seguros obrigatórios, portanto, sempre de modo a dar respostas para situações cada vez mais particularizadas e diversificadas de danos.

E conclui o Prof. Rosenvald

(...) a responsabilidade objetiva parece revelar a sua verdadeira essência na contemporaneidade: não a de uma responsabilidade por risco, mas de uma responsabilidade independente de culpa ou de qualquer outro fato de imputação subjetiva, inspirada pela necessidade de se garantir reparação pelos danos que, de acordo com a solidariedade social, não devem ser exclusivamente suportados pela vítima – uma proposição, portanto, essencialmente negativa.

Em outras palavras, a sociedade contemporânea tem maior preocupação com a vítima e seus danos do que com o causador e seus atos ou riscos criados.

A análise é compartilhada pelo Desembargador Sergio Cavallieri Filho[80] que afirma:

O movimento que se acentuou nas últimas décadas do século findo, no sentido da socialização dos riscos, deverá continuar cada vez mais forte, expandindo ainda mais o campo da responsabilidade civil objetiva. Se antes a regra era a irresponsabilidade e a responsabilidade a exceção, porque o grande contingente de atos danosos estava protegido pelo manto da culpa, agora, e daqui para frente cada vez mais, a regra será a responsabilidade objetiva por exigência da solidariedade social e da proteção do cidadão, consumidor e usuários de serviços públicos e privados. O legislador, a jurisprudência e a doutrina continuarão se esforçando, pelos mais variados meios e processos técnicos apropriados, para estarem sempre ao lado da vítima a fim de assegurar-lhe uma situação favorável. A vítima do dano, e não mais o autor do ato ilícito, será o enfoque central da responsabilidade civil.

---

79. Op. cit., p. 567.

80. CAVALIERI FILHO, Sérgio. *Programa de Responsabilidade Civil*. 16. ed. Rio de Janeiro: Gen Atlas, 2023, p. 07.

> *Em outras palavras, a responsabilidade, antes centrada no sujeito responsável, volta-se agora para a vítima e a reparação do dano por ela sofrido. O dano, nessa nova perspectiva, deixa de ser apenas contra a vítima para ser também contra a coletividade, passando a ser um problema de toda a sociedade.*
>
> *(...) A uma sociedade de risco contrapõe-se a segurança social.*

A responsabilidade civil está em transformação na sociedade contemporânea, como vimos, mas há que se atentar para alguns aspectos estruturantes dos contratos de seguro antes de transferir automaticamente essas mudanças para os seguros de responsabilidade civil.

A atividade empresarial de seguros consiste na organização e administração de um fundo mutual pela empresa seguradora. Os valores que deverão estar no fundo mutual são obtidos por meio de cálculos atuariais, ou seja, estudos de estatísticas e probabilidades, de frequência e severidade dos riscos.

O segurado deve comportar-se em relação ao interesse legítimo como se não tivesse contratado seguro, com a diligência e a atenção que comumente teria se não tivesse adotado a precaução de contratar seguro de responsabilidade civil. Nisso consiste a boa-fé e o dever anexo de cooperação que são exigências fundamentais do comportamento de seguradores e segurados nos contratos de seguro de qualquer modalidade, e em especial aqui, na responsabilidade civil.

A imputação objetiva de responsabilidade pode se tornar um instrumento para práticas menos cuidadosas do segurado em relação ao risco, porque sabedor de que os valores serão indenizados pela mutualidade, poderá pretender economizar em precauções que eram de sua exclusiva responsabilidade. Por exemplo, o empregador que deixa de capacitar tecnicamente seus empregados para as atividades laborais, algumas das quais sujeitas a riscos severos para a integridade física do empregado como acontece nas atividades industriais, de construção civil, transporte de carga e outras.

Ocorrido um acidente de trabalho com vítima fatal e constatado por prova cabal que o empregador foi irresponsável ao determinar ao empregado que realizasse tarefa para a qual não estava capacitado, tendo o óbito decorrido especificamente desse fato, não há dúvida que deverá ser condenado ao pagamento de indenização; porém, terá o segurador a obrigação de subtrair do fundo mutual o valor necessário para essa indenização em razão da contratação do seguro, ou deverá o segurador preservar o fundo mutual da prática intencionalmente irresponsável do segurado ao se omitir na preparação do empregado para o exercício da atividade?

Na imputação de responsabilidade por culpa oriunda de imperícia, imprudência ou negligência, a indenização securitária será devida; porém, por imputação objetiva decorrente de necessidade de proteção da vítima independentemente de responsabilidade do segurado, nem sempre será devida a indenização securitária, sob pena de tornar-se o seguro um *alvará* para práticas nocivas para toda a sociedade.

Se diante do fato de que a imputação virá, independentemente das medidas preventivas e de cuidado adotadas, o segurado entender por bem não adotar medida preventiva alguma e com isso reduzir substancialmente seus custos de transação, ele arriscará que o fato aconteça e que venha a ser obrigado a indenizar os danos das vítimas. Porém, não pode o segurado se valer do contrato de seguro para isso porque estará contaminando toda a mutualidade com seu ato deliberadamente irresponsável e que, apesar de ter provocado vítimas, foi benéfico porque evitou custos e porque a indenização será paga pelo segurador.

Assim, é correto afirmar que à medida que se expande a imputação de responsabilidade civil na sociedade brasileira como forma muito justa de proteger a sociedade e, de aplicação do princípio constitucional da solidariedade, cumpre aos seguradores do ramo de responsabilidade civil serem cada vez mais diligentes na aceitação de riscos, em especial para segurados que exercem atividades que os contemplam com responsabilidade objetiva, para não se tornarem os seguradores cúmplices do descaso de quem não preza pelo valor da vida e contrata seguros para poder seguir nesse desprezo sem prejuízos para o seu próprio patrimônio.

Nessa perspectiva, o *caput* do artigo 98 deve ser interpretado com a cautela recomendada pela afirmativa *"contra os efeitos da imputação de responsabilidade e do seu reconhecimento"*, ou em outras palavras, a responsabilidade do segurado deverá ser reconhecida como consequência de ato ou fato praticado sem dolo, sem agravação de risco e, decorrente de omissão, imprudência ou imperícia devidamente comprovadas. Os danos à vítima decorrentes de nexo de imputação objetiva, ou seja, da relação jurídica que determina a responsabilidade independentemente do risco ou da culpa, somente serão objeto de cobertura securitária se as partes assim deliberarem, podendo ser excluída se não houver consenso entre as partes contratantes.

O reconhecimento da responsabilidade por parte do segurado deverá receber prévia anuência do segurador, exatamente para impedir o desprezo pela higidez da mutualidade. O segurado não pode assumir responsabilidade porque contratou seguro porque, como já afirmado anteriormente, o instituto contratual do seguro de responsabilidade civil se tornaria um instrumento de risco para a sociedade, à margem de seus objetivos históricos e conceituais.

Nessa perspectiva, e em conformidade com o disposto no *parágrafo 1º* do artigo ora em análise, no seguro de responsabilidade civil o risco poderá caracterizar-se pela ocorrência de fato gerador, da manifestação danosa ou da imputação de responsabilidade, sempre que houver consenso entre as partes para essa extensão de cobertura. Em casos em que as partes, consensualmente, limitem o contrato de seguro para riscos oriundos de fato gerador decorrente de culpa e excluam a imputação de responsabilidade, o contrato será válido para a primeira situação e, os danos decorrentes da segunda serão de exclusiva responsabilidade do segurado para que o contrato de seguro não se torne ele próprio um risco para a sociedade.

Nos termos do *parágrafo 2º* os gastos com defesa deverão estar discriminados em separado do valor da garantia destinada às vítimas. Em outras palavras, os valores destinados ao custeio de honorários de advogados deverão ser discriminados em relação aos valores indenitários.

> **Art. 99.** A indenização, no seguro de responsabilidade civil, está sujeita aos mesmos acessórios legais incidentes sobre a dívida do responsável.

COMENTÁRIO:

Determina o *caput* do artigo 99 que no seguro de responsabilidade civil deverão incidir juros e correção monetária sobre o valor a ser indenizado às vítimas do fato danoso, assim como, eventualmente, honorários advocatícios se forem devidos em ação judicial.

A Súmula 632 do Superior Tribunal de Justiça – STJ, determina que

> *Súmula N. 632 Nos contratos de seguro regidos pelo Código Civil, a correção monetária sobre a indenização securitária incide a partir da contratação até o efetivo pagamento.*

Os juros de mora somente incidirão a partir da citação do segurador, ou seja, quando este for constituído em mora, nos termos da Súmula 54 do Superior Tribunal de Justiça – STJ, assim expressa

> *Súmula n. 54 Os juros moratórios fluem a partir do evento danoso, em caso de responsabilidade extracontratual.*

Assim, a incidência dos acessórios legais do artigo 99 da lei especial de seguros deverá observar os ditames construídos pelo Superior Tribunal de Justiça – STJ.

> **Art. 100.** O responsável garantido pelo seguro que não colaborar com a segurador ou praticar atos em detrimento dela responderá pelos prejuízos a que der causa, cabendo-lhe:
>
> I – informar prontamente a seguradora das comunicações recebidas que possam gerar reclamação futura;
>
> II – fornecer os documentos e outros elementos a que tiver acesso e que lhe forem solicitados pela seguradora;
>
> III – comparecer aos atos processuais para os quais foi intimado;
>
> IV – abster-se de agir em detrimento dos direitos e das pretensões da seguradora.

COMENTÁRIO:

Determina o *caput* do artigo em análise que o segurado que não colaborar com segurador ou, praticar atos em detrimento dela, responderá pelos prejuízos a que der causa. E o principal prejuízo poderá ser a perda do direito à garantia, ou a perda do direito a indenização se comprovadamente os atos praticados pelo segurado ou seus prepostos, corresponderem àqueles passíveis de caracterizarem a perda do direito à garantia ou à indenização.

O pagamento dos prejuízos a que der causa poderá ser, portanto, a responsabilidade de assumir sozinho a indenização dos danos causados às vítimas, em decorrência de atos praticados em descompasso com os incisos e, com outras previsões legais ancoradas no dever de boa-fé e de cooperação.

Essa é a interpretação que se coaduna de forma sistemática com os incisos do artigo.

De fato, determinam os incisos atitudes decorrentes do dever de cooperação, como por exemplo, informar prontamente o segurador de tudo o que possa gerar reclamação futura; fornecer documentos e elementos que forem solicitados pelo segurador e aqueles que, ainda que não solicitados, possam ser úteis para a solução do sinistro; comparecer aos atos processuais para os quais seja intimado ou citado; e, não agir em detrimento dos direitos e das pretensões do segurador.

Ora, é facilmente possível constatar que os incisos se referem a deveres anexos de cooperação, oriundos da boa-fé, e nessa medida se o segurado não os cumprir ou, ainda, deixar de cumprir outros não mencionados que possam afetar gravemente as relações contratuais entre as partes, perderá o direito à garantia ou a indenização, a depender da forma como tiver atuado, e em respeito aos demais dispositivos legais, como, por exemplo, o disposto no parágrafo 4º do artigo 69.

Art. 101. Quando a pretensão do prejudicado for exercida exclusivamente contra o segurado, este será obrigado a cientificar a seguradora, tão logo seja citado para responder à demanda, e a disponibilizar os elementos necessários para o conhecimento do processo.

Parágrafo único. O segurado poderá chamar a seguradora a integrar o processo, na condição de litisconsorte, sem responsabilidade solidária.

COMENTÁRIO:

A relação jurídica que se estabelece entre o causador do dano e a vítima é uma relação legal, enquanto a relação que se estabelece entre o segurado e o segurador é contratual, ainda que oriunda da previsão legal de admissibilidade da contratação.

Entre o causador do dano e a vítima há uma relação direta e que consiste na responsabilidade civil de reparar os danos causados, sejam eles patrimoniais ou extrapatrimoniais. A relação entre o segurador e o segurado é contratual, estabelecida por cláusulas que determinam quais os riscos cobertos, os valores máximos de indenização, os riscos não cobertos pelo contrato e aqueles que embora cobertos poderão não ser indenizados, se comprovada a prática de agravação de risco pelo segurado.

Assim, a presença do segurador na demanda judicial da vítima de danos contra o segurado se justifica pelo fato de ser ele o administrador da mutualidade, aquele a quem compete por força de lei fazer cumprir as regras de solvência e sustentabilidade dos valores que pertencem a todos os segurados. Ao segurador cabe avaliar os fatos à luz das coberturas do contrato para decidir pelo pagamento e pelos valores que serão indenizados.

Nesse contexto, a mais correta interpretação é que o verbo *poderá* utilizado no *parágrafo único* do artigo em análise, diz menos do que deveria dizer. De fato, se o segurado em consonância com o *caput* do artigo está obrigado a cientificar a seguradora, tão logo seja citado para responder a demanda, e ainda obrigado a disponibilizar os elementos necessários para o conhecimento do processo, inclusive documentos, a participação do segurador no processo judicial é decisão a ser adotada em conjunto pelo segurado e pelo segurador, a partir da análise das especificidades dos fatos, das provas e das coberturas previstas no contrato de seguro.

Suponha-se que o segurado esteja sendo demandado por vítima que pretende ser indenizada em dados patrimoniais de pequena monta, abaixo do valor da franquia do contrato de seguro, e em danos extrapatrimoniais de grande valor, que não foram contratados pelo segurado. Nesse caso, o segurador não deverá ser chamado para integrar o processo porque sua presença não tem justificativa legal ou contratual. Em outra situação, em que exista cobertura para os danos patrimoniais e extrapatrimoniais pleiteados pela vítima, porém em valores muito superiores àqueles contratados no seguro, justifica-se de pleno direito a presença do segurador na condição de administrador do fundo mutual do qual sairão os valores necessários para o pagamento das indenizações.

Assim, é possível afirmar que a melhor compreensão se dá a partir da conjugação das determinações do *caput* e do parágrafo único, ou seja, o segurado se obriga a comunicar a existência da demanda, fornecer todos os elementos e documentos referentes a ela e, *a consultar o segurador sobre sua participação na demanda a partir da análise de necessidade/utilidade* da formação do litisconsórcio.

Essa interpretação está em conformidade com a Súmula 529 do Superior Tribunal de Justiça – STJ, que desde 2015 preceitua: *No seguro de responsabilidade civil facultativo, não cabe o ajuizamento de ação pelo terceiro prejudicado direta e exclusivamente em face da seguradora do apontado causador do dano. Essa posição decorre do fato de 1.2. No seguro de responsabilidade civil facultativo a obrigação da Seguradora de ressarcir danos sofridos por terceiros pressupõe a responsabilidade civil do segurado, a qual, de regra, não poderá ser reconhecida em demanda na qual este não interveio, sob pena de vulneração do devido processo legal e da ampla defesa.*[81] *(grifo nosso)*

---

81. Superior Tribunal de Justiça – STJ. Disponível em: https://processo.stj.jus.br/processo/revista/documento/mediado/?componente=ATC&sequencial=19390211&num_registro=200701409835&data=20120420&tipo=91&formato=PDF. Acesso em: 20 out. 2024.

Importa, por fim, destacar a *inexistência* de solidariedade entre o segurador e o segurado. Nesse sentido, Rosa Maria Andrade Nery e Nelson Nery[82] destacam: *"A solidariedade passiva pode resultar da lei ou do contrato; a solidariedade ativa apenas do contrato. (...) A obrigação solidária consiste em especial modalidade de reforço de garantia propiciado ao credor e reflete um determinado solidarismo entre os devedores."*

Não há solidariedade entre segurador e segurado mesmo em contratos de responsabilidade civil. A responsabilidade do segurador é decorrente de contrato e, a responsabilidade do segurado decorre de ato praticado, que gerou o direito da vítima a indenização.

O STJ no REsp 852.459/RJ, 1ª Turma, em 11.12.2007, tendo por relator o Ministro Luiz Fux, já havia decidido: *"A solidariedade na obrigação principal não se estende implicitamente à obrigação acessória, tanto mais que essa concorrência passiva na relação jurídica obrigacional (solidariedade passiva) decorre da lei"*.[83]

No texto da nova lei de seguros não há responsabilidade solidária entre segurador e segurado e, inexistindo igualmente no contrato firmado entre as partes, decorre a relevância do segurado comunicar ao segurador a existência da demanda judicial e juntos decidirem pelo ingresso do segurador, gestor da garantia, com objetivo de assessorar a defesa do segurado e agir na correta administração dos recursos da mutualidade.

Art. 102. Os prejudicados poderão exercer seu direito de ação contra a seguradora, desde que em litisconsórcio passivo com o segurado.

Parágrafo único. O litisconsórcio será dispensado quando o segurado não tiver domicílio no Brasil.

COMENTÁRIO:

A decisão do Superior Tribunal de Justiça – STJ, na Súmula 529, que veda a ação direta da vítima contra o segurador, contém o argumento que fulmina a interpretação abrangente do artigo ora em análise. Determinou o STJ que: *No seguro de responsabilidade civil facultativo a obrigação da Seguradora de ressarcir danos sofridos por terceiros* pressupõe a responsabilidade civil do segurado, a qual, de regra, não poderá ser reconhecida em demanda na qual este não interveio, *sob pena de vulneração do devido processo legal e da ampla defesa.*[84] *(grifo nosso)*

---

82. Op. cit., p. 224.

83. Superior Tribunal de Justiça – STJ. Disponível em: https://scon.stj.jus.br/SCON/GetInteiroTeorDoAcordao?-cod_doc_jurisp=813948. Acesso em: 20 out. 2024.

84. Superior Tribunal de Justiça – STJ. Disponível em: https://processo.stj.jus.br/processo/revista/documento/mediado/?componente=ATC&sequencial=19390211&num_registro=200701409835&data=20120420&-tipo=91&formato=PDF. Acesso em: 20 out. 2024.

Se há obrigatoriedade da comprovação da responsabilidade civil do segurado e, realmente, ela é imprescindível para que o contrato de seguro possa ser acionado, posto que sem essa expressa culpabilidade não há o que ser ressarcido, a vítima de danos não pode acionar apenas o segurador, ao contrário, deve acionar o segurado e somente se este se recusar sem motivação a chamar o segurador ao processo, caberá emenda à petição inicial determinada pelo magistrado para que o segurador passe a integrar o polo passivo da demanda judicial.

Longe de ser procrastinatória essa é a única medida que faz justiça ao dever de garantia do segurador e da responsabilidade que lhe cabe pela defesa da mutualidade, que possui os recursos econômicos necessários para o pagamento das indenizações patrimoniais e extrapatrimoniais devidas em razão da ocorrência do risco predeterminado.

Caberá aos seguradores exigirem de seus segurados pessoa jurídica que tenham domicílio fora do país como pode ocorrer, por exemplo, com transportadoras de carga ou de pessoas, que indiquem um representante no Brasil para a hipótese de ocorrência de danos e consequente ação judicial da qual devam participar no polo passivo.

Art. 103. Salvo disposição legal em contrário, a seguradora poderá opor aos prejudicados as defesas fundadas no contrato de seguro que tiver contra o segurado antes do sinistro.

COMENTÁRIO:

Sendo integrante do polo passivo da demanda judicial competirá ao segurador, em defesa dos recursos da mutualidade e na expressão mais ampla da garantia legalmente assumida, apresentar todas as defesas fundadas no contrato de seguro.

Assim, caberá ao segurador elencar os riscos excluídos no contrato; o nexo de causalidade entre a ação do segurado e o risco excluído do qual resultaram danos para o autor da demanda; a inadimplência e a consequente extinção do contrato após a intimação do segurado, sem que o pagamento do prêmio tenha ocorrido; entre outros aspectos contratuais relevantes para serem apresentados em razão da obrigação de garantia que o segurador possui por força de lei.

Art. 104. A seguradora poderá opor aos terceiros prejudicados todas as defesas que contra eles possuir.

COMENTÁRIO:

O segurador atuará no polo passivo da lide como defensor dos interesses da mutualidade, inclusive do próprio segurado que também contribuiu para a formação do fundo comum. Nessa perspectiva, é dever do segurador apontar todas as inconsistências na petição inicial e participar ativamente da comprovação dos fatos e dos danos, sendo lícito requerer prova documental, testemunha e, principalmente, pericial, sempre que existirem fundamentos que as justifiquem.

A presença do segurador na demanda judicial deve ser a certeza de que os melhores esforços técnicos serão utilizados para comprovar se houve ou não ato ilícito culposo do segurado e, se foi esse comprovado ato ilícito o causador da totalidade dos danos patrimoniais e extrapatrimoniais apontados pela vítima.

> **Art. 105.** O segurado deverá empreender os melhores esforços para informar os terceiros prejudicados sobre a existência e o conteúdo do seguro contratado.

COMENTÁRIO:

A relação jurídica contratual se estabelece entre o segurador e o segurador e, se não se pode afirmar que seja uma relação para a qual se deva guardar sigilo, também não se pode admitir que o compartilhamento do conteúdo do contrato seja utilizado para fomentar judicialização e/ou fraude.

A Economia Comportamental e os estudos de Neurociência já demonstraram nas últimas décadas inclusive com premiação pela Academia Real das Ciências da Suécia, que homenageia o cientista Alfred Nobel, entregue a Daniel Kahneman,[85] em 2002, pelos estudos de Psicologia e Economia que inauguraram um novo campo de pesquisa, em especial sobre a racionalidade humana.

A esse respeito o Prof. Dr. Oksandro Gonçalves[86] ensina

> *Como vivemos em um mundo de recursos escassos, precisamos maximizar a utilidade das escolhas realizadas e, por esse motivo, os indivíduos buscam maximizar seu bem-estar.*
>
> *(...)*
>
> *Essa maximização, todavia, leva em consideração uma racionalidade limitada, pois, no processo de escolha das alternativas disponíveis, não há uma análise detalhada sobre todos os custos e benefícios envolvidos. No momento de decidir, o indivíduo faz um juízo de ponderação acerca dos custos para obter a informação necessária para uma decisão ótima.*
>
> *(...) o agente econômico tende a decidir visando obter a maior vantagem possível com o menor custo associado, de maneira a maximizar o resultado final e satisfazer às suas necessidades, trocando um nível*

---

85. InfoMoney. Perfil de Daniel Kahneman. *Kahneman foi agraciado "por ter integrado conhecimento da pesquisa em psicologia à ciência econômica, especialmente no que diz respeito ao juízo humano e à tomada de decisões sob incertezas". Sua contribuição, segundo a premiação, foi "ter integrado à análise econômica conhecimento fundamental da psicologia cognitiva, em particular sobre o comportamento sob incerteza, lançando assim as bases para um novo campo de pesquisa".* Disponível em: https://www.infomoney.com.br/perfil/daniel--kahneman/. Acesso em: 20 out. 2024.

86. GONÇALVES, Oksandro. *Análise Econômica do Direito.* Curitiba: IESDE, 2020, p. 13.

ótimo ou grau completo de informação por um nível satisfatório ou grau ótimo em função da utilidade pretendida.

E os professores Luciana Yeung e Bradson Carmelo[87] afirmam:

Agentes racionais reagem a incentivos. Isso quer dizer que, dado que as pessoas avaliam os custos de benefícios das opções que lhe são colocadas (...) elas avaliarão as informações que lhe serão colocadas à frente para a decisão de suas escolhas. Tradicionalmente, na microeconomia clássica, os incentivos mais comuns são os preços, custos, lucros etc. (...)

(...) para os estudiosos de AED e para os economistas institucionalistas, mais importante talvez do que os incentivos monetários, são os incentivos institucionais ou normativos. Quando o Estado decide julgar de uma ou de outra maneira, essas novas regras normativas tornam-se incentivos para os agentes racionais, que decidirão como irão se comportar perante essa nova norma. Essa lógica explica integralmente a relação entre o mundo jurídico e o comportamento de um agente racional.

Esses estudos demonstram que há um risco quando o segurado informa os terceiros vítimas de danos sobre a existência e o conteúdo do contrato de seguros, porque isso pode se tornar incentivo para práticas nocivas para a mutualidade como, por exemplo, menor cuidado na aferição dos custos para reposição ou reparação dos bens danificados em decorrência do ato de responsabilidade do segurado; ou, buscar atendimento médico-hospitalar em centro médico que habitualmente não teria que ser utilizado pela vítima, mas que em razão da existência de contrato de seguro de responsabilidade civil foi o escolhido. Essas e outras situações podem aumentar o valor das indenizações a serem suportadas pela mutualidade em flagrante descompasso com os objetivos indenitários e, em especial, com a preservação dos recursos do fundo mutual.

A interpretação mais adequada para esse artigo é que o segurado deverá empreender os melhores esforços para informar os prejudicados sobre a existência e o conteúdo do contrato de seguro, sempre que esse seja o procedimento mais adequado para a situação específica decorrente do fato causador do dano. Por exemplo, após o atropelamento a vítima é conduzida a um hospital que não reúne condições técnicas para realizar a cirurgia necessária, situação que levará o segurado a informar sobre a existência do contrato de seguro de responsabilidade civil e seu limite máximo de indenização, bem como sobre eventual incidência de franquia, para que seja escolhido o melhor centro médico para realizar o tratamento indispensável para a vítima.

> **Art. 106.** Salvo disposição em contrário, a seguradora poderá celebrar transação com os prejudicados, o que não implicará o reconhecimento da responsabilidade do segurado nem prejudicará aqueles a quem é imputada a responsabilidade.

---

87. YEUNG, Luciana. CAMELO, Bradson. *Introdução à Análise Econômica do Direito.* São Paulo: Juspodivm, 2023, p. 39.

COMENTÁRIO:

O segurador na qualidade de administrador do fundo mutual tem condições objetivas para celebrar acordos com as vítimas de danos, porém, é fortemente recomendável que não o faça sem expressa e prévia anuência do segurado. Ainda que o acordo não implique no reconhecimento de responsabilidade do segurado, há que se obter a anuência prévia por aplicação do princípio da boa-fé e dever anexo de confiança entre as partes.

O segurado pode dispor de elementos de prova para afastar completamente sua responsabilidade civil e não concordar com o pagamento da indenização, em especial com utilização dos recursos do seguro, porque não deseja macular seu histórico junto ao segurador e/ou resseguradores. Pode o segurado estar ciente de fatos que comprometam a idoneidade dos danos apresentados como resultantes do fato danoso, e exatamente por isso, não desejar que nenhuma indenização seja paga até que os fatos possam ser devidamente apurados.

Nessa medida, é de rigor que haja concordância dos contratantes – segurado e segurador – sobre a realização de composição dos danos, medida que se impõe em respeito ao segurado e à mutualidade.

Art. 107. Se houver pluralidade de prejudicados em um mesmo evento, a seguradora ficará liberada com a prestação da totalidade das indenizações decorrentes da garantia do seguro a um ou mais prejudicados, sempre que ignorar a existência dos demais.

COMENTÁRIO:

O artigo impõe ao segurador uma obrigação que, a rigor, não é oriunda nem do contrato firmado entre as partes e tão pouco o era da legislação civil: administrar os valores do limite máximo de indenização e o número de vítimas decorrentes do evento danoso.

A regulação de sinistros é o momento em que o segurador recebe do segurado todas as informações e documentos pertinentes a elas sobre os fatos ocorridos que, não raro, podem atingir muitas pessoas e bens, ampliando o número de vítimas de danos. Essa responsabilidade por informar o segurador sobre o fato danoso e sua extensão é do segurado que está à frente dos acontecimentos, e que deve efetivar os melhores esforços para conhecer detalhadamente as causas e consequências de seu ato.

Dessa forma, a interpretação mais sustentável para este artigo é que o segurador possa provar que desconhecia a existência de outras vítimas de danos patrimoniais ou extrapatrimoniais, sempre que não tenha sido informado adequadamente pelo segurado. Ou em outras palavras, cabe ao segurador informar ao segurado quais são as vítimas ou potenciais vítimas do fato danoso, não sendo possível carrear ao segurador a responsabilidade de avaliar ele próprio o número de vítimas e os danos por ela sofridos, sem que o segurado tenha cumprido sua obrigação de cooperação.

De todo modo, a responsabilidade do segurador será sempre aquela determinada pelo limite máximo de indenização pactuado em contrato, sob pena de prejuízo para a mutualidade. Não haverá dever do segurador de indenizar as vítimas que não tenham sido informadas pelo segurado mesmo em eventos de repercussão nacional, salvo se não houver qualquer dúvida sobre o número de vítimas e extensão dos danos como ocorre, por exemplo, quando há divulgação do número e da identificação de vítimas de óbito em acidentes aéreos, marítimos ou terrestres, incêndios e outros semelhantes.

SEÇÃO III
DA TRANSFERÊNCIA DO INTERESSE

Art. 108. A transferência do interesse garantido implica a cessão do seguro correspondente, obrigando-se o cessionário no lugar do cedente.

§ 1º A cessão do seguro não ocorrerá sem anuência prévia da seguradora quando o cessionário exercer atividade capaz de aumentar de forma relevante o risco ou não preencher os requisitos exigidos pela técnica de seguro, hipóteses em que o contrato será resolvido com a devolução proporcional do prêmio, ressalvado, na mesma proporção, o direito da seguradora às despesas incorridas.

§ 2º Caso a cessão do seguro implique alteração da taxa de prêmio, será feito o ajuste e creditada a diferença à parte favorecida.

§ 3º As bonificações, taxações especiais e outras vantagens personalíssimas do cedente não se comunicam com o novo titular do interesse.

COMENTÁRIO:

A transferência do interesse garantido implicará na cessão do seguro sempre que este não tenha tido o valor do prêmio calculado a partir de dados específicos do segurado, como ocorre, com frequência, nos seguros a partir do perfil do segurado.

Suponha-se que uma pessoa idosa de gênero feminino com 65 anos venda seu veículo automotor para um jovem com 19 anos. O valor do prêmio certamente havia sido calculado levando-se em conta a idade, o gênero entre outros fatores que estatisticamente contribuem para o aumento ou redução do valor a ser pago pelo segurado. A transferência do interesse segurado para pessoa mais jovem, do gênero masculino, para a qual as estatísticas apontam que a probabilidade de ocorrência de um fato danoso é maior, não pode implicar em manutenção do mesmo valor do prêmio.

Assim, teria sido mais acertado que o *caput* do artigo fosse redigido de forma mais clara, o que, todavia, não impede o aplicador do direito de imprimir uma interpretação mais extensiva para contemplar os interesses da mutualidade, que o segurador tem obrigação de administrar e, por consequência, defender.

Não à toa o *parágrafo primeiro* do artigo ora em comento, determina que a cessão não ocorrerá sem prévia anuência do segurador, nos casos em que o cessionário exercer atividade capaz de aumentar de forma relevante o risco.

Ocorre que nem sempre o segurado será capaz de avaliar com exatidão técnica se o cessionário exerce ou não atividade capaz de aumentar de forma relevante o risco. Por isso que, melhor teria sido que o *caput* determinasse a anuência prévia do segurador em todos os casos, por ser ele o ator tecnicamente mais bem preparado para avaliar se o interesse legítimo está ou não submetido a riscos maiores.

No mesmo *parágrafo primeiro*, há expressa determinação de anuência prévia para os casos em que o cessionário não preencher os requisitos exigidos pela técnica de seguros e, em ambas as hipóteses previstas no artigo em análise, a solução poderá ser a resolução do contrato com a devolução proporcional do prêmio, ressalvado o direito do segurador às despesas que tiver realizado.

De igual forma, o parágrafo segundo determina que quando a cessão do seguro implicar em alteração do valor do prêmio, será feito o ajuste e creditada a diferença à parte favorecida. Em outras palavras, o segurador terá direito de avaliar se o prêmio cobrado foi suficiente ou não e, definir as ações que deverão ser adotadas, ou seja, se ele devolve parte do prêmio ao cessionário ou se dele cobra valor a maior em razão do aumento do risco.

Mais um argumento favorável à interpretação de que o segurado deverá, em todas as hipóteses de cessão do interesse legítimo, noticiar o fato para a seguradora e obter a anuência expressa e prévia, único caminho capaz de evitar despesas e a judicialização que fatalmente ocorrerá quando o segurador tomar ciência da cessão e dispuser de elementos técnicos para comprovar a mudança da extensão do risco, e a consequente necessidade de majoração do valor do prêmio.

A transferência do contrato de seguro não pode ocorrer sem prévia e expressa anuência do segurador porque isso facilitará objetivamente a adequação do cessionário às cláusulas contratuais que poderão não estar suficientemente claras para ele, na medida que não participou da fase pré-contratual, muito relevante para os contratos de seguro, porque se constitui quando riscos, coberturas, exclusões e limites de capital são adequadamente discutidos.

Curiosamente, o *parágrafo 3º* determina que bonificações, taxações especiais e outras vantagens personalíssimas do cedente não se comunicam com o novo titular do interesse, o que aumenta a necessidade de conhecimento prévio e expresso do segurador bem como de sua anuência, para que sejam calculadas as adequações que precisarão ser feitas, algumas das quais poderão levar o cessionário a, simplesmente, desistir da cessão e efetivar nova contratação para o interesse legítimo que agora é seu. De fato, suponhamos que um segurado contratante de seguro de incêndio para sua indústria de móveis de cozinha, possua cinco anos de contratação com o mesmo segurador sem registrar nenhum sinistro e, em razão disso, possua bonificação em percentual excelente.

Ao vender a fábrica de móveis de cozinha o comprador indaga qual o valor de prêmio mensal do seguro e é informado que o valor é de 100. Comunicado o segurador sobre a cessão do contrato estima o novo valor, sem a bonificação, em 150 o que não é do agrado do cessionário, inclusive porque ao procurar outro segurador no mercado concorrencial encontrou quem subscreva o mesmo risco por 120. Ao invés de cessão de contrato de seguro terá ocorrido apenas e tão somente a incidência de custos de transação – para realização de novos cálculos de valor do prêmio, e desperdício de tempo para o novo proprietário da empresa que já poderia ter ido ao mercado concorrencial para buscar melhores preços.

Por razões simples e corriqueiras como essa é que o segurado deve, na iminência de ceder o interesse legítimo e o contrato de seguro que mantém em relação a esse interesse, a comunicar previamente o segurador para que sejam adotadas as medidas previstas nos parágrafos, sob pena do *caput* do artigo pretender alcançar um objetivo e os parágrafos se direcionarem em outro sentido.

Por fim, há que se interpretar o artigo em análise à luz do disposto sobre a agravação relevante do risco, artigo 14 desta lei, que permite ao segurador resolver o contrato quando não lhe seja possível garantir o novo risco; e, à luz do artigo 44, que regulamenta a proposta de seguro e obriga o potencial segurado ou estipulante a fornecer informações necessárias à aceitação da proposta e à fixação da taxa para cálculo do prêmio, de acordo com o questionário que lhe submeta o segurador. A interpretação do *caput* do artigo 108 só pode ser feita em consonância com esses dois relevantes artigos, o que torna fortemente recomendável que os segurados ao transferirem o interesse legítimo, comuniquem previamente o segurador para que possam ser adotadas as medidas técnicas e legais cabíveis.

O artigo 109, analisado em seguida, corrobora as determinações do artigo 108 e especifica as medidas e os prazos que as partes contratantes – segurador e segurado – deverão cumprir rigorosamente.

Art. 109. A cessão do seguro correspondente deixará de ser eficaz se não for comunicada à seguradora nos 30 (trinta) dias posteriores à transferência do interesse garantido.

§ 1º A seguradora poderá, no prazo de 15 (quinze) dias, contado da comunicação, resolver o contrato.

§ 2º A recusa deverá ser notificada ao cedente e ao cessionário e produzirá efeitos após 15 (quinze) dias, contados do recebimento da notificação.

§ 3º Se a seguradora resolver o contrato nos termos do § 1º deste artigo, o segurado fará jus à devolução proporcional do prêmio, ressalvado, na mesma proporção, o direito da seguradora às despesas incorridas.

COMENTÁRIO:

A cessão do seguro pelo segurado só será eficaz até que o segurador tenha conhecimento e manifeste sua vontade de seguir na contratação, ajustar o valor dos prêmios devidos em razão da majoração do risco, ou resolver o contrato por impossibilidade técnica de subscrever o risco.

Nos termos do caput do artigo 108, a transferência do interesse garantido implica a cessão do seguro correspondente, porém o artigo 109 excepciona essa determinação quando no caput determina objetivamente que a cessão do seguro deixará de ser eficaz quando não for comunicada ao segurador. E, ainda, estabelece prazo de 30 (trinta) dias para que isso aconteça, contado da data em que ocorreu a transferência do interesse legítimo.

Assim, lícito concluir que em nenhuma hipótese a cessão do seguro poderá ser feita sem anuência prévia do segurador, na medida que o caput do artigo 109 é mais abrangente que o parágrafo primeiro do artigo 108. Se no parágrafo primeiro do artigo 108 se pode ter, inicialmente, a sensação de que o segurado pode não avisar a transferência do interesse legítimo em casos em que o cessionário não exerça atividade capaz de aumentar o risco, o caput do artigo 109 soluciona essa dúvida quando afirma que a cessão perderá a eficácia se em 30 dias não for comunicada ao segurador. E ainda mais, o parágrafo primeiro do artigo 109 concede 15 (quinze) dias de prazo ao segurador para que decida se vai manter o contrato ou se irá resolvê-lo.

Assim, a interpretação sistemática soluciona a aparente controvérsia estabelecida entre o parágrafo primeiro do artigo 108 e o caput do artigo 109, de forma a esclarecer objetivamente que *não será eficaz a cessão do seguro em razão de transferência do interesse se não for comunicada previamente ao segurador, para que este analise os riscos do interesse legítimo à luz das condições específicas do cessionário e sua adequação ao contrato de seguro firmado com o cedente.*

E nem poderia ser de outra forma porque o segurador na condição de organizador e administrador do fundo mutual com vistas à formação e gerenciamento da mutualidade, tem obrigação de conhecer o interesse legítimo de cada proponente, ajustar às melhores condições contratuais disponíveis, calcular o valor do prêmio com suporte de cálculos que garantam a justiça tarifária e, principalmente, aferir se os riscos predeterminados previstos na contratação inicial com o cedente – permanecem adequados à realidade do cessionário.

Para resolver o contrato o prazo do *parágrafo primeiro* é de 15 (quinze) dias, prazo que, no entanto, poderá ser ampliado pelas partes caso haja necessidade de realização de vistoria ou de outra medida de caráter técnica para avaliação de riscos.

No comando do *parágrafo segundo* o segurador deverá notificar o cedente e o cessionário, o que se entende possa ser feito por qualquer meio passível de prova e não, necessariamente, por instrumento formal ou judicial. A comunicação habitualmente realizada entre segurado e segurador é suficiente para que seja informado, de forma expressa, a resolução do contrato. Cumpre ao segurado indicar ao segurador o endereço físico ou eletrônico do cessionário para que possa se concretizar a notificação dele. Omitindo o segurado essa informação ou deixando de fazê-la da forma correta, dele será o ônus de notificar que o contrato de seguro não está mais em vigor.

Durante os 15 (quinze) dias subsequentes à entrega da notificação, o contrato de seguro ainda produzirá efeitos e, ao final, sem que seja necessária qualquer outra comunicação, deixará de vigorar entre as partes contratantes e em relação ao cessionário.

Nos termos do disposto no *parágrafo 3º*, o segurador que entender por resolver o contrato nos termos do disposto no *parágrafo 1º*, terá a obrigação de devolver o prêmio de forma proporcional ao período de vigência, tanto quanto terá o direito de cobrar as despesas havidas em razão da cessão de contrato realizada pelo segurado.

Art. 110. Nos seguros obrigatórios, a transferência do interesse garantido implica a cessão do seguro correspondente, independentemente da comunicação à seguradora.

COMENTÁRIO:

Nos seguros obrigatórios há redução da livre manifestação da vontade das partes em prol do caráter social de que eles se revestem. Assim, não há para o segurador a possibilidade de obstar a cessão do contrato. De todo modo, a comunicação ao segurador por parte do segurado cedente, ainda que não envolva manifestação de vontade, sempre será positiva em respeito ao princípio da boa-fé e ao dever anexo de cooperação, tanto quanto para evitar pagamento indevido de valores indenitários por parte do segurador que desconhece a cessão.

Fica garantido ao segurador o direito de cobrar a diferença do valor do prêmio sempre que esta comprovadamente for devida.

Art. 111. A cessão do direito à indenização somente deverá ser comunicada para evitar que a seguradora efetue o pagamento válido ao credor putativo.

COMENTÁRIO:

O artigo reitera o quanto comentado acima, ou seja, que a comunicação prévia do segurado cedente ao segurador é sempre uma forma positiva de viabilizar que o contrato os efeitos desejados. Assim, se o segurador não informado da cessão, seja do contrato ou do direito à indenização, efetuar o pagamento ao segurado cedente que já não mais possui o direito de receber, será dele e não do segurador a responsabilidade por transferir os valores como consequência do fato de não ter comunicado a cessão do contrato e, consequentemente, do direito de receber a indenização.

CAPÍTULO III
DOS SEGUROS SOBRE A VIDA E A INTEGRIDADE FÍSICA

Art. 112. Nos seguros sobre a vida e a integridade física, o capital segurado é livremente estipulado pelo proponente, que pode contratar mais de um seguro sobre o mesmo interesse, com a mesma ou com diversas seguradoras.

§ 1º O capital segurado, conforme convencionado, será pago sob a forma de renda ou de pagamento único.

§ 2º É lícita a estruturação de seguro sobre a vida e a integridade física com prêmio e capital variáveis.

COMENTÁRIO:

O *artigo 112* mantém em boa medida as características consagradas no direito brasileiro para o seguro sobre a vida e a integridade física, que até então era denominado seguro de pessoas e incluía a modalidade de seguro de vida e a de acidentes pessoais, ambas com diferentes coberturas que poderiam ser contratadas pelo proponente.

Os seguros sobre a vida e a integridade física são diferentes dos seguros de danos e, exatamente por essa razão, não há um valor único a ser quantificado em relação ao interesse legítimo. São uma espécie de previdência que o segurado contrata para fazer frente às necessidades que possam decorrer de sua morte, especialmente em relação a seus dependentes; ou, às dificuldades que sejam impostas ao próprio segurado nos casos em que for vítima de invalidez total ou parcial permanente.

Por essa razão, a completa diferenciação em relação aos seguros de danos e ao princípio indenitário que lhes é próprio, os seguros sobre a vida e a integridade física podem ser contratados tendo por capital segurado valores de livre escolha do segurado, bem como viabilizam a contratação de mais de um seguro pelo mesmo segurado na mesma ou em diferentes seguradoras.

O *parágrafo 1º* mantém a prática consagrada de que o capital segurado seja pago em uma única parcela ou em parcelas sucessivas, ou seja, na forma de renda. E, o *parágrafo 2º* igualmente mantêm práticas usuais na sociedade brasileira contemporânea, consistentes em estruturar o seguro sobre a vida e a integridade física com valores variáveis tanto para o prêmio como para o capital.

Art. 113. É livre a indicação do beneficiário nos seguros sobre a vida e a integridade física.

COMENTÁRIO:

O *artigo 113* inova em relação às práticas usuais do setor de seguros brasileiro e, por essa razão, poderá se tornar fonte de conflitos o que é sempre indesejável, sobretudo para uma modalidade de seguro cujo principal objetivo é reduzir as consequências negativas da morte ou da perda de integridade física.

Nos seguros de vida, no Brasil, o segurado sempre foi livre para escolher seus beneficiários e não tem qualquer obrigação de indicar aqueles que pertençam à sua família como marido/esposa e descendentes ou ascendentes. Todavia, havia restrição expressa no artigo 793 do Código Civil de 2002 para a instituição de companheiro como beneficiário se, ao tempo da indicação, o segurado não estivesse separado de fato ou de direito.

Adalberto Pasqualotto[88] a esse respeito afirma

> *O artigo 793 (CC/02) demarca o campo da liberdade contratual nessa matéria: se é válido o seguro nas condições rubricadas no texto legal, a contrario sensu é inválido se a apólice em favor da companheira ou do companheiro foi estipulada por quem se mantinha casado (a), sem que ainda houvesse ao menos separação de fato. Trata-se de nulidade virtual (Veloso, 2003, p. 602), decorrente de norma implícita de proteção ao casamento, e que remete ao art. 166, VII. Nenhuma restrição, por óbvio, atinge os não casados.*

De fato, o Código Civil de 2002 veda o casamento entre pessoas que já sejam casadas e classifica essa modalidade de relação como concubinato, dela não advindo qualquer direito às partes. No anteprojeto de revisão e atualização do Código Civil em tramitação no Senado da República desde 17 de abril de 2024, também há expressa vedação para o reconhecimento de direitos oriundos de relações de concubinato.

O que pretendeu o legislador foi proteger a família, embora seja preciso reconhecer que esse conceito se torna cada vez mais flexível na sociedade em que vivemos e, na atualidade, contempla diferentes formas de composição, todas elas tendo por fio condutor a afetividade entre seus membros.

A melhor interpretação ao artigo 113 é aquela que garante a liberdade do segurado para indicar o(s) beneficiário(s) nos seguros sobre a vida e a integridade física, ressalvada a indicação do concubino(a) em decorrência da expressa vedação do Código Civil que não contempla com legalidade as relações dessa natureza.

Determina o artigo 1.727 do Código Civil que as relações não eventuais entre o homem e a mulher, impedidos de se casar, constituem concubinato. E deve ser interpretado em consonância com o inciso VI do artigo 1.521 do mesmo texto legal, que determina que não podem se casar as pessoas já casadas.

Para o Desembargador Milton Paulo de Carvalho Filho[89] *"com essa proibição o legislador buscou resguardar a monogamia e combater a poligamia. (...) Aquele que se casa sem que o vínculo anterior esteja extinto comete bigamia, que constitui crime previsto no artigo 235 do CP".*

---

88. Op. cit., p. 161.

89. CARVALHO FILHO, Milton Paulo de. Comentários ao Artigo 1.521 do Código Civil. In: PELUSO, Cezar (Coord.). *Código Civil Comentado*. 16. ed. Barueri: Manole, 2022, p. 1587.

Afirma, ainda, o autor Adalberto Pasqualotto que o concubinato não gera direitos e deveres nem produz os efeitos da união estável. Entende, no entanto, que o concubino tem direito a partilhar o patrimônio para o qual tenha comprovadamente contribuído, ainda que não tenha direito a alimentos. Mas, pondera, que existem estudiosos que admitem a existência de duas linhas de pensamento em relação às disputas patrimoniais e uma dessas correntes de pensamento admite o concubinato como entidade familiar e reconhece ao concubino os mesmos direitos do cônjuge, a partir da existência ou não de deslealdade entre os cônjuges. Em outras palavras, se o cônjuge sabia da existência da relação de concubinato do outro e não se opunha a ela, não há motivo para punir o concubino com a perda do direito ao patrimônio ou a alimentos.

Nesse contexto, ressalta-se que por dever de boa-fé em relação à mutualidade e para que os seguradores possam cumprir integralmente seu dever de garantia em seguros sobre a vida e integridade física, os casos concretos deverão ser tratados em conformidade com os dispositivos do Código Civil brasileiro e observadas as especificidades apresentadas em cada situação.

> **Art. 114.** Salvo renúncia do segurado, é lícita a substituição do beneficiário do seguro sobre a vida e a integridade física por ato entre vivos ou por declaração de última vontade.
>
> **Parágrafo único.** A seguradora não cientificada da substituição será exonerada pagando ao antigo beneficiário.

COMENTÁRIO:

O segurado tem direito de substituir o beneficiário do seguro sobre a vida e a integridade física por ato entre vivos e até por ato de última vontade; mas, nos seguros que têm por finalidade a garantia de alguma obrigação, essa liberalidade deixa de existir. Na atualidade, existem várias coberturas de seguro que têm por objetivo a garantia de alguma obrigação e em todas essas modalidades, a escolha do beneficiário atenderá a necessidade do cumprimento da obrigação, limitando a autonomia da vontade do segurado para indicação do beneficiário.

O artigo 791 do Código Civil de 2002 era mais preciso em determinar expressamente que *"se o segurado não renunciar à faculdade, ou se o seguro não tiver como causa declarada a garantia de alguma obrigação é lícita a substituição do beneficiário, por ato entre vivos ou de última vontade".*

No texto atual teria sido positiva a ressalva acima a respeito dos seguros contratados para garantia de obrigação, mas não tendo sido feita, há que ser considerada essa situação como pressuposto da finalidade contratual.

O *parágrafo único* exonera o segurador do dever de buscar a indicação correta para cumprir sua obrigação, o que é compatível com o dever de boa-fé que deve orientar as relações entre segurados e seguradores.

Art. 115. Na falta de indicação do beneficiário ou se não prevalecer a indicação feita, o capital segurado será pago ou, se for o caso, será devolvida a reserva matemática por metade ao cônjuge, se houver, e o restante aos demais herdeiros do segurado.

§ 1º Considera-se ineficaz a indicação quando o beneficiário falecer antes da ocorrência do sinistro ou se ocorrer comoriência.

§ 2º Se o segurado for separado, ainda que de fato, caberá ao companheiro a metade que caberia ao cônjuge.

§ 3º Se não houver beneficiários indicados ou legais, o valor será pago àqueles que provarem que a morte do segurado os privou de meios de subsistência.

§ 4º Se a seguradora, ciente do sinistro, não identificar beneficiário ou dependente do segurado para subsistência no prazo prescricional da respectiva pretensão, o capital segurado será tido por abandonado, nos termos do inciso III do *caput* do artigo 1.275 da Lei 10.406, de 10 de janeiro de 2002 (Código Civil), e será aportado ao Fundo Nacional para Calamidades Públicas, Proteção e Defesa Civil (Funcap).

§ 5º Não prevalecerá a indicação de beneficiário nas hipóteses de revogação da doação, observados o disposto nos arts. 555, 556 e 557 da Lei 10.406, de 10 de janeiro de 2002 (Código Civil).

COMENTÁRIO:

O *caput* do artigo ora em comento repete, em boa medida, o que já estava consagrado na prática do direito brasileiro em razão da determinação do artigo 792 do Código Civil de 2002, inovando-se, apenas, na obrigatoriedade de devolução da reserva matemática, nos seguros em que ela for efetivamente devida.

O *parágrafo 1º* cuida da hipótese de o beneficiário vir a falecer antes do segurado. O beneficiário do seguro de vida tem expectativa de direito em relação ao capital segurado, portanto, esse montante não integra o seu patrimônio e sequer se sabe se virá a integrar, pois ao segurado é garantido o direito de substituir o beneficiário até por ato de última vontade. Assim, nessa situação do falecimento do beneficiário antes do segurado ou, tendo ocorrido comoriência, a indicação será ineficaz e os valores do capital segurado serão pagos conforme o *caput* do artigo.

O *parágrafo 2º* determina que nos casos em que o segurado for separado de fato e tenha relacionamento com companheiro (a), o valor do capital segurado será pago a ele(a) e não ao cônjuge. O parágrafo respeita o contexto legal brasileiro em que as uniões estáveis são reconhecidas, ainda que os cônjuges não estejam legalmente separados.

O *parágrafo 3º* também não inova quando determina que se não houver beneficiários indicados ou legais, o valor será pago a quem puder provar que a morte do segurado o privou da subsistência como acontece, por vezes, com pessoas próximas ao segurado como afilhados, enteados, cuidadores, prestadores de serviços domésticos, entre outros.

A manutenção dessa determinação na nova lei de seguros brasileira é relevante em razão da diversidade da formação familiar contemporânea da sociedade brasileira. Famílias que se formam depois das pessoas já terem vivenciado uma ou mais relações anteriores e que, exatamente por isso, constituem um grupo ampliado com filhos dessas relações anteriores de um ou ambos os companheiros, filhos havidos na constância da relação e a formação de vínculo afetivo entre os companheiros e os parentes uns dos outros, como sobrinhos, avós, pais. A falta de um dos companheiros pode provocar dificuldade de subsistência nesses vínculos afetivos ampliados e, por essa razão, em boa hora a lei manteve a determinação.

O *parágrafo 4º* inova ao determinar que não sendo identificado o beneficiário ou o dependente do segurado, no prazo prescricional definido por lei para exercício do direito, e tendo o segurador ficado ciente do sinistro, com confirmação de cobertura securitária nos termos da apólice, o capital segurado será tido como abandonado e, por força do inciso III, do artigo 1.275 da Lei 10.406, de 2002, Código Civil, será destinado ao Fundo Nacional para Calamidades Públicas, Proteção e Defesa Civil – FUNCAP.

É importante ressaltar que a responsabilidade do segurador só se concretiza após a apresentação do aviso de sinistro. Qualquer outra forma será duvidosa, despida da comprovação eficaz para que o segurador adote as providências legais que lhe cabem. Quando ocorrem tragédias ou calamidades o segurador toma ciência do fato como qualquer outra pessoa natural ou jurídica, porém para que o fato dê origem ao cumprimento da obrigação de garantir o interesse legítimo, é preciso saber, concretamente, que o interesse legítimo do segurado sofreu os danos predeterminados previstos no contrato e isso só ocorre com a apresentação do aviso de sinistro.

Esses parâmetros são necessários para que não se tenha por pressuposto que o segurador terá que buscar beneficiários ou pessoas que tenham perdido a fonte de subsistência porque isso impactaria as despesas administrativas e, em consequência, o valor dos prêmios de seguro para todos os futuros segurados.

Além disso, aviso de um sinistro não é o mesmo que mera comunicação informal, até porque se trata do óbito de uma pessoa determinada que possuía vínculos contratuais com o segurador. Em outras palavras, não é qualquer telefonema ou mensagem de texto por aplicativo que pode ser considerada um aviso de sinistro, até porque isso pode ensejar tentativas de fraude ou de recebimento indevido de valores por terceiros que estejam agindo de má-fé.

É preciso ponderar, ainda, que nem todos os sinistros avisados são passíveis de pagamento de capital segurado, pois poderão ser decorrentes de riscos não cobertos pelo contrato e para os quais não exista cobertura contratual.

Assim, o aviso de sinistro de seguro sobre a vida para o qual não exista identificação do beneficiário ou dependente do segurado, terá que ser objeto de regulação como qualquer outro sinistro com objetivo de que seja apurada a causa, a existência de cobertura, a inexistência de período de carência, a não caracterização de suicídio nos dois primeiros anos de vigência do contrato, entre outros aspectos relevantes para a proteção da mutualidade.

A regulação do poder executivo deverá determinar, ainda, como os seguradores farão o recolhimento dos valores ao FUNCAP e qual o instrumento de quitação válido para essas situações.

Por fim, o *parágrafo 5º* cuida da hipótese de não prevalecer a indicação do beneficiário nos casos em que ocorrer a hipótese de revogação da doação, conforme disciplinado pelos artigos 555, 556 e 557 do Código Civil brasileiro.[90]

O artigo 555 determina duas relevantes hipóteses de revogação da doação. A primeira, por inexecução do encargo, é típica da doação onerosa em que o donatário tem um dever a cumprir e, quase sempre, em um prazo predeterminado. Se o dever não for cumprido no prazo e na forma como determinadas pelo doador, este poderá revogar a doação, hipótese em que igualmente será revogada a condição de beneficiário nos seguros sobre a vida e integridade física.

O artigo 557 do Código Civil dispõe acerca das hipóteses não taxativas de revogação por ingratidão, de forma a tornar mais concreto o artigo 555 do mesmo diploma legal.

No entender do Prof. Dr. Nelson Rosenvald:[91]

"(...) Na acepção jurídica a ingratidão se refere a situações graves valorativamente, nas quais o desrespeito importa em ofensa a valores sedimentados como relevantes na sociedade, sob o ponto de vista da eticidade."

E reforça com o Enunciado 33 da I Jornada de Direito Civil do Conselho Federal de Justiça – CFJ:

Enunciado 33 – Art. 557: O novo Código Civil estabeleceu um novo sistema para a revogação da doação por ingratidão, pois o rol legal previsto no art. 557 deixou de ser taxativo, admitindo, excepcionalmente, outras hipóteses.

O mesmo Prof. Dr. Nelson Rosenvald, às fls. 580 da obra mencionada, afirma

(...) a revogação da doação autorizada pelo art. 555 exige reconhecimento judicial da sua causa posterior, nas estreitas hipóteses ali previstas (descumprimento de encargo e ingratidão do beneficiário),

---

90. Código Civil. Art. 555. A doação pode ser revogada por ingratidão do donatário, ou por inexecução do encargo.

Art. 556. Não se pode renunciar antecipadamente o direito de revogar a liberalidade por ingratidão do donatário.

Art. 557. Podem ser revogadas por ingratidão as doações:

I – se o donatário atentou contra a vida do doador ou cometeu crime de homicídio doloso contra ele;

II – se cometeu contra ele ofensa física;

III – se o injuriou gravemente ou o caluniou;

IV – se, podendo ministrá-los, recusou ao doador os alimentos de que este necessitava.

91. ROSENVALD, Nelson. *Comentários aos Artigos 421 a 652 do Código Civil*. In: PELUSO, Cezar (Coord.). *Código Civil Comentado*. 16. ed. Barueri: Manole, 2022, p. 581.

não comportando interpretação ampliativa. Assim, a doação não pode ser revogada por arbítrio do doador, somente exigindo-se decisão judicial. (...) a posterior ocorrência de um fato jurídico relevante e reconhecido judicialmente (após o respeito ao devido processo legal), abalando eticamente a relação existente entre doador e donatário, justifica a retirada da declaração de vontade pelo benfeitor, cessando a eficácia do negócio.

O *parágrafo 5º* parece não estar em perfeita consonância com o disposto nos artigos 113 e 114 da nova Lei de Seguros, porque ambos garantem a liberdade do segurado para indicar o beneficiário e para substituí-lo, repita-se, por ato entre vivos ou por declaração de última vontade.

A melhor interpretação deve ser de caráter restritivo, ou seja, se o beneficiário incorrer em uma das práticas previstas no artigo 557 do Código Civil, ou em outras semelhantes, e se essa for apresentada como a causa da substituição do beneficiário por um terceiro interessado, o segurador deverá aguardar o trânsito em julgado de decisão judicial para efetuar o pagamento do capital segurado, nos termos da melhor interpretação a ser data ao artigo 555 do Código Civil.

Assim, o segurado pode realizar nova indicação, substituindo o beneficiário anteriormente por ele indicado, a qualquer tempo. Por outro lado, o terceiro interessado só pode solicitar a substituição do beneficiário na hipótese deste artigo, mediante decisão judicial. Essa é a interpretação mais adequada para o disposto no parágrafo 5º do artigo em análise.

Art. 116. O capital segurado devido em razão de morte não é considerado herança para nenhum efeito.

Parágrafo único. Para os fins deste artigo, equipara-se ao seguro de vida a garantia de risco de morte do participante nos planos de previdência complementar.

COMENTÁRIO:

O artigo mantém positiva tradição do sistema de seguros de vida no Brasil, que consiste em separar peremptoriamente o capital contratado pelo segurado do patrimônio que integrará sua herança e o faz, pela simples razão de que o capital segurado é destinado ao beneficiário indicado pelo segurado e integrará o valor ao seu próprio patrimônio. Uma vez verificado o óbito do segurado, o capital por ele destinado ao beneficiário em decorrência da contratação do seguro de vida, será integrado ao patrimônio do beneficiário e não ao patrimônio do segurado.

É pela mesma razão que o capital segurado não responde por dívidas do segurado, como expressamente previa o artigo 794 do Código Civil, porque os valores do capital segurado pertencem ao beneficiário e não ao patrimônio do segurado.

O artigo 833, inciso VI do Código de Processo Civil brasileiro determina que é impenhorável o seguro de vida; e, no mesmo sentido, o entendimento do Superior

Tribunal de Justiça – STJ sobre a impenhorabilidade do capital segurado recebido pelo beneficiário, até o montante equivalente a 40 (quarenta) salários-mínimos, em razão de seu caráter alimentar. (REsp 136154, Recurso Especial 2013/0001673-4, Relator Ministro Ricardo Villas Boas Cueva, Terceira Turma, 22 de maio de 2018, DJE 25 de junho de 2018). No mesmo sentido, o Resp 1919998, 2018/0274674-1/PR, da Terceira Turma do STJ, Relator Ministro Ricardo Villas Boas Cueva, julgamento em 25.05.2021 e Dje 02.06.2021[92], que determina:

> (...) 2. A regra prevista no art. 833, IV, do Código de Processo Civil de 2015, na parte que torna impenhoráveis os pecúlios, visa garantir a dignidade e o sustento mínimo daquele que foi previamente designado como beneficiário pelo participante do plano de previdência, não se podendo estender o benefício da impenhorabilidade a pessoa distinta, a quem os valores foram repassados a título diverso. 3. O art. 833, IV, do Código de Processo Civil de 2015 põe a salvo da constrição judicial as quantias recebidas por mera liberalidade de terceiros, desde que destinadas ao sustento mínimo do devedor e de sua família, mas a impenhorabilidade desses valores está limitada ao montante de 40 (quarenta) salários mínimos.

Assim, a equiparação do seguro de vida à garantia de risco de morte do participante nos planos de previdência complementar já era uma realidade no sistema jurídico brasileiro, agora expressa no *parágrafo único* do artigo 116 da lei de seguros brasileira.

Cumpre destacar, ainda, que em dezembro de 2024 o Supremo Tribunal Federal – STF decidiu o tema 1214 com a seguinte disposição:

> Tema 1214 – Incidência do ITCMD sobre o Plano Vida Gerador de Benefício Livre (VGBL) e o Plano Gerador de Benefício Livre (PGBL) na hipótese de morte do titular do plano.
>
> Relator(a): MIN. Dias Toffoli
>
> Leading Case: RE 1363013
>
> Ementa – "É inconstitucional a incidência do imposto sobre transmissão causa mortis e doação (ITCMD) sobre o repasse aos beneficiários de valores e direitos relativos ao plano vida gerador de benefício livre (VGBL) ou ao plano gerador de benefício livre (PGBL) na hipótese de morte do titular do plano".

Assim, nos Planos Gerador de Benefício Livre – PGBL, que são planos de previdência complementar, e nos Planos Vida Gerador de Benefício Livre – VGBL, regidos pela Lei Complementar 109 de 2001, não incide Imposto sobre Transmissão Causa Mortis e Doação (ITCMD).

---

92. Superior Tribunal de Justiça – STJ. Disponível em: https://scon.stj.jus.br/SCON/pesquisar.jsp?preConsultaPP=&pesquisaAmigavel=+%3Cb%3Eimpenhorabilidade+e+seguro+e+vida%3C%2Fb%3E&acao=pesquisar&novaConsulta=true&i=1&b=ACOR&livre=impenhorabilidade+e+seguro+e+vida&filtroPorOrgao=&filtroPorMinistro=&filtroPorNota=&data=&operador=e&thesaurus=JURIDICO&p=true&tp=T&processo=&classe=&uf=&relator=&dtpb=&dtpb1=&dtpb2=&dtde=&dtde1=&dtde2=&orgao=&ementa=&nota=&ref=. Acesso em: 20 out. 2024.

Art. 117. É nulo, no seguro sobre a vida e a integridade física próprias, qualquer negócio jurídico que direta ou indiretamente implique renúncia ou redução do crédito ao capital segurado ou à reserva matemática, ressalvadas as atribuições feitas em favor do segurado ou dos beneficiários a título de empréstimo técnico ou resgate.

COMENTÁRIO:

A lei determina que não será admitido negócio jurídico que direta ou indiretamente implique renúncia ou redução do crédito ao capital segurado ou à reserva matemática, ressalvadas as atribuições feitas em favor do segurado ou dos beneficiários a título de empréstimo técnico ou resgate.

Há que se ressalvar que se a materialização do risco tiver ocorrido durante o período de inadimplência do segurado em relação ao pagamento do prêmio, a regra geral é que o segurador terá direito a abater do valor do capital segurado ou do pagamento da indenização, o montante relativo ao prêmio em atraso, acrescido de juros de mora e correção monetária, ressalvado que isso não se constitui em punição, mas, apenas e tão somente em valores necessários para a reposição dos valores ao fundo mutual organizado e administrado pelo segurador no exercício de suas atividades regulatórias. Isso não caracteriza um negócio jurídico nos termos do caput do artigo ora em análise, apenas o necessário ajuste em benefício da proteção do fundo mutual.

Existem seguros em que, em benefício do segurado e de seus beneficiários, há a previsão de utilização de recursos da reserva para quitar os prêmios de risco.

Isso ocorre para evitar o cancelamento do seguro em caso de inadimplência, bem como para viabilizar a manutenção de prêmios constantes durante a vigência do contrato, porque do contrário, seria necessário aumentar o valor do prêmio ao longo da vida do segurado, quando o risco de morte é maior. Neste caso, quando o prêmio pago for inferior ao prêmio de risco, a diferença é debitada da reserva.

Existem também as perspectivas decorrentes da modalidade Seguro de Vida Universal, ainda em discussão, que otimizará recursos importantes para o segurado, por combinar proteção e investimento, na medida em que uma parte do valor do prêmio será utilizada para formar um capital de poupança, que poderá ser utilizado em empréstimos ou retiradas, sempre que o segurado tiver necessidade. Nessa modalidade, será possível ao segurado aumentar ou diminuir o valor do benefício ao longo do período de duração do contrato de seguro e, em razão de suas prioridades de vida.

É relevante compreender que em benefício do segurado e dos beneficiários, existe a possibilidade de o valor do prêmio de risco ser debitado da reserva, não podendo essa hipótese ser confundida com resgate, pois se trata apenas de uma movimentação contábil, inerente à própria estruturação do seguro.

Reserva é o valor acumulado pelo segurado ao longo do período de vigência do contrato e resgate consiste em retirar parte ou a totalidade desse valor que foi acumulado.

Debitar parte do prêmio da reserva para garantir a continuidade do contrato é diferente de sacar parte do dinheiro para outra finalidade decorrente da livre vontade do segurado.

Há que se ressalvar, ainda, que o artigo 2º da Lei n. 14.652, de 2023[93], determina que:

Art. 2º Fica facultada a concessão, como garantia de operações de crédito, do direito de resgate assegurado aos:

I – participantes de planos de previdência complementar aberta e segurados de seguros de pessoas, em regime de capitalização, em relação à provisão matemática elegível para resgate, hipótese em que o prazo de quitação da operação de crédito não poderá ultrapassar o término do período de diferimento, no caso de planos e seguros com cobertura por sobrevivência, ou do período de vigência, no caso de cobertura de risco;

II – cotistas de Fapi, em relação às cotas elegíveis para resgate, hipótese em que o prazo de quitação da operação de crédito não poderá ultrapassar o término do período de vigência do contrato do Fapi; e

III – titulares de títulos de capitalização, em relação à provisão matemática elegível para resgate, hipótese em que o prazo de quitação da operação de crédito não poderá ultrapassar o término do período de vigência do título de capitalização.

E o artigo 5º do mesmo dispositivo legal determina:

Art. 5º A cessão em garantia do direito de resgate, nos termos desta Lei, torna o valor disponível para resgate em favor da instituição que conceder o crédito, para a quitação de débitos vencidos e não pagos.

Em razão do disposto na legislação especial, poderá haver cessão parcial da garantia da reserva para um terceiro – instituição de crédito ou bancária –, que ficará garantido em operações de crédito que contemplem interesse do segurado ou beneficiário da previdência complementar.

Por fim, cumpre destacar que a Circular 600 da Superintendência de Seguros Privados – SUSEP, publicada em 13 de abril de 2020, criou diretrizes para a concessão de assistência financeira por parte de entidades abertas de previdência complementar e para sociedades seguradoras. Determinou a norma infralegal que a assistência financeira poderá ser oferecida a titular de planos de previdência complementar aberta ou para titulares de seguros de pessoas, bem como para os assistidos por planos de previdência complementar aberta.

A referida circular veda, expressamente, a utilização de recursos de provisões, reservas técnicas e fundos para conceder assistência; a manutenção de mais de um contrato de assistência financeira simultaneamente com o mesmo titular; e a cobrança de despesas além dos encargos de juros, multa, atualização por índices de correção monetária ou tributos incidentes à operação.

---

93. Lei n. 14.652, de 2023. Disponível em: https://www.planalto.gov.br/ccivil_03/_ato2023-2026/2023/lei/L14652.htm. Acesso em: 28 out. 2024.

Art. 118. Nos seguros sobre a vida própria para o caso de morte e sobre a integridade física própria para o caso de invalidez por doença, é lícito estipular-se prazo de carência, durante o qual a seguradora não responde pela ocorrência do sinistro.

§ 1º O prazo de carência não pode ser convencionado quando se tratar de renovação ou de substituição de contrato existente, ainda que seja outra a seguradora.

§ 2º O prazo de carência não pode ser pactuado de forma a tornar inócua a garantia e em nenhum caso pode exceder a metade da vigência do contrato.

§ 3º Ocorrendo o sinistro no prazo de carência, legal ou contratual, a seguradora é obrigada a entregar ao segurado ou ao beneficiário o valor do prêmio pago, ou a reserva matemática, se houver.

§ 4º Convencionada a carência, a seguradora não poderá negar o pagamento do capital sob a alegação de preexistência de estado patológico.

COMENTÁRIO:

O prazo de carência é comumente aplicado em diferentes ramos de seguro como, por exemplo, na saúde suplementar. A carência, em seguros, é um instituto essencial para o equilíbrio econômico-financeiro da mutualidade.

O *caput* do artigo menciona os seguros de vida própria e os de integridade física própria e todos aqueles que tenham correlação com essas modalidades e, quase sempre, são contratados em conjunto, como acontece com os seguros para doenças graves, que são contratados comumente como cobertura aderente aos seguros de vida e integridade física. Na realidade, a modalidade de seguro é o menos importante quando se trata de aplicação do instituto da carência. O que se tem por objetivo é a proteção da mutualidade.

Adalberto Pasqualotto[94] explica a necessidade do prazo de carência em *"(...) razão do princípio econômico da mutualidade e, a necessidade prévia de reunião de recursos para posterior distribuição de benefícios entre os participantes."*

E afirma:

"(...) Como a vida humana é insuscetível de apreciação econômica, é livre a estipulação do capital segurado no seguro de pessoas. Daí tornar-se necessária a formação prévia de uma provisão capaz de suportar os pagamentos correspondentes aos riscos assumidos pela seguradora. Em vista desse propósito, é comum a instituição de um prazo contratual de carência, período no qual fica parcialmente suspensa a eficácia do contrato, desobrigando a seguradora de pagar o valor da apólice se, naquele prazo, ocorrer a morte do segurado."

Assim, é possível concluir que a aplicação do período de carência é benéfica para a mutualidade, ainda que em princípio possa parecer contrária aos interesses individu-

---

94. PASQUALOTTO, Adalberto. Op. cit., p. 167.

ais dos segurados e/ou beneficiários. Fica respeitado, no entanto, o pilar essencial dos seguros que é a mutualidade cuja responsabilidade de organização e administração é do segurador e, cujos valores pertencem a todos os segurados que contribuíram com o pagamento de prêmios.

Determina o *parágrafo 1º* que o prazo de carência convencionado no contrato não poderá ser aplicado quando se tratar de renovação ou substituição de contrato existente, ainda que com seguradora diferente. Há, no entanto, uma ressalva que deverá ser feita à luz do sistema lógico de interpretação da lei, como nos ensina Carlos Maximiliano[95]

> *O Processo Lógico propriamente dito consiste em procurar descobrir o sentido e o alcance de expressões do Direito sem o auxílio de nenhum elemento exterior, com aplicar ao dispositivo em apreço um conjunto de regras tradicionais e precisas, tomadas de empréstimo à Lógica geral. Pretendo do simples estudo das normas em si, ou em conjunto, por meio do raciocínio dedutivo, obter a interpretação correta.*

> *O Processo Lógico tem mais valor do que o simplesmente verbal. Já se encontrava em textos positivos antigos e em livros de civilistas, brasileiros ou reinícolas, este conselho sábio: "Deve-se evitar a supersticiosa observância da lei que, olhando só a letra dela, destrói sua intenção."*

O prazo de carência aplicado aos contratos de seguros de vida tem por objetivo proteger o equilíbrio econômico-financeiro da mutualidade e, nessa perspectiva, é correto afirmar que o prazo de carência não poderá ser convencionado quando de tratar de renovação ou substituição de contrato existente, porém, poderá ser aplicado quando houver pedido de aumento do capital segurado por parte do segurado após o início de vigência do contrato, relativamente à parte que foi objeto de aumento; e, também poderá ser aplicado prazo de carência quando houver reabilitação da apólice que havia sido suspensa, por exemplo, por inadimplência do segurado durante um período determinado de tempo. Em ambas as situações concretamente definidas (aumento de capital e reabilitação após suspensão) a necessidade de proteção da mutualidade está claramente colocada e, nessa medida, impõe-se a aplicação do prazo de carência.

Por outro lado, não há justificativa como definido no *parágrafo 2º*, para aplicação de um prazo de carência que de tão extenso torne ineficaz a garantia. Assim, em nenhuma hipótese poderá esse prazo exceder a metade do período de vigência do contrato, de forma a não caracterizar abuso de direito.

Se durante o período de carência legal ou contratual sobrevier o sinistro, o segurador nos termos do *parágrafo 3º* se obriga a efetuar o pagamento, ao segurado ou ao beneficiário, dos valores do prêmio pago ou da reserva matemática, se existir.[96] Nem todos os seguros de vida contemplam a forma de reserva matemática.

---

95. Op. cit., p. 111.

96. Provisão ou Reserva Matemática – constituída como o diferencial positivo do prêmio puro nivelado, deduzido do prêmio puro de risco. A provisão matemática é a diferença entre os valores atuais dos compromissos do segurador para com os segurados e os destes para com o segurador. Em última análise, essas provisões

Assim, se o segurado morrer durante o período de carência, os beneficiários não terão direito ao valor do capital segurado, em razão do período de carência ainda estar vigente.

O *parágrafo 4º* do artigo em análise inova ao determinar que o segurador não poderá negar o pagamento do capital segurado, uma vez tendo sido convencionado o período de carência, sob alegação de preexistência de estado patológico do segurado. A preexistência conhecida e comprovada, anterior à própria contratação e, consequentemente, anterior ao período de carência estabelecido no contrato, se não for revelada pelo segurado no momento do preenchimento da proposta de seguro, caracteriza ausência da boa-fé, que é dever recíproco de segurados e seguradores nesse contrato. A preexistência conhecida do segurado e ocultada do segurador prejudica a mutualidade e o prazo de carência não é suficiente para garantia do equilíbrio econômico-contratual necessário para a higidez do fundo mutual.

Assim, a melhor interpretação a ser dada ao *parágrafo 4º* ora em análise é que se existir estado patológico comprovado e com data anterior à contratação do seguro, o segurador poderá se eximir da responsabilidade de pagamento do capital segurado com fundamento na ausência de boa-fé do segurado, ainda que tenha sido cumprido o prazo de carência.

A boa-fé é elemento fundamental para a relação de seguros porque é ela que permite que a mutualidade seja estruturada e administrada corretamente pelo segurador. Inexistindo boa-fé por qualquer das partes, será impossível cumprir o dever de colaboração que é anexo ao dever de boa-fé. Nessa perspectiva, se o segurado se omite por vontade própria sobre estado patológico do qual sabia ser portador, não há como inferir que tenha agido de boa-fé e, por essa razão, aplica-se o disposto no artigo 56 da Lei 15.040, de 2024. O contrato de seguro deve ser interpretado e executado segundo a boa-fé e se um segurado ao fornecer informações sobre seu interesse legítimo, no caso a vida ou integridade física, omite propositadamente a existência de um estado patológico do qual saiba ser portador, ainda que não perguntado expressamente sobre ele, agirá em desconformidade com a probidade que se espera que ele tenha em relação à mutualidade.

A existência do prazo de carência não elimina o dever de boa-fé porque, se assim o fosse, o segurado estaria agindo de forma maliciosa e, portanto, incompatível com a probidade. De fato, sabedor de que o prazo de carência uma vez decorrido é o suficiente para fazer valer integralmente a cobertura do risco não declarado, embora fosse conhecido, a atitude será de pura malversação do dever de boa-fé e consequente prejuízo para a mutualidade.

Assim, em defesa da mutualidade que é composta por milhares de consumidores que honraram o pagamento do valor do prêmio para formar um fundo que todos poderão utilizar, sempre que ocorrer um risco predeterminado coberto pelo contrato de

---

são um depósito gerido pelo segurador por conta dos segurados. Dicionário de Seguros. *Escola Nacional de Seguros*. 3. ed. Rio de Janeiro, 2011, p. 173.

seguro, a melhor interpretação a ser dada ao parágrafo 4º do artigo 118 é no sentido de que a existência de período de carência não exime o segurado de prestar declarações de boa-fé no momento da contratação do seguro, em especial quanto a estados patológicos dos quais tenha conhecimento e que não tenha declarado, embora tivesse oportunidade para isso no preenchimento da declaração pessoal de saúde apresentada pelo segurador. A medida é imprescindível para a defesa da mutualidade, que é composta por consumidores que, a rigor, estão exatamente na mesma situação e não podem ser prejudicados pela malícia de outros.

Para que a carência possa ser um instrumento contratual que neutralize o dever de boa-fé, ela teria que ser bastante longa, o que a tornaria inviável para os contratos de seguro nos termos da própria lei ora em comento. A utilidade do período de carência é exatamente a de viabilizar o ingresso de participantes na mutualidade sem carregá-la em demasia com compromissos que possam desequilibrar o fundo mutual. A carência é um instrumento de proteção da mutualidade, razão pela qual não faz sentido que possa ser utilizada em benefício da malícia do segurado que, sabedor da existência do estado patológico, deixa de declará-lo no momento oportuno para arriscar que não seja descoberto pelo segurador durante o período de carência. Isso aproximaria o contrato de seguro do jogo ou da aposta, o que é inadmissível no direito brasileiro.

> **Art. 119.** É lícito, nos seguros sobre a vida e a integridade física, excluir da garantia os sinistros cuja causa exclusiva ou principal corresponda a estados patológicos preexistentes ao início da relação contratual.
>
> **Parágrafo único.** A exclusão só poderá ser alegada quando não convencionado prazo de carência e desde que o segurado, questionado claramente, omita voluntariamente a informação da preexistência.

COMENTÁRIO:

A boa-fé é fundamental para o contrato de seguro e impõe a seguradores e segurados um comportamento de cooperação e confiança, sem os quais as partes não conseguirão cumprir seus deveres e, tão pouco poderão usufruir de seus direitos.

Se o segurado sabe que é portador de patologia e não declara no momento da contratação do seguro de vida, no campo específico da proposta denominado Declaração Pessoal de Saúde – DPS, ele frustra a prática de boa-fé essencial aos contratos de seguro e coloca em risco a formação da mutualidade. O segurador para cumprir sua obrigação de garantir interesse legítimo do segurado precisa subscrever riscos de forma individual, mas organizar e administrar o fundo mutual com o pensamento voltado para a proteção do fundo mutual, onde se encontram os recursos necessários para o pagamento das obrigações assumidas no contrato.

Nessa perspectiva, não faz sentido que uma vez cumprido o prazo de carência o segurador não possa negar o pagamento do capital segurado se comprovada a preexistência de estado patológico do segurado. Se o segurado propositadamente omitiu estado patológico do qual era conhecedor, ainda que cumprido o período de carência deverá ser impedido de ter acesso aos recursos da mutualidade porque não se comportou de forma adequada, omitiu propositadamente informação e faltou com a boa-fé, frustrando igualmente deveres conexos de cooperação e confiança. O segurado que intencionalmente omite informação de seu conhecimento a respeito de sua saúde falta com dever essencial, e o cumprimento do prazo de carência não pode suprir as consequências dessa falta, sob pena de estar sendo criado um sistema em que a má-fé seja recompensada.

Se como afirma o *caput* do artigo em análise, é lícito ao segurador excluir da garantia os sinistros cuja causa exclusiva ou principal seja decorrente de estados patológicos preexistentes ao início da relação contratual, não faz sentido que o cumprimento de prazo de carência que por vezes pode ser exíguo, dois meses, por exemplo, seja suficiente para converter a má-fé em boa-fé. Suponha-se que o segurado esteja em fase de cuidados paliativos de uma doença grave e, contrata seguro de vida sem noticiar essa preexistência. Cumprido o prazo de carência de três meses ele passa a ter direito àquilo que foi contratado e falece no quarto mês de vigência do contrato. Em quatro meses o fundo mutual não terá sido provido de valores suficientes para fazer frente ao pagamento do capital segurado dessa situação, o que vai onerar entrantes desse mesmo fundo mutual, tanto quanto vai onerar a renovação dos segurados participantes da mutualidade.

Não se atentou o legislador de que a previsão do *parágrafo único do artigo 119* terá o condão de provocar o aumento dos períodos de carência, forma que o segurador certamente utilizará para proteger a mutualidade, o que, a rigor, não é benéfico para ninguém.

Ademais, se questionado claramente, o segurado omitiu, de forma voluntária, a informação da preexistência, o contrato é nulo porque foi constituído sem objeto lícito, pois o segurador que tivesse conhecimento prévio da situação de doença preexistente não aceitaria aquele risco. Nessa perspectiva, o negócio jurídico firmado entre as partes é anulável nos termos do disposto no artigo 171, inciso II, conjugado com o artigo 145, ambos do Código Civil de 2002.

O desembargador Nelson Duarte[97] ensina

O dolo é definido por Clóvis Bevilácqua como "o artifício ou expediente astucioso, empregado para induzir alguém à prática de um ato, que o prejudica, e aproveita ao autor do dolo ou a terceiro. (Código Civil Comentado. 11. ed. Rio de Janeiro, Francisco Alves, 1956, v. I, p. 273). A lei, todavia, não erige o prejuízo como elementar do dolo, contentando-se com que haja manifestação de vontade por força de ilicitude do comportamento do deceptor. Diferentemente do erro, em que o prejudicado se engana (erro espontâneo), no dolo aquele é enganado (erro provocado). O autor do dolo é o deceptor e o enganado, deceptus. (...) Somente o dolo essencial pode dar ensejo à anulação do negócio.

Nelson Nery e Rosa Maria de Andrade Nery[98] afirmam

---

97. DUARTE, Nestor. Comentários aos Artigos 01 a 232 do Código Civil. In: PELUZO, César. *Código Civil Comentado*. 16. ed.. Barueri: Manole, 2022, p. 106.

98. Op. cit., p. 322.

Somente o dolo principal (essencial) enseja a anulação do negócio jurídico (CC 145).

O silêncio intencional de uma das partes pode ser considerado omissão dolosa e ser causa de anulabilidade do negócio jurídico, como o prescreve o CC 147. Para tanto, o negócio jurídico há de ser:

a) Bilateral;

b) Envolver hipótese de necessária declaração de vontade alusiva a fato, ou qualidade de pleno conhecimento do que se omite;

c) Que tal fato, ou tal qualidade, aluda a pontos fundamentais da vontade do declarante, para a celebração do negócio;

d) Que tenha sido, exclusivamente, a omissão dolosa do outro contratante o fato a distorcer – no espírito da outra parte – a compreensão da realidade.

e) Que, se tivessem sido reveladas as reais circunstâncias de fato e das qualidades consideradas relevantes para o negócio, este não teria sido celebrado.

(...)

A mentira pode configurar dolo essencial, pois todo e qualquer expediente ardiloso ou astucioso, pode dar lugar à ação ou omissão dolosa, induzindo outrem a erro.

Assim no exemplo proposto, se o proponente do seguro de vida sabe ser portador de uma doença que poderá levá-lo a óbito, por já estar em estado de tratamento paliativo; ou, que esteja realizando tratamento médico mas tenha consciência da gravidade de seu quadro; ou, ainda, que não esteja em estágio terminal ou de gravidade, mas que tenha uma doença que é de conhecimento social que se tem um tratamento prolongado, difícil, que pode levar a resultados indesejados e, mesmo assim, omite essa informação assume o risco de anulação do contrato. De fato, o segurador não teria aceitado o risco se soubesse que o segurado era portador de uma patologia dessa natureza, independentemente do prazo de carência que as partes pudessem ajustar.

A ausência de boa-fé do segurado e do segurador não podem ser objeto de mitigação dos resultados, sob pena de a mutualidade se constituir com fundamento em erros que poderão comprometer sua estabilidade econômico-financeira.

Art. 120. O beneficiário não terá direito ao recebimento do capital segurado quando o suicídio voluntário ocorrer antes de completados 2 (dois) anos de vigência do seguro de vida.

§ 1º Quando o segurado aumentar o capital, o beneficiário não terá direito à quantia acrescida se ocorrer o suicídio no prazo previsto no *caput* deste artigo.

§ 2º É vedada a fixação de novo prazo de carência, nas hipóteses de renovação e de substituição do contrato, ainda que seja outra a seguradora.

§ 3º O suicídio em razão de grave ameaça ou de legítima defesa de terceiro não está compreendido no prazo de carência.

§ 4º É nula a cláusula de exclusão de cobertura de suicídio de qualquer espécie.

§ 5º Ocorrendo o suicídio no prazo de carência, é assegurado o direito à devolução do montante da reserva matemática formada.

COMENTÁRIO:

A tormentosa situação da morte por suicídio nas relações contratuais de seguro havia sido muito bem solucionada pelo Código Civil de 2002, que estabeleceu um dado objetivo para incluir essa modalidade de morte entre aquelas que ensejam o pagamento do capital segurado, a carência de 02 (dois) anos.

Com isso, pacificou-se o entendimento da desnecessidade de perquirir se o suicídio teria sido premeditado ou não, necessidade que atormentava os familiares já fortemente impactados pela morte do ente querido e tornavam conflitantes as relações entre segurados e beneficiários.

Assim, a Súmula 610 do Superior Tribunal de Justiça – STJ determinou que:

Súmula n. 610. O suicídio não é coberto nos dois primeiros anos de vigência do contrato de seguro de vida, ressalvado o direito do beneficiário à devolução do montante da reserva técnica formada.

A previsão legal de carência nos seguros de vida contemplada no Código Civil de 2002, e aqui na lei especial, aliada ao entendimento do STJ sobre a desnecessidade de discussão das causas do suicídio após o prazo de 02 anos, formaram o arcabouço jurídico essencial para a garantia do equilíbrio do contrato.

De fato, afirma o Desembargador Cláudio Luiz Bueno de Godoy[99]

(...) no caso em discussão, ter-se-ia mais que uma carência legal, todavia com contrapartida na cobertura indistinta após seu transcurso, destarte abarcando mesmo o suicídio voluntário, além do involuntário, de forma objetiva, aprioristicamente deliberada pelo legislador, e sem que, mais, seja dado às partes pactuar outra hipótese de exclusão de cobertura, como se expressa no parágrafo único do dispositivo vertente (art. 798, CC/02). Ou seja, haveria uma espécie de carência legal, mas ponderada ante a cobertura indistinta depois do prazo de dois anos, sem qualquer cláusula excludente. É esse o papel de fator de equilíbrio que, segundo se entende, a estipulação legal de tal prazo procura desempenhar.

Assim, o melhor entendimento a ser aplicado ao *caput* do artigo 120 é de que os dois anos de carência são aplicáveis ao suicídio voluntário, premeditado ou não

Por outro lado, as situações em que a morte foi causada acidentalmente pelo segurado são conhecidas como suicídio involuntário e não se submetem ao previsto no *caput*.

O *parágrafo 1º* determina que se o segurado aumentar o capital do seguro contratado, o beneficiário não terá direito à quantia acrescida se o suicídio ocorrer nos dois primeiros anos de vigência.

Assim, é recomendável que seja mantida a decisão sumulada pelo STJ, no sentido de que nos dois primeiros anos após a contratação do seguro, o beneficiário não

---

99. Op. cit., p. 786.

terá direito ao capital segurado se a morte do segurado for decorrente de suicídio, sendo devido, no entanto, a reserva matemática, caso exista na modalidade de seguro contratada.

O *parágrafo 2º*, por sua vez, veda que novo prazo de carência seja fixado nas hipóteses de renovação ou substituição do contrato, ainda que com outra seguradora, o que não se aplica, por suposto, a hipótese de retomada do contrato após a suspensão por inadimplência do valor dos prêmios de seguro.

O *parágrafo 3º* pretendeu tomar a exceção como regra e, dessa maneira, se tornou possível fonte de conflitos entre as partes contratantes, em sentido contrário àquele que as leis devem trilhar. Suicídio por grave ameaça ou por legítima defesa de terceiro são hipóteses raríssimas na vida cotidiana, compatíveis com situações extremas que, felizmente, não são corriqueiras e que exatamente pelo extremo que contemplam, sequer podem ser comparadas com suicídio. Quem se lança de um prédio em chamas na tentativa desesperada de se salvar, ou, ainda, quem se joga sobre o filho em meio a disparo de armas para protegê-lo, também não prática suicídio, ao contrário, está disposto a preservar sua vida e a de seu ente querido. São situações que não se caracterizam como suicídio dado ao fato extremo que as provoca e, exatamente por isso, deverão ser tratadas como acidente, fato externo, súbito, indesejado, que coloca o segurado em risco de morte.

O objeto de proteção do *parágrafo 4º* já se encontra sedimentado na legislação, na regulação e na doutrina sobre seguros. Não há exclusão de cobertura para suicídio porque o prazo de carência de 02 (dois) anos introduzido no sistema legal pelo Código Civil de 2002 pacificou a matéria, dirimiu todas as dúvidas e, principalmente, ofereceu melhor proteção aos beneficiários de seguros de vida.

Por fim, o *parágrafo 5º* do artigo em análise incorre no mesmo equívoco da Súmula 610 do Superior Tribunal de Justiça – STJ, ao deixar de mencionar que só terão direito à devolução do montante da reserva matemática formada quando a modalidade de seguro contratada for estruturada com reserva matemática, o que não ocorre, por exemplo, nos seguros de vida em grupo que utilizam o sistema de repartição simples. A ausência da locução "se houver", poderá ensejar conflito entre as partes contratantes porque a expressão "reserva matemática" é de caráter técnico, nem sempre compreendida adequadamente por aqueles que são leigos em seguro. De toda maneira, a devolução da reserva matemática será feita apenas quando tiver sido formada, em obediência à estrutura do seguro de vida contratado.

Art. 121. A seguradora não se exime do pagamento do capital segurado, ainda que previsto contratualmente, quando a morte ou incapacidade decorrer do trabalho, da prestação de serviços militares, de atos humanitários, da utilização de meio de transporte arriscado ou da prática desportiva.

COMENTÁRIO:

O seguro não pode desestimular práticas de solidariedade social como aquelas em o segurado se coloca em risco para salvar a vida de outrem. Não é incomum que em eventos de grande risco como enchentes, desmoronamentos, incêndios e outros, alguém tenha a iniciativa de ajudar a salvar pessoas em perigo, por vezes, completamente desconhecidas. Isso não se constitui em agravação de risco, com toda certeza.

No que toca aos riscos decorrentes de serviço militar não há o que discutir porque são decorrentes de uma atividade relevante para a nação e são atos praticados por pessoas que possuem capacitação para isso.

Quando a morte ou incapacidade laborativa decorrerem de trabalho, atividade esportiva ou transporte arriscado, é preciso que o segurado tenha feito constar em suas declarações prévias, na proposta de seguro, que essas atividades são praticadas habitualmente e que representam risco para sua vida ou integridade física. Isso porque, como nos ensina Pasqualotto:[100]

> *Todo seguro comporta uma avaliação de risco. (...) o segurador se obriga contra riscos predeterminados. O estilo de vida do segurado, sua profissão e práticas habituais, tudo deve ser levado em conta pela seguradora na avaliação do risco que vai assumir. (...) As práticas habituais da vida do segurado e atos espontâneos de destemor não traduzem agravamento intencional do risco (...). Todavia, como rubricam Tepedino et al. (2006, p. 799), o segurado deve fazer declarações completas e verdadeiras, não omitindo circunstâncias que possam influir na aceitação da proposta. (...).*

Assim, duas situações se colocam de forma diferente e com consequências igualmente diferentes: (i) se o segurado declarou as práticas esportivas, de trabalho ou de transporte arriscado e veio a sofrer danos em decorrência delas, o segurador se obriga a efetuar o pagamento do capital segurado; mas, (ii) se o segurado não declarou as práticas esportivas, o trabalho ou o uso de transporte de risco e vem a sofrer danos em decorrência delas, o segurador poderá negar o pagamento do capital segurado em razão da omissão do segurado que implicou em cobrança de valor de prêmio inferior àquele que seria devido e, assim, prejudicou a mutualidade de segurados.

Nessa segunda hipótese, a negativa do segurador não será decorrente da atividade praticada, mas, exclusivamente, da ausência do dever do segurado em agir de boa-fé e relacionar detalhadamente os riscos no momento de apresentação da proposta de seguro. Sempre é oportuno recordar que as políticas de subscrição de riscos de cada segurador são opção do próprio segurador que, por vezes, pode não aceitar dar cobertura para riscos decorrentes de trabalho, por exemplo.

Não se trata de discriminação ou de abuso de direito, mas, tão somente de política de subscrição de riscos traçada por profissionais de ciências atuariais, estatísticos, economistas e outros que atuam exatamente nessa área: definir os riscos que serão subscritos pelo segurador e aqueles que serão evitados.

---

100. Op. cit., p. 170.

As diferentes políticas de subscrição de risco praticadas em mercados de larga concorrência como é o mercado brasileiro, em que atuam mais de cem seguradoras, não prejudicam os segurados que sempre dispõem de várias empresas para colocarem seus riscos em razão da diversidade de modelos de subscrição que elas praticam.

Importa destacar, ainda, que os seguros de integridade física regulados pela Lei 15.040, de 2024, não cobrem acidentes de trabalho, mas acidentes pessoais, alguns dos quais poderão ocorrer em decorrência da atividade profissional desempenhada pelo segurado, porém não substituem o Seguro de Acidente de Trabalho, que é um seguro social, mantido pela Previdência Social brasileira.

Incumbe diferenciar, ainda, que a palavra *acidente* mencionada no texto da lei ora em comento é definida como evento súbito, involuntário, externo e causador de danos. Dessa forma, estados patológicos denominados de acidentes, como acontece com o *acidente vascular cerebral,* não se caracterizam como acidentes para efeito de seguros de vida e integridade física porque não são externos. Essa medida não é restritiva de direitos para o segurado, mas sim diferenciação rigorosamente necessária para a predeterminação de risco e para os cálculos atuariais que darão sustentação à mutualidade.[101]

> **Art. 122.** Os capitais segurados devidos em razão de morte ou perda de integridade física não implicam sub-rogação, quando pagos, e são impenhoráveis.

COMENTÁRIO:

O capital segurado devido ao(s) beneficiário(s) indicado(s) pelo segurado ou devido a ele próprio em decorrência de contratação para riscos a integridade física, possuem caráter alimentar e por essa razão são impenhoráveis. Ademais, é o que determina expressamente o artigo 883, inciso VI, do Código de Processo Civil brasileiro.

Quanto à impossibilidade de sub-rogação, esta decorre do fato de somente ser possível aplicá-la nos seguros de danos.

> **Art. 123.** Nos seguros coletivos sobre a vida e a integridade física, a modificação dos termos do contrato em vigor que possa gerar efeitos contrários aos interesses dos segurados e dos beneficiários dependerá de anuência

---

101. Resolução CNSP 439, de 04 de julho de 2022 Dispõe sobre as características gerais para operação das coberturas de risco de seguros de pessoas. (...) Art. 2º Para fins desta Resolução, define-se: I – acidente pessoal: evento com data caracterizada, exclusivo e diretamente externo, súbito, involuntário, violento, causador de lesão física, que, por si só e independentemente de toda e qualquer outra causa, tenha como consequência direta a morte, a invalidez permanente total ou parcial, a incapacidade temporária ou que torne necessário tratamento médico, observando-se, que o suicídio, ou sua tentativa, será equiparado, para fins de pagamento de indenização, a acidente pessoal.

expressa de segurados que representem pelo menos ¾ (três quartos) do grupo.

Parágrafo único. Quando não prevista no contrato anterior, a modificação do conteúdo dos seguros coletivos sobre a vida e a integridade física, em caso de renovação, dependerá da anuência expressa de segurados que representem pelo menos ¾ (três quartos) do grupo.

COMENTÁRIO:

As alterações que possam gerar efeitos contrários aos interesses dos segurados e/ou dos beneficiários devem sempre merecer análise e anuência do segurado, razão pela qual o *caput* do artigo determina que pelo menos ¾ (três quartos) dos segurados do grupo sejam consultados e opinem sobre as alterações. O beneficiário, na condição de sujeito de expectativa de direitos, não tem legitimidade para ser consultado, até porque o segurado poderá substitui-lo a qualquer momento.

A interpretação que mais se adequa ao parágrafo único é aquela que segue a regra do *caput*, ou seja, somente será necessária a anuência expressa de ¾ (três quartos) dos segurados quando a alteração ocorrer em relação ao contrato anterior (não prevista no contrato anterior) e, *possa gerar efeitos contrários aos interesses do segurado e/ou do(s) beneficiário(s).*

De fato, a anuência expressa de 3/4 (três quartos) dos segurados somente será imperiosa na análise de modificações contratuais que possam contrariar seus interesses, do contrário, a busca por essa anuência apenas representará custos operacionais administrativos que serão repassados ao valor final a ser pago pelos próprios segurados ou pelo estipulante. Assim, a melhor compreensão é que somente se deva alocar tais custos para as relações contratuais quando a modificação trouxer algum tipo de risco para os interesses dos segurados e/ou de seu(s) beneficiário (s).

Art. 124. Salvo se a seguradora encerrar operações no ramo ou na modalidade, a recusa de renovação de seguros individuais sobre a vida e a integridade física que tenham sido renovados sucessiva e automaticamente por mais de 10 (dez) anos deverá ser precedida de comunicação ao segurado e acompanhada de oferta de outro seguro que contenha garantia similar e preços atuarialmente repactuados, em função da realidade e do equilíbrio da carteira, com antecedência mínima de 90 (noventa) dias, vedados carências e direito de recusa de prestação em virtude de fatos preexistentes.

COMENTÁRIO:

O artigo propõe uma política social para os seguros individuais que pode, ao longo do tempo, provocar o decréscimo de sua oferta ou, no limite, até mesmo sua extinção. De fato, a repactuação atuarial em situação de longevidade do segurado não é exatamente simples porque representará, com toda certeza, um valor de pagamento de prêmio muitas vezes superior e que nem sempre será possível de ser assumido pelo segurado. Essa experiência tem ocorrido com alguma frequência no setor de seguros privados e, muito especialmente, na saúde suplementar. Na idade mais longeva o segurado ganha menos e está mais sujeito aos riscos contratados (morte, integridade física ou uso mais frequente de serviços médicos na saúde suplementar), o que aumenta o valor do prêmio e diminui a capacidade econômica de arcar com esses valores.

Assim, obrigar o segurador a oferecer garantia similar e preços atuarialmente repactuados em função da realidade e do equilíbrio da carteira, com vedação para carências e recusa por preexistência, parece ser uma medida de proteção e conforto para os segurados, porém, demanda viabilidade econômico-financeira que não será facilmente construída, exatamente porque como já afirmado, os segurados estão em idade mais longeva e com ganhos menores e, por essa razão, em condições menos favoráveis para prosseguir na contratação de seguro de vida.

É necessário destacar, ainda, que garantia similar não tem o mesmo sentido de garantia igual. Similar é aquilo que é da mesma natureza, semelhante, análogo, mas não exatamente igual. Nessa perspectiva de interpretação gramatical pretendeu o legislador viabilizar aos seguradores e segurados nova pactuação a partir do contrato anterior, mantendo-se proteção ao interesse legítimo por meio de garantias similares, porém, não necessariamente iguais àquelas que eram oferecidas anteriormente.

E determinou o legislador, ainda, que sejam realizados pelo segurador cálculos atuariais que tenham por fundamento a nova realidade e equilíbrio da carteira de segurados, ou seja, cálculos que permitam que as coberturas similares que serão cobertas no contrato de seguro sejam sustentadas por um fundo mutual hígido e consistente.

A sociedade brasileira contemporânea vivencia o fenômeno da longevidade, muito positivo, mas tem buscado conhecimentos e práticas que permitam que essa nova realidade seja vivida de forma equilibrada e economicamente viável. Com esse fundamento o Estado brasileiro realizou a Reforma da Previdência Social em 2019, seguindo exemplo de outros tantos países do mundo que também já adotaram mudanças em seus sistemas de previdência e, em alguns casos, até mesmo na data limite para a caracterização da condição de idoso como fez a Itália em 2018, que passou a considerar como idoso somente aqueles com 75 anos ou mais.[102]

Assim, para dar correto cumprimento ao objetivo do artigo 124 da Lei n. 15.040 de 2024, é necessário que sejam ofertadas condições similares e não necessariamente iguais e, que haja compatibilidade técnica entre a oferta e o equilíbrio econômico-financeiro do fundo mutual, o que somente será obtido com novos cálculos e, não raro, com valores de prêmios que sejam superiores àqueles que eram cobrados. E isso pela razão lógica de que a repactuação foi necessária porque os valores anteriores não eram

---

102. Portal de Notícias G1. Disponível em https://g1.globo.com/jornal-nacional/noticia/2018/12/04/italia-muda-conceito-de-idoso-para-75-anos.ghtml. Acesso em: 23 jan. 2025.

suficientes para que a mutualidade pudesse oferecer segurança sobre o pagamento do capital segurado; assim, mesmo que igualmente repactuadas as coberturas e por vezes até reduzidas, é preciso trazer o fundo mutual para a realidade atuarial, de forma a evitar que o novo contrato já tenha início deficitário ou próximo de se tornar deficitário, o que seria inútil para o cumprimento dos objetivos fixados por lei.

Os desafios da longevidade são muitos e encontrados em muitos segmentos da vida social e econômica. Nos seguros de vida individual não serão menos complexos, com toda certeza, como demonstra a experiência em diferentes países do mundo. Nesse sentido, em Estudo publicado[103] esclarece que:

A título de exemplo, nas últimas décadas a esperança de vida tem crescido intensa e continuamente, coincidindo com a consolidação do Estado social, os avanços médicos e tecnológicos, a melhoria do estilo de vida, dos cuidados de saúde, e a redução dos acidentes laborais e de trânsito etc. No entanto, existe uma grande incerteza sobre a forma como as melhorias contínuas na longevidade evoluirão no futuro e as suas consequências no setor segurador e nos sistemas nacionais de pensões. E cada aumento de 1% nos fatores que melhoram a mortalidade representa um aumento de 1,5 anos na esperança de vida. Assim, a melhoria na mortalidade precisa ser claramente compreendida e quantificada. Se por risco de longevidade entendermos o risco de as pessoas viverem mais do que o esperado, esse risco afetará os indivíduos, as entidades seguradoras e o setor público. Do ponto de vista da sociedade, as pessoas enfrentam o desafio de obter rendimentos suficientes para financiar a sua velhice. Dado que a pirâmide populacional tende a inverter-se, deteriorando a taxa de dependência, o rendimento dos reformados tenderá a diminuir, uma vez que os sistemas públicos de repartição não serão capazes de suportar o nível de remuneração tal como foi concebido até agora. Se o próprio indivíduo não tomar nenhuma atitude para remediá-la, o aumento da expectativa de vida produzirá deficiências na sua qualidade. Para mitigar este risco biométrico, os cidadãos terão a opção de adquirir produtos de anuidade ou planos de pensões que proporcionem fluxos de pagamentos periódicos para toda a vida, transferindo o risco de elevada sobrevivência para o sector de

---

103. Fundación Mapfre. 2014. El Riesgo de Longevidad e su Aplicación Práctica a Solvencia II. Disponível em: http://envejecimiento.csic.es/documentos/documentos/mapfre-longevidad-aplicacion-01-2015.pdf. Acesso em: 23 jan. 2025. La longevidad es un fenómeno ligado al desarrollo social y económico. Como muestra de ello, en las últimas décadas la esperanza de vida ha crecido de forma intensa y continuada coincidiendo con la consolidación del Estado de bienestar, los avances médicos y tecnológicos, la mejora del estilo de vida, la atención sanitaria, la reducción de accidentes laborales y de tráfico etc. Sin embargo, existe una elevada incertidumbre en torno a la continua mejora de la longevidad evolucionará en el futuro y sus consecuencias sobre la industria del seguro y los sistemas nacionales de pensiones. Y es que cada 1% de incremento en los factores de mejora de la mortalidad, supone un aumento de 1,5 años en la esperanza de vida. Así, la mejora en la mortalidad necesita ser claramente entendida y cuantificada. Si por riesgo de longevidad entendemos el riesgo de que las personas vivan más de lo esperado, este riesgo afectará a particulares, entidades de seguros y al sector público. Desde el enfoque de la sociedad, las personas se enfrentan al reto de conseguir ingresos suficientes para financiar su vejez. Dado que la pirámide poblacional tiende a invertirse, deteriorándose la tasa de dependencia, los ingresos de los jubilados tenderán a decrecer al no poder soportar los sistemas públicos de reparto el nivel retributivo tal como hasta ahora estaba concebido. Si el propio individuo no realiza alguna acción para remediarlo, los aumentos en la esperanza de vida producirán deficiencias en la calidad de la misma. Para mitigar este riesgo biométrico, el ciudadano tendrá la opción de adquirir productos de rentas vitalicias o planes de pensiones que le proporcionen unos flujos de pago periódicos de por vida, trasladando el riesgo de una elevada supervivencia al sector privado del seguro. Desde el enfoque del sector privado, las entidades aseguradoras se enfrentan al riesgo de que una mayor esperanza de vida de sus asegurados incremente las obligaciones con ellos contraídas.

seguros privados. Na perspectiva do setor privado, as entidades seguradoras enfrentam o risco de que uma maior esperança de vida dos seus segurados aumente as obrigações contraídas com eles.

Assim, é exigência da racionalidade que os cálculos atuariais sejam tecnicamente corretos e viabilizem fundos mutuais que tenham solvência, de forma que as expectativas dos segurados sejam corretamente atendidas. Para isso, as repactuações deverão oferecer garantias similares e não necessariamente iguais, com custos adequados às necessidades de solvência da mutualidade.

CAPÍTULO IV
DOS SEGUROS OBRIGATÓRIOS

Artigo 125. As garantias dos seguros obrigatórios terão conteúdo e valores mínimos, de modo a permitir o cumprimento de sua função social.

Parágrafo único. É nulo, nos seguros obrigatórios, o negócio jurídico que direta ou indiretamente implique renúncia total ou parcial da indenização ou do capital segurado para os casos de morte ou invalidez.

COMENTÁRIO:

Dispõe o art. 125 que as garantias dos seguros obrigatórios terão conteúdo e valores mínimos, de modo a permitir o cumprimento de sua função social.

Os seguros obrigatórios cumprem relevante função social e são da tradição do direito no Brasil e em outros países, como aqueles que pertencem à União Europeia.

Há importante distinção a ser feita entre seguros obrigatórios e de contratação obrigatória.

Os seguros obrigatórios pressupõem a existência de risco inerente à uma atividade ou à uma circunstância que exponha a sociedade como um todo e seus indivíduos a graves prejuizos sociais e financeiros, ou a lesões físicas que demandem reparação ou compensação obrigatória e que não atinjam apenas uma categoria profissional.

A criação de um seguro obrigatório há que considerar a incidência de danos derivados da exposição ao risco e os casos em que, apesar de pequena a incidência, é enorme ou gravemente desproporcional a lesão, quer física, quer econômica dos danos decorrentes do sinistro.

Enormes e desproporcionais, por exemplo, são os efeitos físicos e econômicos dos acidentes aéreos. Para estes existe o *Seguro Aeronáutico*. Vale ainda lembrar o mais antigo e clássico exemplo de seguro obrigatório, o *Seguro de Acidentes de Trabalho, que abrange todos os trabalhdores do mercado formal.*

Os seguros legalmente definidos por lei como obrigatórios devem ser contratados por todos aqueles cuja situação se adeque à essa obrigatoriedade, como por exemplo, aqueles que contratam seguro para aquisição de casa própria, que garantirá o pagamento ao agente financeiro se ocorrer o falecimento do devedor.

Por sua vez, os seguros de contratação obrigatória são aqueles que nasceram e conservam sua característica facultativa, mas há circunstâncias que podem vincular uma transação à contratação de um seguro. São exemplos a locação de um imóvel e a locação de um veículo, em que o locador vincula o negócio à contratação de um seguro, dando-lhe, assim, um caráter obrigatório, ligado às exigências do contrato que se pretende pactuar.

Por fim, dispõe a lei que nos seguros obrigatórios será nulo o negócio jurídico que, direta ou indiretamente, implicar renúncia total ou parcial da indenização ou do capital segurado para os casos de morte ou invalidez.

CAPÍTULO V
DA PRESCRIÇÃO

Art. 126. Prescrevem:

I – em 1 (um) ano, contado da ciência do respectivo fato gerador:

a) a pretensão da seguradora para a cobrança do prêmio ou qualquer outra pretensão contra o segurado e o estipulante do seguro;

b) a pretensão dos intervenientes corretores de seguro, agentes ou representantes de seguro e estipulantes para a cobrança de suas remunerações;

c) as pretensões das cosseguradoras entre si;

d) as pretensões entre seguradoras, resseguradoras e retrocessionárias;

II – em 1 (um) ano, contado da ciência da recepção da recusa expressa e motivada da seguradora, a pretensão do segurado para exigir indenização, capital, reserva matemática, prestações vencidas de rendas temporárias ou vitalícias e restituição de prêmio em seu favor;

III – em 3 (três) anos, contados da ciência do respectivo fato gerador, a pretensão dos beneficiários ou terceiros prejudicados para exigir da seguradora indenização, capital, reserva matemática e prestações vencidas de rendas temporárias ou vitalícias.

COMENTÁRIO:

A prescrição é um tema bastante relevante para os contratos de seguro porque os segurados têm necessidade de receber o quanto antes as indenizações decorrentes dos riscos materializados e, os seguradores têm que se desincumbir de sua obrigação de indenizar e de administrar reservas técnicas suficientes para garantir essa obrigação.

A Lei 15.040 de 2024 traz inovações que merecem ser atentamente analisadas, à luz dos fundamentos essenciais que sustentam a atividade de seguros, como a boa-fé e a mutualidade.

O direito subjetivo não pode se prolongar indefinidamente no tempo, porque isso traria inúmeros transtornos ao equilíbrio e à segurança sociais.

Por isso, como nos ensina Anderson Schreiber:[104] *"(...) a prescrição deve ser entendida como a extinção de uma pretensão pelo decurso de certo lapso de tempo previsto em lei.*

Durante a vigência do contrato, a colaboração entre as partes se materializa pelo dever de informação recíproco e no momento do sinistro, o dever de informação se avulta para que o segurador possa iniciar a fase técnica de regulação de sinistro quando será preciso verificar (i) se se trata de risco coberto; (ii) qual a extensão dos danos; (iii) se há previsão contratual de valor de franquia ou de participação obrigatória do segurado; e, (iv) qual o valor da indenização a ser pago ao segurado ou, ao terceiro nos seguros de responsabilidade civil.

O dever de agir com celeridade quando há materialização do risco é recíproco e benéfico para ambas as partes, segurador e segurado. Devem agilizar a troca das informações necessárias para que seja possível a regulação e liquidação do sinistro.

O tempo é precioso para o segurado porque não há, efetivamente, transferência das consequências do risco. Há transferência da obrigação de garantir a reparação dos danos consequentes ao risco, mas as consequências são suportadas diretamente pelo segurado, desde o instante em que o risco se materializa.

Quando tem início a apuração das causas e danos decorrentes do risco materializado, o segurado já é detentor da pretensão de que o segurador realize em tempo e modo corretos a certificação da existência de cobertura para o fato ocorrido e, analise a extensão dos danos e dos valores indenitários correspondentes, se for o caso.

Assim, o *inciso I e as alíneas a, b, c e d*, ao fixarem o prazo de 01 (um) ano para o exercício da pretensão entre as partes mencionadas, fixaram um interregno de tempo adequado e suficiente para que as partes realizem as negociações com vistas à solução amigável, utilizem meio de solução extrajudicial ou, se não obtiverem êxito nessas tentativas, para que busquem a solução judicial.

O *inciso II do artigo 126* inova ao determinar que a contagem do prazo de 01 (um) ano terá início na data em que o segurado tiver ciência da recusa expressa e motivada do segurador. Anteriormente, o prazo de 01 (um) ano era contado da data em que comprovadamente o risco havia se materializado.

O segurador tem o dever de informar ao segurado, expressa e motivadamente, as razões pelas quais recusa o pagamento da indenização dos danos decorrentes do risco materializado.

É parte do seu dever de informar, consequência do dever de colaboração que as partes assumem em contratos de boa-fé e a informação deve ser prestada com a presteza possível para que o segurado tome as medidas que entender pertinentes diante da negativa, inclusive as medidas judiciais cabíveis.

---

104. Op. cit., p. 288.

Certamente é dever do segurador analisar documentos encaminhados pelo segurado a respeito do sinistro, bem como promover vistorias e perícias que sejam necessárias em consonância com as especificidades do sinistro, porém, quanto antes a regulação do sinistro for encerrada e a decisão comunicada ao segurado, melhor será para ambas as partes.

Nesse sentido, a lição do Desembargador do Tribunal de Justiça do Estado do Rio de Janeiro, Marco Aurélio Bezerra de Mello[105], que afirma:

Qual a razão para a prescrição ânua (art. 206, §1°, II, CC) em se tratando de relação jurídica entre segurador e segurado? Por que esse contrato conta com o menor prazo prescricional do direito civil? (...) pelo ponto de vista da seguradora importa o prazo curto para facilitar a gestão do seguro, diminuindo o seu custo, pois um prazo mais dilatado exigiria a manutenção de diversos processos antigos, além de facilitar fraudes e simulações, pois o prazo dilatado pode tornar mais difícil a defesa da seguradora. (...) o raciocínio adotado, de certa forma, se harmoniza com a própria tutela do mutualismo na administração do grupo de segurados.

Pelo lado do segurado o prazo de 01 (um) ano também é favorável na medida que o incentiva a organizar e apresentar todos os documentos e elementos necessários para a comprovação do fato e dos danos, tanto quanto o motiva a fornecer dados que venham a ser solicitados pelo segurador e/ou ressegurador, de forma a cooperar para que a obrigação de garantia do segurador possa ser integralmente cumprida.

Assim, ocorrido o sinistro é fortemente recomendável que o segurado ultime todos os procedimentos necessários para comprovar adequadamente o fato e o dano, e que o segurador atue com presteza para que a regulação e a liquidação dos danos sejam efetivadas.

Se existirem razões fundamentadas para a negativa da cobertura do seguro contratado, é igualmente recomendável que o segurador expresse essa decisão de forma célere para que o segurado tome as providências que entender adequadas.

Há que se ponderar que a negativa do segurador é única desde que seja inequívoca. Justificada a negativa e apresentada expressamente ao segurado, não se pode admitir que sejam apresentados novos pedidos de pagamento da indenização do sinistro, com objetivo de alargar o prazo prescricional e com argumentos já apresentados ou que contenham inovação inadequada.

Essa prática permitiria aos segurados prolongarem indefinidamente o prazo prescricional, imporia aos seguradores administrarem reservas técnicas igualmente por períodos indefinidos e, como consequência, imporia aumento de custos, de preço final para contratação de novos segurados e riscos para o equilíbrio econômico-financeiro da mutualidade.

---

105. MELLO, Marco Aurélio Bezerra de. *Teses Jurídicas dos Tribunais Superiores. Direito Civil 1.* São Paulo: RT, 2017, p. 260-264.

A racionalidade das partes no trato com os prazos legais é essencial para evitar conflitos, dirimir dúvidas e viabilizar que o contrato seja cumprido de forma a contemplar a confiança entre as partes.

O *inciso III do artigo 126* prevê o prazo de 03 (três) anos contados da ciência do fato gerador para que os beneficiários, ou terceiros prejudicados, exerçam o direito de exigir a indenização, capital segurado, reserva matemática quando houver previsão contratual e prestações vencidas de renda temporária ou vitalícia.

Beneficiários são aqueles indicados livremente pelo segurado nos termos do disposto no artigo 113 da Lei de Seguros; e, terceiros prejudicados são as vítimas de danos materiais e imateriais causados pelo segurado ou por seus representantes. Em ambas as situações, o prazo de três anos para exercer o direito de ação será contado da data da ciência do fato gerador.

O fato de ser um prazo maior que aquele fixado para as relações contratuais explicitadas nos incisos I e II do mesmo artigo é compreensível e justificável. São pessoas alheias ao contrato de seguro que serão instadas a providenciar documentos e provas do fato para que o segurador realize a regulação e liquidação do sinistro, razão pela qual é adequado que disponham de maior decurso de prazo, até porque, não raro, os beneficiários sequer têm conhecimento dessa condição jurídica; e, no caso das vítimas de danos causados pelo segurado, por vezes há dificuldades concretas para que reúnam as evidências dos danos e de sua extensão.

> **Art. 127.** Além das causas previstas na Lei nº 10.406, de 10 de janeiro de 2002 (Código Civil), a prescrição da pretensão relativa ao recebimento de indenização ou capital segurado será suspensa uma única vez, quando a seguradora receber pedido de reconsideração da recusa de pagamento.
>
> **Parágrafo único.** Cessa a suspensão no dia em que o interessado for comunicado pela seguradora de sua decisão final.

COMENTÁRIO:

O segurado tem o direito de pedir a reconsideração do segurador nos casos em que a indenização for negada. O pedido de reconsideração da recusa é parte da relação de boa-fé que deve reger o relacionamento entre as partes contratantes. Ocorre que o fundo mutual não pode ficar à mercê de sucessivos pedidos de reconsideração do segurado formulados com base em diferentes motivos, porque isso tornará o dever de garantia do segurador mais complexo e, consequentemente, exposto a custos de transação que poderão impactar a administração do fundo. Nesse sentido, o legislador limitou a suspensão do prazo prescricional a uma única vez, o que está em total conformidade com o dever de cooperação que deve vigorar entre as partes.

Ao segurador caberá comunicar sua decisão ao segurado a respeito do pedido de reconsideração com a brevidade possível e, a partir da data dessa comunicação, cessará a suspensão do prazo prescricional.

CAPÍTULO VI
DISPOSIÇÕES FINAIS E TRANSITÓRIAS

Art. 128. A autoridade fiscalizadora poderá expedir atos normativos que não contrariem esta Lei, atuando para a proteção dos interesses dos segurados e seus beneficiários.

COMENTÁRIO:

A autoridade fiscalizadora poderá expedir atos normativos que estejam em consonância com seu papel estatal, que é a regulação do mercado de seguros para evitar falhas de mercado e falhas de governo, bem como defender a concorrência e o consumidor coletivo.

Pretender que a autoridade fiscalizadora atue apenas em benefício dos segurados e dos beneficiários é ignorar a relevância da atividade empresarial, consagrada no Brasil na Constituição Federal, artigo 1º, inciso IV e nos princípios da ordem econômica, artigo 170.

Cumpre destacar, ainda, que a proteção e defesa dos segurados que sejam consumidores já é realizada pela Lei n. 8.078, de 1990, o Código de Proteção e Defesa do Consumidor – CDC, lei especial que deverá ser aplicada prioritariamente em todas as relações jurídicas nas quais uma das partes for consumidor.

Art. 129. Nos contratos de seguro sujeitos a esta Lei, poderá ser pactuada, mediante instrumento assinado pelas partes, a resolução de litígios por meios alternativos, que será feita no Brasil e submetida às regras do direito brasileiro, inclusive na modalidade de arbitragem.

Parágrafo único. A autoridade fiscalizadora disciplinará a divulgação obrigatória dos conflitos e das decisões respectivas, sem identificações particulares, em repositório de fácil acesso aos interessados.

COMENTÁRIO:

A Lei de Seguros brasileira inova ao determinar a exclusividade da aplicação das regras do direito brasileiro para resolução de litígios por meios alternativos, inclusive na modalidade da arbitragem. Também inova ao determinar que a arbitragem deverá ser realizada no Brasil.

A melhor interpretação para o *caput do artigo 129* aponta para o fato de que as partes em contratos simétricos e paritários, poderão fixar regras em conformidade com a Lei n. 9.307, de 1996, a chamada Lei de Arbitragem, porque poderão exercer a autonomia da vontade em condições de igualdade. Para os seguros essa situação se aplica àqueles classificados como de grandes riscos, em especial quando envolverem parcerias internacionais com resseguradores, por exemplo.

A divulgação de conflitos e decisões têm sido adotadas frequentemente pelas câmaras arbitrais, sem identificação das partes, como forma de contribuir para a formação da cultura de arbitragem no país e incentivar sua utilização com maior frequência.

> **Art. 130.** É absoluta a competência da justiça brasileira para a composição de litígios relativos aos contratos de seguro sujeitos a esta Lei, sem prejuízo do previsto no art. 129.

COMENTÁRIO:

Cabe à justiça brasileira decidir os litígios relativos aos contratos firmados sob a égide da Lei n. 15.040, de 2024, o que se justifica em razão da necessidade de proteger os interesses dos contratantes de seguros, pessoas naturais ou jurídicas, em conformidade com o arcabouço legal vigente no país.

Além disso, a determinação está em consonância com o disposto no inciso I do artigo 1º da Constituição Federal, que estabelece a soberania como fundamento da República Federativa do Brasil.

> **Art. 131.** O foro competente para as ações de seguro é o do domicílio do segurado ou do beneficiário, salvo se eles ajuizarem a ação optando por qualquer domicílio da seguradora ou de agente dela.
>
> **Parágrafo único.** A seguradora, a resseguradora e a retrocessionária, para as ações e arbitragens promovidas entre si, em que sejam discutidos conflitos que possam interferir diretamente na execução dos contratos de seguro sujeitos a esta Lei, respondem no foro de seu domicílio no Brasil.

COMENTÁRIO:

O foro privilegiado para segurados consumidores já é uma previsão da Lei n. 8.078, de 1990, o Código de Defesa do Consumidor. A inclusão dos beneficiários atende a previsão dessa mesma legislação na medida em que também poderão ser classificados como consumidores, por equiparação.

As ações judiciais ou arbitrais em que as partes sejam signatárias de contratos simétricos e paritários poderão flexibilizar o disposto no parágrafo único, sempre que as partes exercerem a autonomia de sua vontade para firmar contratos que prevejam domicílio internacional para dirimir conflitos. Para contratos de seguro que envolvem partes que sejam vulneráveis na acepção jurídica do termo, em nenhuma hipótese será aceita cláusula de eleição de domicílio fora do país.

Art. 132. Os contratos de seguro sobre a vida são títulos executivos extrajudiciais.

Parágrafo único. O título executivo extrajudicial será constituído por qualquer documento que se mostre hábil para a prova da existência do contrato e do qual constem os elementos essenciais para a verificação da certeza e da liquidez da dívida, acompanhado dos documentos necessários à prova de sua exigibilidade.

COMENTÁRIO:

O *caput* do artigo deve ser lido conjuntamente com o artigo 784 do Código de Processo Civil, que determina quais são os títulos executivos extrajudiciais, e no inciso VI menciona expressamente o contrato de *seguro de vida em caso de morte.*

O *parágrafo único* por sua vez tem que ser interpretado nos exatos limites que ele próprio propõe, ou seja, a exigência de um documento hábil que comprove não apenas a existência do contrato, mas, principalmente, os elementos essenciais para a verificação da certeza e da liquidez do valor do capital segurado a ser pago pelo segurador, sempre comprovados por documentos necessários à prova da exigibilidade, de forma a proteger a mutualidade.

Assim, suponhamos que o beneficiário tenha como documento comprobatório um holerite do segurado falecido que comprove que, mensalmente, eram subtraídos valores à título de pagamento de um seguro de vida cujo estipulante era o empregador do segurado. Isso será prova da existência do contrato, mas não será prova do valor do capital segurado, nem de que o evento ocorrido possui cobertura securitária e, tampouco de quem sejam os beneficiários indicados pelo segurado. Exatamente por isso é que o conjunto probatório será essencial para identificar esses dados essenciais, sem os quais o segurador poderá fazer o depósito do valor em juízo até que as partes solucionem a indicação correta dos valores e beneficiários.

Art. 133. Ficam revogados o inciso II do § 1º do art. 206 e os arts. 757 a 802 da Lei nº 10.406, de 10 de janeiro de 2002 (Código Civil), bem como os arts. 9º a 14 do Decreto-Lei nº 73, de 21 de novembro de 1966.

COMENTÁRIO:

As normas revogadas tratam dos dispositivos que dispunham sobre os contratos de seguro no âmbito do Código Civil brasileiro e de alguns artigos do Decreto-Lei 73, de 1966.

A Lei 15.040, de 2024, ora em comento, não excluiu expressamente a utilização de seguros no formato de bilhetes como são utilizados, usualmente, nos seguros massificados distribuídos em varejistas ou oferecidos em conjunto com passagens de transporte terrestre por ônibus, entre outros. Portanto, quanto ao bilhete, a nova lei não veda a sua utilização, sendo que pelo princípio da liberdade das formas, o que não é vedado por lei, é permitido.

Art. 134. Esta Lei entra em vigor após decorrido 1 (um) ano de sua publicação oficial.

COMENTÁRIO:

A Lei 15.040, de 2024, entrará em vigor em 11 de dezembro de 2025 e será aplicada, de imediato, aos contratos de seguro que forem constituídos a partir dessa data, sem afetar os contratos firmados anteriormente a ela.

Essa é a regra do artigo 5º, inciso XXXVI, da Constituição Federal, interpretado em consonância com o disposto no artigo 6º da Lei de Introdução ao Direito Brasileiro – LINDB.

Nesse sentido, a decisão do Supremo Tribunal Federal de 25.10.1999, no Agravo n. 251533, relator Ministro Celso de Mello, v.u., publicado no DJU de 23.11.1999 e que determina:

> *No sistema constitucional brasileiro, a eficácia retroativa das leis – (a) que é sempre excepcional, (b) que jamais se presume e (c) que deve necessariamente emanar de disposição legal expressa – não pode gerar lesão ao ato jurídico perfeito, ao direito adquirido e à coisa julgada. A lei nova não pode reger os efeitos futuros gerados por contratos a ela anteriormente celebrados, sob pena de afetar a própria causa – ato ou fato ocorrido no passado – que lhes deu origem. Essa projeção retroativa da lei nova, mesmo tratando-se de retroatividade mínima, incide na vedação constitucional que protege a incolumidade do ato jurídico perfeito. A cláusula de salvaguarda do ato jurídico perfeito, inscrita na CF 5º, XXXVI, aplica-se a qualquer lei editada pelo Poder Público, ainda que se trate de lei de ordem pública. Precedentes do STF. (...)*

No mesmo sentido a posição do Supremo Tribunal Federal no julgamento do Recurso Extraordinário n. 205999/SP, relator Ministro Moreira Alves, julgado em 16.11.1999 e publicado em 03.03.2000, votação unânime.

> *Sendo constitucional o princípio de que a lei não pode prejudicar o ato jurídico perfeito, ele se aplica também às leis de ordem pública. De outra parte, se a cláusula relativa à rescisão com perda de todas as quantias já pagas constava do contrato celebrado anteriormente ao CDC, ainda quando a rescisão tenha ocorrido após a entrada em vigor deste, a aplicação dele para se declarar nula a rescisão feita de acordo com aquela cláusula fere, sem dúvida alguma, o ato jurídico perfeito, porquanto a modificação dos efeitos futuros de ato jurídico perfeito caracteriza a hipótese de retroatividade mínima que também é alcançada pelo disposto no artigo 5º, XXXVI, da Carta Magna.*

Destaque-se, ainda, a lição de Rosa Maria de Andrade Nery e Nelson Nery Júnior

> *(...) a lei nova não pode retroagir para atingir o ato jurídico perfeito, o direito adquirido ou a coisa julgada. Contudo, a cláusula da irretroatividade da lei nova convive com outro preceito de direito intertemporal, que é o da eficácia imediata da lei nova. Essa convivência harmônica entre os dois dispositivos implica a conclusão de que, quando a LINDB 6º caput, determina que assim que entre em vigor, a nova lei produza eficácia imediata e geral, atingindo a todos indistintamente, respeitados o ato jurídico perfeito, o direito adquirido e a coisa julgada, isto quer significar que a nova lei, mesmo possuindo eficácia imediata, não*

pode atingir os efeitos que já foram produzidos quando estava em vigor a lei agora revogada. É isto que significa "a lei não prejudicará (...) o ato jurídico perfeito", expressão consagrada pela CF 5º, XXXVI. (...)

Os contratos de seguro firmados até 10 de dezembro de 2025 estão subordinados à aplicação do Capítulo XV da Lei 10.406, de 2002, o Código Civil brasileiro e, naquilo que couber, ao Decreto-Lei n. 73, de 1966. A execução dos contratos de seguro que estiverem em vigor em 11 de dezembro de 2025 seguirão as regras do Código Civil de 2002 porque se trata de ato jurídico perfeito, protegido constitucionalmente. E assim seguirão até que ocorra o final da vigência, ressalvadas, no entanto, as situações abrangidas pelo prazo prescricional, igualmente previsto no Código Civil de 2002. Assim, por exemplo, se em um contrato de seguro de responsabilidade civil pactuado em 20 de dezembro de 2024 com vigência prevista de um ano, até 20 de dezembro de 2025, se o sinistro ocorrer em 18 de dezembro de 2025 o terceiro vítima de danos poderá pleitear seu direito de ser indenizado no prazo de 03 (três) anos contados da data do fato que deu origem ao dano e, via de consequência, o sinistro será regulado e liquidado nos termos do que determina a Lei 10.406, de 2002, o Código Civil brasileiro. Se o contrato de seguro for renovado, passará a obedecer aos termos da Lei n. 15.040, de 2025.

Por fim, o período de 01 (um) ano de *vacacio legis* é essencial para a adequação de todos os participantes das relações contratuais de seguros que incluem, além de seguradores e segurados, os corretores de seguro e de resseguro, os resseguradores, agentes, distribuidores de seguro no varejo e de forma digital, prestadores de serviços e fornecedores de produtos, peritos, vistoriadores, reguladores de sinistro, entre muitos outros.

REFERÊNCIAS

ALVIM, Pedro. *O Contrato de Seguro*. 3. ed. Rio de Janeiro: Forense, 1999.

BDINE JÚNIOR, Hamid Charaf. *Cessão da Posição Contratual*. São Paulo: Saraiva, 2008.

BEVILAQUA, Clóvis. *Código Civil dos Estados Unidos do Brasil*. 2. tir., Edição Histórica. Rio de Janeiro: Rio, 1977.

CARVALHO FILHO, Milton Paulo de. Comentários ao Artigo 1.521 do Código Civil. In: PELUSO, Cezar (Coord.). *Código Civil Comentado*. 16. ed. Barueri: Manole, 2022.

CAVALIERI FILHO, Sérgio. *Programa de Responsabilidade Civil*. 16. ed. Rio de Janeiro: Gen Atlas, 2023.

COELHO, Fábio Ulhoa. *Curso de Direito Civil*. 4. ed. São Paulo: Saraiva, 2010.

DINIZ, Maria Helena. *Dicionário Jurídico*. 3. ed. rev. e atual. São Paulo: Saraiva, 2008. v. D-I.

DUARTE, Nestor. Comentários aos Artigos 01 a 232 do Código Civil. In: PELUZO, César. *Código Civil Comentado*. 16. ed. Barueri: Manole, 2022.

FARIAS, Cristiano Chaves de. BRAGA NETTO, Felipe. ROSENVALD, Nelson. *Novo Tratado de Responsabilidade Civil*. 2. ed. São Paulo: Saraiva Jur, 2017

FRANCO, Vera Helena de Mello. *Contratos. Direito Civil e Empresarial*. 3. ed. São Paulo: RT, 2012.

GODOY, Cláudio Luiz Bueno de. Comentários ao Artigo 757 e seguinte do Código Civil. In: PELUSO, Cezar. *Código Civil Comentado*. 16. ed. Barueri: Manole, 2022.

GOMES, Orlando. *Contratos*. BRITO, Edvaldo. DE BRITO, Reginalda Paranhos (Atual.). 28. ed. Rio de Janeiro: Gen Forense Editora, 2022.

GONÇALVES, Oksandro. *Análise Econômica do Direito*. Curitiba: IESDE, 2020.

MARTINS-COSTA, Judith. *A Boa-Fé no Direito Privado. Critérios para a sua Aplicação*. 2. ed. São Paulo: Saraiva Educação, 2018.

MAXIMILIANO, Carlos. *Hermenêutica e Aplicação do Direito*. 23. ed. Rio de Janeiro: Gen Forense, 2022.

MELLO, Marco Aurélio Bezerra de. *Teses Jurídicas dos Tribunais Superiores. Direito Civil 1*. São Paulo: RT, 2017.

MELO, Marco Aurélio Bezerra de. *Direito Civil. Contratos*. 3. ed. Rio de Janeiro: Gen Forense, 2019.

MIRANDA, Pontes de. *Direito das Obrigações. Contrato de Transportes. Contrato de Parceria. Jogo e Aposta. Contrato de Seguro. Seguros Terrestres, Marítimos, Fluviais, Lacustres e Aeronáuticos*. São Paulo: RT, 2021.

NERY, Rosa Maria de Andrade. NERY JR. Nelson. *Instituições de Direito Civil. Parte Geral do Código Civil e Direitos da Personalidade*. 3. ed. São Paulo: Thomson Reuters Revista dos Tribunais, 2022.

NERY, Rosa Maria de Andrade. NERY JÚNIOR, Nelson. *Instituições de Direito Civil. Das Obrigações, dos Contratos e da Responsabilidade Civil*. 3. ed. São Paulo: RT, 2022.

NEVES, Daniel Amorim Assumpção. *Código de Processo Civil Comentado*. 9. ed. São Paulo: JusPodivm, 2024.

PASQUALOTTO, Adalberto. Causalidade e imputação na responsabilidade civil objetiva: uma reflexão sobre os assaltos em estacionamentos. *Revista de Direito Civil Contemporâneo*. v. 7. ano 3. p. 185-206. São Paulo: Ed. RT, abr.-jun. 2016.

PASQUALOTTO, Adalberto. *Contratos Nominados*. São Paulo: RT, 2008, v. III.

PIMENTEL, Ayrton. Os Seguros Coletivos de Pessoas. *Cadernos de Seguro*, n. 171, p. 32-49. mar./abr. 2012.

REGO, Margarida Lima. *Contrato de Seguro e Terceiros. Estudos de Direito Civil.* Coimbra: Coimbra Editora, 2010.

RIBEIRO, Eduardo. Contrato de Seguro– Alguns Tópicos. In: FRANCIULLI NETTO, Domingos. MENDES, Gilmar Ferreira. MARTINS FILHO, Ives Gandra da Silva. (Coord.). São Paulo: LTr, 2003.

RIZZARDO, Arnaldo. *Responsabilidade Civil.* 8. ed. Rio de Janeiro: Gen Forense, 2019.

RODRIGUES JR. Otavio Luiz. LEONARDO, Rodrigo Xavier. PRADO, Augusto Cézar Lukascheck. *A Liberdade Contratual e a Função Social do Contrato – Alteração do art. 421-A do Código Civil: Art. 7º.* In: MARQUES NETO, Floriano Peixoto. RODRIGUES JR. Otávio Luiz. LEONARDO, Rodrigo Xavier (Org.). *Comentários à Lei da Liberdade Econômica.* São Paulo: Thomson Reuters Revista dos Tribunais, 2019.

ROSENVALD, Nelson. Comentários aos Artigos 421 a 652 do Código Civil. In: PELUZO, César (Coord.). *Código Civil Comentado.* 16. ed. Barueri: Manole, 2022.

RUZIK, Carlos Eduardo Pianovisky. *Contratos Paritários e Simétricos na Reforma do Código Civil.* Portal Migalhas. Disponível em: https://www.migalhas.com.br/coluna/reforma-do-codigo-civil/419674/contratos-paritarios-e-simetricos-no-anteprojeto-de-reforma-do-cc. Acesso em: 27 jan. 2025.

SCHREIBER, Anderson. *Manual de Direito Civil.* 5. ed. São Paulo: Saraiva Jur, 2022.

TELLES, Inocêncio Galvão. *Manual dos contratos em geral.* 4. ed. Coimbra: Coimbra Editora, 2002, p. 108.

TZIRULNIK, Ernesto. CAVALCANTI, Flávio de Queiróz B. PIMENTEL, Ayrton. *O Contrato de Seguro de Acordo com o Novo Código Civil.* 2. ed. São Paulo: RT, 2003.

TZIRULNIK, Ernesto. OCTAVIANI, Alessandro. *Estudos de Direito do Seguro. Regulação de Sinistro (Ensaio Jurídico). Seguro e Fraude.* São Paulo: Max Limonad, 1999.

YEUNG, Luciana. CAMELO, Bradson. *Introdução à Análise Econômica do Direito.* São Paulo: Juspodivm, 2023.